KB046623

헌법의 이성

하세베 야스오 저
손형섭·미즈시마 레오 공역

박영사

●○ 한국어판 서문

졸저 "헌법의 이성"은 헌법학의 이론적 기초에 관한 검토를 하고 있습니다. 헌법학은 법학의 한 분야일 뿐만 아니라 정치, 도덕 철학 등의 인접 분야와 밀접한 관련이 있습니다. 헌법학의 이론적 기초를 탐구함으로써 이러한 인접 분야와의 관련성을 보다 명료하게 할 수 있습니다. 또한, 특정 국가에 그치지 않고 많은 나라에 타당하고 보편적인 헌법 원리가 무엇인가를 해명하는 데에도 헌법학의 이론적 기초 검토는 필수적입니다.

저는 대한민국의 헌법 연구자들과 국제 학회 등 다양한 기회를 통해 교류하고 많은 것을 배워 왔습니다. 졸저가 한국어로 번역 출판되어 한국의 독자에서 선보이게 된 것은 제게 기대 이상의 기쁨입니다.

이 책의 출판에 도움을 주신 서울대학교 법학전문대학의 정종섭 교수, 책의 출판에 다양한 형태로 지원해주신 서울대학교 법학전문대학의 조흥식 교수, 또한 이 책의 출판을 기획하고 번역에 힘써주신 경성대학교 손형섭 조교수와 규슈대학교 한국연구센터 미즈시마 레오 박사에게 자리를 빌려 깊은 감사의 말씀을 드립니다.

2014년 6월

하세베 야스오(長谷部 恭男)

•∘ 감수자 서문

하세베 야스오 교수는 도쿄대학의 법학부 헌법 교수로 재직하면서 세계 헌법학회 부회장을 맡아 광범한 활동을 하는 일본의 대표적인 헌법학자입니다. 나는 하세베 교수와 세계헌법학회의 집행위원으로서만 아니라 오랫동안 그의 글을 읽고 헌법학자로서의 견해도 서로 교환하면서 학문적인 교분을 이어가고 있습니다.

이미 국내에 출간된 "헌법논쟁"에서 하세베 교수는 스기타 교수와의 대담을 통해 헌법이 민주적 정치과정에 대하여 제약을 가하여 국민의 기본권과 민주주의를 지킨다는 논의를 제시한바 있습니다. 그런데 이번에 국내에 번역 출간되는 "헌법의 이성"은 "헌법논쟁"에서의 대담보다는 더 깊이 있는 하세베 교수의 연구를 들여다 볼 수 있는 책입니다. 이 책은 그동안 하세베 교수가 발표한 논문들 중의 일부를 모은 것입니다. 이 책에 실린 논고들은 입헌주의라는 관점에서 헌법상의 여러 논점을 천착한 점에서 이 전 저서인 "비교불능한 가치의 미로(比較不能な価値の迷路)"(2000년)와 궤를 같이 합니다. 하세베 교수는 헌법적 쟁점들에 대하여 헌법 원리적으로, 헌법 철학적으로 접근하는 태도를 꾸준히 유지해오고 있습니다. 이를 통하여 헌법적 쟁점들이 자칫 기능주의로 흐를 위험을 차단하고 쟁점들의 근원에 대하여 근본적인 고찰을 시도합니다.

2010년 본인은 서울대학교 법과대학을 방문해준 하세베 교수와 만나 강의실에서 민주주의와 입헌주의에 대하여 그간에 생각한 것을 바탕으로 의견을 나누었고, 이 대담은 일간 신문에도 소개된 바 있습니다. 하세베 교수는 입헌주의의 진정한 의미를 중요시하는 입장을 견지하고 있는데, 헌법은 기본권과 공공의 이익을 위한 것이고, 민주주의가 잘되도록 하기 위하여 권력분립 등도 상정하고 있다고 했습니다. 이러한 제반 조건이 이루어지지 않으면 민주주의도 폭거(暴擧)가 될 수 있음을 지적한 바 있습니다. 입헌주의의 통제를 받지 않는 민주주의는 그 자체 민주주의의 가면을 쓴 폭력이 된다는 의미입니다.

학문에는 국경의 경계가 없습니다. 인권, 공공의 복지 그리고 민주주의에 대한 하세베 교수의 이론이 한국에도 많이 알려져 다양한 연구와 토의가 이루어지기를 바랍니다. 또한, 이 책을 통하여 국가, 권력, 권리, 인간, 헌법 등에 대하여 다시 한 번 철학적인 논의가 활성화되기를 기대합니다.

이 책의 출판에 도움을 준 박영사 관계자분들과 2년여 기간 동안 이 책을 번역하고 정리한 경성대학교 손형섭 교수와 규슈대학 미즈시마 레오 박사의 노고를 치하합니다.

2014년 5월 10일
서울대학교 법학전문대학원 교수
현재, 안전행정부 장관 鄭 宗 燮

•◦ 추천사

하세베 선생 저서의 번역·출간을 환영합니다.

하세베 선생은 일본의 법학을 대표하는 양심적인 지성입니다. 이번에 번역된 "헌법이 이성"은 나머지 저작에서와 마찬가지로 여러 가지 장처(長處)가 있습니다만, 여기서는 두 가지만을 말씀드리고자 합니다.

"헌법의 이성"은 헌법학자에게서 쉽게 찾아 볼 수 없을 만큼 깊은 철학적 성찰을 담고 있습니다. 헌법과 헌법을 둘러싸고 일어나는 사건에 접근하는 방법에는 여러 가지가 있습니다. 로스쿨 학생처럼 법학에 입문하는 사람들은 먼저 헌법이라는 사회적 사실을 인식하고 이해하는 데 필요한 기초적인 개념을 접하고 그 개념의 의미를 이해한 후 개념과 개념 사이의 관계를 규정한 법명제를 습득합니다. 그리고 이렇게 이해한 개념과 법명제를 실제 사건에 적용함으로써 관념으로서의 헌법으로 헌법현실을 규율하는 방법을 이해하게 됩니다. 이렇듯 개념을 통하여 헌법을 이해하는 방법, 즉 "개념주의(conceptualism)"는 이미 공인된 법학 교육방법이지만, 그런 개념이 배태(胚胎)된 배경에 관한 정보와 지식을 전달하는 데에는 한계가 있습니다. 그 탄생의 배경이 된 역사적·정치적·경제적·사회문화적 맥락과 철학을 이해하지 못한 채 이루어지는 개념의 파악이 온전한 것이 될 수 없음은 언어의 한계를 생각해보면 자명한 이치입니다. 하세베 선생이 이 책에서 정치철학이나 도덕철학의 본령에 대한 천착을 도모한 것은 바로 이 때문이라고 생각합니다. 기실 외국 문헌을 통해 우리에게 전해진 법개념들은 오랜 세월에 걸쳐 이루어진 이러한 철학적 성찰과 탐구의 결과물입니다. 이 책은 우리 법학이 정작 필요로 하는 연구가 무엇인지를 깨우쳐 주리라 확신합니다.

다음은 하세베 선생의 문체(文體)입니다. 이 책의 논제는 하나같이 비교할 수 없을 만큼 크고 무거운 것입니다. 그래서인지는 몰라도 하세베 선생은 자신의 논지를 정당화하기 위하여 제2차 문헌이 아닌 일세를 풍미한 철학자들의 원전(原典)을 제시하면서 그 난해한 내용을 마치 채로 쳐내듯이 간결하고 명료한 문장으로 압축해 제시하고 있습니다. 그의 글이 독특한 만큼이나 힘 있게 느껴지는 것은 이런 압축때문일 것입니다.

　아무쪼록 우리나라의 독자들이 하세베 선생의 글을 독해(讀解)하면서 철학적 성찰의 기쁨을 만끽하시길 바랍니다.

2014년 5월 19일
서울대학교 연구실에서
교수 趙 弘 植

•。공역자 서문

이 책은 도쿄대학 법학대학원의 하세베 야스오 교수가 도쿄대학출판회에서 출판한 논문집으로, 헌법의 이론적 기초에 관한 헌법철학 연구서입니다. 헌법학은 법학의 한 분야일 뿐만 아니라 정치, 도덕 철학 등의 인접 분야와 밀접한 관련이 있습니다. 헌법학의 이론적 기초를 탐구함으로써 이러한 인접 분야와의 관련성을 보다 명료하게 할 수 있습니다. 또한, 특정 국가에 그치지 않고 많은 나라에 타당한 보편적인 헌법 원리가 무엇인가를 해명하는 데에도 헌법의 이론적 기초를 검토하는 것은 필수적입니다.

이 책에서는 일본 평화헌법에 대하여 일본이 전쟁의 유혹으로부터 스스로를 지키기 위해 그 존재가치를 인정합니다. 그리고 인권편에서는 그의 '트럼프로서의 인권론'은 드워킹 등의 영미 법철학와 연결되어 새로운 인권론으로서 제시합니다. 입헌주의론에서는 사회전체가, 다수결을 통해서, 통일적으로 대답을 내야 할 문제는 한정되어 있다는 입장을 취합니다. 비교 불가능한 가치가 심각하게 대립하는 문제, 개인이 살아갈 의미를 결정하는 것 같은 문제에 대해서는 개개인의 선택에 맡겨야 하고, 사회전체로서의 통일적인 결론을 내어 모든 사람에게 강요하는 것은 삼가해야 한다는 입장을 취합니다. 이러한 입장에서 평화나 인권, 민주주의의 모습에 대하여 어떤 견해가 나타날까를 검토한 것이 본서에 포함된 논고입니다. 또한, 이 책은 헌법철학연구를 통하여, "왜 다수결이어야 하는가?", "왜 헌법, 국가가 권위를 갖는가?", "왜 의회주의가 타당한가?", "왜 국가의 권위와 법에 따라야 하는가?", "인권은 어떠한 기능을 하는가?" 등에 대한 물음에 답을 찾고 있습니다.

이러한 국가법의 근본적인 이론 연구는, 일본학자들 사이에서 하세베류(流)의 헌법학이라고 부르며, 젊은 연구자들 사이에도 헌법철학연구에 일종의 붐을 일으키고 있습니다. 이 책에서 논의하고 있는 근본적인 헌법철학적 논의는 우리 헌법학에서도 헌법철학적연구과 논의에 도움을 줄 것으로 생각합니다. 또한, 저자인 하세베 야스오 교수는 세계헌법학회의 부회장으로 헌법학 연구 활동을 하고 있어 우리에게 세계적인 헌법학의 논의를 제공하면서도 일본적인 헌법학의 일면도 소개하고 있습니다.

하세베 야스오 교수는 일본의 주류학자로서 그리고 세계의 헌법학자로서 국제적인 다양한 헌법철학을 제시하고 있습니다. 그는 역자 본인의 도쿄대학 박사과정 지도교수로서 원칙이 있으면서도 자상한 선생님이기도 했습니다. 한국인인 역자를 본인의 첫 번째 제자로 삼아 도쿄대학에서 처음으로 헌법학 박사과정에서 연구 지도를 해준 편견 없는 국제 학자이기도 합니다. 이 책은 한·일 간의 국경을 넘는 학문적 인연을 번역이라는 작업을 통하여 소기의 성과로 남기는 것이기도 합니다.

이 책을 감수해주신 한국헌법학회 회장 정종섭 교수님과 책의 출판을 응원해주신 서울대학교 법학전문대학의 조홍식 교수님께 깊이 감사드립니다. 원고의 교정 의견을 주신 한국외국어대학교 전학선 교수님께도 감사말씀드립니다. 그리고 박영사에서 책의 출판을 도와주신 배근하 선생님, 홍현숙 선생님 그리고 번역 어투의 교정 의견을 준 제자 최지우, 김경아 조교에게도 감사드립니다. 또한 무엇보다 저와 분담하여 번역작업을 한 일본 규슈대학의 미즈시마 레오 박사에게 감사드립니다.

2014년 5월
경성대학교 법학과 교수
손형섭

•◦ 공역자 서문

저는 일본과 한국 양국에서 헌법을 전공하였으며, 현재는 일본의 법제도를 한국에 소개하거나 한국의 법제도를 일본에 소개하고 있습니다. 무엇보다 이번 하세베 야스오 교수님의 저서를 제가 직접 한국어로 번역할 기회를 가지게 된 점을 대단히 영광스럽게 생각합니다. 하세베 교수님의 저서를 번역하면서 서양의 다양한 학자들과 그들의 논의에 대해서도 접할 수 있었고 개인적으로 많은 배움의 기회를 가질 수 있었습니다.

또한, 본 역서의 감수를 맡아주신 정종섭 교수님께서는 저의 서울대학교 법과대학 박사과정의 지도교수님이십니다. 교수님께서는 저에게 학문적인 지도뿐만 아니라 한국에서의 유학생활에도 큰 힘이 되어 주셨습니다. 이 지면을 빌어 교수님께 감사의 인사를 올립니다.

그리고 공동 번역기회를 주신 경성대학교 손형섭 교수님과는 2003년에 와세다대학 대학원 수업에서 뵌 이후로 지금까지 좋은 인연을 맺어오고 있습니다. 그리고 제가 한국으로 박사과정 유학계획을 세울 때 여러 정보를 제공하여 주시고 도움을 주셨습니다. 이번 번역기회까지 주신 점에 대해 감사의 인사를 올립니다.

본 역서를 통해 제가 연구자로 설 수 있도록 조력하여 주신 여러 교수님께 조그마한 보탬이 될 수 있었으면 합니다.

2014년 6월
규슈대학 연구원 미즈시마 레오

•◦ 저자 서문

본서는 도쿄대학출판회에서 출판되는 두 번째 필자 논문집이다. 모든 논고가 1990년대부터 2000년대에 걸쳐서 집필되었다는 점, 그리고 입헌주의라는 관점에서 헌법상의 여러 논점을 생각하려고 했다는 점에서는 이전 저서인 "비교불능한 가치의 미로(比較不能な価値の迷路)"(2000년)와 변함이 없다.

"헌법의 이성"이라는 제목은 Constitutional Reason이라는 영어가 생각이 난 후에 일본어로 번역한 것이며, "입헌주의적이어야 하는 이유"라고 해도 괜찮았지만 짧은 것이 기억하기 쉬울 것이라는 이유로 이것으로 하였다. 이렇게 사람은(사람들의 집단도) 이유에 의거해서 행동하는 것이다. 아무 이유가 없는 행동은 비이성적인 행동이라고 한다.

하지만 모든 행동에 결정적인 이유가 있는 것은 아니다. 왜 오늘 점심으로 카레라이스나 카스샌드가 아니라 청어 국수를 먹었는지에 대해서 보통 결정적인 이유는 없다. 이 때 청어 국수를 먹는 것이 이유가 없는 비합리적인 행동이라고 하는 것은 아니다. 이유는 있지만(가격이 예산 제약 범위 내이며, 먹으면 배부르고 좋아하는 음식의 하나라는 것), 그것은 카레라이스나 카스샌드를 먹는 이유보다 우월한 이유가 아니라는 것이다. 다른 행동을 지지하는 이유는 때때로 비교 불가능하다. 비교 불가능한 가치가 교착하여 복수의 결론을 지향할 때 개인이면 숙려 뒤에 자유로운 의사에 의하여 결단한다. 집합체이면 서로 토의를 하고, 그래도 합의를 얻을 수 없으면 다수결로 대답을 내기에 이른다.

입헌주의는 사회전체가(다수결을 통해서) 통일적으로 대답을 내야 할 문제는 한정되어 있다는 입장을 취한다. 비교 불가능한 가치가 심각하게 대립하는 문제, 개인이 살아갈 의미를 결정하는 것 같은 문제에 대해서는 개개인의 선택에 맡겨야 하고, 사회전체로서의 통일적인 결론을 내어 모든 사람에게 강요하는 것은 삼가해야 한다는 입장을 취한다. 이러한 입장에서 평화나 인권, 민주주의의 모습에 대하여 어떤 견해가 나타날까를 검토한 것이 본서에 포함된 논고이다.

　본서의 간행에서 항상 도쿄대학출판회 편집부의 하토리 가즈히로(羽鳥和芳) 씨에게 구성으로부터 교정까지 크게 도움을 받았다. 감사의 뜻을 표한다.

2006년 8월

Y.H.

∙∘ 차 례

제 1 부

·· 입헌주의와 평화주의 ··

▶ 의회민주주의의 발원지 런던 템스 강변의 영국 국회의사당(Houses of Parliament). 오른쪽 맨 끝의 첨탑에 런던의 상징물인 탑시계 빅벤(Big Ben)이 있다. 건물 아래를 자세히 보면 초록색과 붉은색의 띠가 보인다. 초록색은 하원을 붉은색은 상원을 상징한다) ◀

▼▼▼▼ 제1장 ▼▼▼▼
| '국내평화'와 '국제평화' |

- 홉스를 읽는 루소

1. 홉스의 전쟁과 평화

국가는 무엇을 위하여 존재하는가? 왜 국가의 권위에 복종하여야 하는가라는 물음은 헌법학의 근저(根底)에 있는 문제 중 하나다. 17세기부터 18세기에 걸쳐서 유럽에서 개화한 사회계약론은 이 물음에 대답하려고 하는 시도로 볼 수 있다.

사회계약론은 사회계약이라는 사람들의 의사 합치에 근거한 인위적 구성물로 국가를 이해한다. 최초의 사회계약 이전에 국가는 존재하지 않는다. 그것이 자연상태이다. 자연상태에서 생활하는 사람들에게는 다양한 곤란한 상황이 발생한다. 이 곤란을 해결하기 위해 사람들은 합의하여 국가를 설립하고 국가권력에 복종하는 것이다. 따라서 자연상태에서 사람들이 맞이하는 곤란이 어떤 것인지 상정함에 따라 그 곤란을 해결하기 위한 사회계약 내용도, 그리고 국가권력이 미치는 범위도 변용하게 된다.

대표적인 사회계약론자인 토머스 홉스의 경우 자연상태의 곤란이란 사람들이 상호불신으로부터 각자 자기보존을 향하여 끝이 없는 투쟁에 빠지는 것이라고 말한다. 이 만인에 대한 만인의 투쟁 상황에서는 노동의 성과도 확실하지 않기 때문에 사람들은 경작도, 항해도, 건축도 하려고 하지 않는다. 물론 학예나 사회생활도 있을 리가 없다. 있는 것은 계속 존재하는 공포와 죽음의 위험뿐이다. 여기서의 삶은 "고독하고 가난하고 힘들고 잔인하고 짧다(solitary, poore, nasty, brutish, and short)"[1]

가끔 오해당할 때가 있으나[2] 홉스가 인간에 원래 악사(惡事)를 행하는 성향이 있다는 전제로부터 이러한 자연상태 상(像)을 끌어내는 것은 아니다. 홉스의 말에 따르면 무엇이 선이고 무엇이 악인지는 각 개인의 주관에 의해서만 결정된다.[3] 그렇기 때문에 내버려 두면 모두가 자기보존을 기본으로 한 뒤에 각자의 가치판단에 따라 자기가 좋다고 하는 것을 하려고 한다. 각각 입장을 떠나서 객관적으로 바라보면 거기서 전개되는 것은 각인이 자기보존을 향하여 가능한 모든 행동을 하는 자연권을 행사한다는 무질서상태다.[4]

그러나 정말로 자기보존이 중요하다면 죽음의 공포가 영속하는 자연상태를 탈출할 필요가 있다. 거기서 사람들은 공통의 평화와 안전을 위하여 하나의 인간(내지 하나의 합의체)에게 자연상태에서 가지고 있던 모든 권리를 부여하고, 그의 판단을 자기판단이라고 하여 이에 복종한다. 이리하여 국가라는 "그 위대한 리바이어던 또는 죽을 수 있는(可死) 신을 만든다."[5]

그리하여 생긴 국가의 명령, 즉 주권자의 판단에 사람들이 복종하는 것도 그것이 뭔가의 도덕적 기준에 비추어보아 옳기 때문이 아니다. 사람들이 주권자의 판단이 올바르다고 생각한 때에만 주권자에 복종한다고 하면 언제까지나 '만인에 대한 만인의 투쟁'은 종결되지 않는다. 모든 가치판단이 그렇듯이 주권자의 판단도 하나의 주관적 판단에 불과하다. 그럼에도 불구하고 그의 판단을 사회의 공통 판단으로 모든 사람들이 수용할 때, 처음으로 공통의 법이 생기고 사회생활의 룰이 확정되어 각자에게 보장되는 재산이 무엇인지 정해진다. 이리하여 주권자의 권위 아래에서 국내의 평화를 실현하되 사람들은 안전하고 문명적인 삶이 보장된다.

로크, 루소, 칸트 등, 홉스 이후의 사회계약론자도 자연상태에서의 곤란을 해결하기 위하여 인위적으로 구성된 권위로서 국가의 존재를 정당화한다는 논리 구조는 바뀌지 않는다. 그리고 자연상태에서 주요한 곤란으로 사람들의 판단 상위(相違)에 의거한 분쟁이 상정되는 점도 공통된다.[6]

2. 자연상태

그런데 이러한 홉스의 논의는 정말로 국가의 권위의 정당화에 성공하고 있는 것인가? 루소는 이 점에 대하여 심각한 의문을 제기하고 있다.

루소의 홉스에 대한 비판은 자연상태의 성격 지우기부터 시작한다. 이 논점은 이미 몽테스키외가 지적한 것이다. 몽테스키외에 따르면 자연상태에서의 인간은 자기의 약함밖에 느끼지 않으므로 서로 공격하려고 생각하지는 않는다. 실제로 사람을 만난 미개인은 먼저 도망가려고 한다. 홉스는 사람들이 무장하고 외출하거나 열쇠로 집을 감독하는 것을 인간이 원래 투쟁상태에 있다는 것의 증거라고 하나,[7] 이것은 사회생활이 확립된 후 인간에게 생긴 것을 자연상태의 인간에게 투영하고 있는 것뿐이다.[8]

루소도 마찬가지로 자연상태에서의 사람들은 흩어져 살고 서로 관계를 가지지 않으므로 자기보존을 위하여 공격할 필요도 없다고 주장한다. "자연상태란 우리의 자기보존을 위한 배려가 남의 보존에도 가장 손해가 적은 상태이므로 이 상태는 가장 평화에 적절하고 인류에 가장 어울리는 것이었다."[9] 그리고 자연상태에서는 각자가 자족하여 편안하게, 그리고 건강하고 자유롭게 살고 있을 것이며 그러한 자연의 생활은 '비참(misérable)'함과는 멀다.[10] 게다가 인간에게 생래적으로 갖추어진 동류를 동정하는 감정 역시 노골적인 자기 보존욕과 상호의 공격욕을 억제할 것이다.[11]

물론 이 점에서의 홉스와 루소의 차이를 과대평가해서는 안 된다. 루소도 사람들이 교류하고 토지의 경작이 시작되고 거기서 사유재산제도가 생기자 인간 원래의 필요와는 무관계한 사욕, 질투심, 경쟁과 대항의식이 생기고 거기서 끝이 없는 분쟁과 무서운 무질서가 도래하였을 것이라고 인정하기 때문이다.[12] 그리고 이 비참한 상태를 끝내기 위하여 특히 재산의 위험에 겁낸 부자층의 주도로, 그러나 모든 사람의 안전을 보장할 것을 명목으로 하면서 국가가 설립된다. 국가의 이익을 느낄 수 있는 이성을 가지고 있었으나 그 위험을 예측하는 경험이 없던 사람들은 "누구나 자기 자유를 확보하는 생각으로 자신의 쇠사슬을 향해서 달려갔다."[13] 아마 홉스 입장에서 보면 그의 관심은 처음부터 루소가 말하는 끝이 없는 분쟁과 무서운 무질서상태에 있었다고 할 수 있을 것이다.

3. 전쟁과 전쟁상태

다만 루소의 비판은 이 점에서 그치지 않는다. 그가 지적하는 것은 원래 사람들의 안전 확보를 명목으로 설립된 국가가, 국가상호적으로는 여전히 자연상태로 머물러 있기 때문에 국민 사이의 전쟁과 살육이 훨씬 큰 규모의 형식으로 생긴다는 극히 비참한 현상이다. 여러 국가가 지표를 샅샅이 덮은 결과 '자연상태 시대에 몇 세기나 걸려서 지구의 전 표면에 걸쳐 이루어진 것보다도 더욱 많은 살인이 단지 하루의 전투로, 또한 더욱 두려워하는 일이 단 하나의 도시를 점령하면서 이루어지게 되었다.'14) 사람들이 각각 국가에 복종함과 동시에 여러 국가가 서로 자연적 자유를 향유하는 이중 상태를 지나치는 우리는 '그렇기 때문에 양쪽의 불편을 느끼면서도 여전히 안전보장을 받지 못하고 있다.'15) 사회생활에 들어가서 원래 얌전하고 겁이 많은 인간은 명예, 이욕, 편견, 복수심 등의 감정에 의하여 자연상태에서 무서워한 위험이나 죽음을 기억하지 않게 된다. "사람은 시민(citoyen)이 되어야 비로소 병사(soldat)가 되는 것이다."16)

루소에 따르면 국가 성립전의 자연상태와 비교했을 때 여러 국가의 병존이 투쟁과 살육을 대규모로 증폭시키는 것에는 이유가 있다. 자연상태에서 사람은 남의 도움 없이 대지의 은혜에 따라 자족하고 살 수 있으므로 남의 일에 신경을 쓸 필요가 없다. 또한 개인의 힘이나 크기에는 저절로 한도가 있으므로 충족해야 할 욕망도 무한이 아니다.17)

이에 대하여 국가는 사회계약에 의거한 인위적인 구성물(corps artificial)이며 정해진 크기도 없고 얼마든지 팽창할 수 있으며, 더욱 강한 나라가 존재하는 한 취약하다고 느낀다. 안전과 자기보존을 위해서는 모든 주변 여러 나라보다 뛰어난 강국이 될 것이 요구된다. 인간과 달리 자연의 한계가 없는 국가인 경우에는 힘의 교차는 한 국가가 나머지 모두를 흡수할 때까지 확대할 수 있다. 국가의 규모가 순수하게 상대적인 것이기 때문에 국가는 항상 자기를 타국과 비교해야 하고 주변에서 일어나는 모든 사태에 관심을 가져야 한다. 따라서 국가 간의 관계는 항상 위협을 받을 수 있는 위험한 것이 된다.18) 여러 국가의 병존상태가 저절로 상호적인 적대관계를 초래하여 한번 실제 전투가 시작되면, 자연상태보다 훨씬 대규모이고 끝이 없는 살육이 이루어지는 것도 그 때문이다.

그런데 루소는 전쟁(guerre)과 전쟁상태(état de guerre)를 구별하고 있다. 후자는 현재 '냉전(guerre froide)'이라고 하는 것과 비슷한 개념이며, 복수 국가가 실제 전투행위를 시작하지 않고 적대적인 관계에 있는 상태다. 다른 한편, 전쟁이란 국가가 서로 모든 수단을 이용하여 상대방을 파괴하거나 또는 약체화시키려고 하는 명백한 의도를 바탕으로 하는 실제 행동을 가리킨다.[19] 어느 쪽이나 주체가 되는 것은 개인이 아니라 국가다.[20] 루소에 따르면 자연상태에서 개인 간의 관계는 끊임없이 변화하는 유동적인 것이며, 전쟁 또는 전쟁상태라는 계속적인 적대관계가 생기는 것은 생각할 수 없고 사람들이 국가에 복속하는 상태에서는 개인 간의 사투는 금지되므로 역시 전쟁은 국가 간의 그것에 한정된다.[21]

4. 루소의 해결책 제1: 인민 무장

자연상태의 곤란을 해결하여 국내 평화를 확립하는 것을 목적으로 설립된 국가가 처음의 목적에 반하여 오히려 훨씬 대규모인 혼란에 사람들을 끌어들이게 되었다는 것이 루소의 진단이다. 그럼 그는 어떤 대책을 강구하였을까? 그는 몇 가지 제안을 하고 있다.

첫째는 "폴란드 정부론"에서 보이는 것이며, 루소는 여기서 상비군에 대체하여 국민개병(國民皆兵)의 민병을 조직하도록 제안하고 있다. "폴란드 정부론"은 러시아의 지배를 벗어나고 정치개혁을 하려고 하는 폴란드의 귀족집단(주로 로마가톨릭)을 위하여 루소가 1770년부터 1771년에 걸쳐서 집필한 헌법구상이다. 당시의 폴란드는 러시아나 프로이센 등, 강력한 상비군을 가지는 대국에 포위되어 있었다. 그리고 강자의 권리가 행세되는 국제관계에서는 자기보다 강력한 국가의 침략을 막는 방법은 실제로 있을 리가 없다. 그렇다고 자유국가로 있으려고 하는 폴란드 입장에서 타국 이상으로 강력한 국가가 되며 침공을 도모하는 것은 그 국제(國制)에 어울리지 않는다.22)

상비군은 주변 여러 나라를 공격하거나 또는 자국민을 예속시키기 위해서만 유용하며, 어느 쪽이나 자유국가를 지향하는 폴란드에는 무연(無緣)했다. 자유국가의 국토방위를 위해서는 국민의 애국심을 키우고 예전의 로마 그리고 당시의 스위스와 마찬가지로 모든 국민에게 병역을 의무화시켜야 한다. "좋은 민병(bonne milice), 훈련이 잘된 민병만이 [국토방위라는] 목적을 달성할 수 있다."23) 폴란드는 러시아 등 주변국가의 침공 자체를 방지하는 것은 불가능하지만, 침공한 자들이 피해 없이 퇴각하기에는 어려운 지세(地勢)를 가지고 있다. 그리고 그것을 알게 된 주변 여러 나라는 쉽게 침략하려고 하지는 않는다.24)

상비군을 폐지하고 훈련을 받은 민병으로 이를 대체해야 한다는 제안은 칸트의 "영구평화론을 위하여"의 제3예비 조항으로 승계되었다.25) 일본국 헌법의 해석론으로도 제9조가 정부에 의한 군비(軍備)의 보유를 금지하고 있음에 불과하다는 입장에서는 루소가 제안하는 국민개병의 민병조직에 의한 국토방위는 꼭 헌법이 금지하는 것이 아니라는 결론이 나올 것이다(물론 이러한 해석은 인민에 의한 무장의 권리를 암묵의 전제로 하게 될 것이지만). 외국의 침략에는 무장한 인민에 의한 군민봉기의 수단으로 대항하여야 한다는 유력한 학설의 주장도,26) 이러한 계보에 포함시킬 수 있을 것이라 생각한다.

반면에 침략군에 대한 저항이든, 또한 국내 분쟁의 과정이든(이 양자를 명확히 구별할 수 없는 것도 가끔 있다), 민병조직의 활동이 때로는 일반시민을 끌어들이는 극히 비참하고 잔학한 결말을 초래할 수 있다는 것은 구 유고슬라비아나 동티모르의 예를 보면 명확하다. 정규군과 일반시민, 즉 전투원과 비전투원을 구분하는 것으로 한번 시작된 전투를 어느 정도 인도적인 것으로 유도하려고 하는 시도와 여기서 루소의 제안은 어긋나게 된다. 민병에 의한 실력행사의 특징은 전투원과 비전투원의 구별을 계통적으로 불분명하게 하는 점에 있기 때문이다.[27]

5. 루소의 해결책 제2: 국가동맹

루소의 두 번째 제안은 국가 간 동맹을 통해서 평화를 달성하려고 하는 것이다. 자연상태로부터 귀결되는 무질서와 혼란을 해결하기 위하여 사람들이 주권 밑에 복종하는 국가가 구성된다고 하는 것이 사회계약론의 전개였다. 그렇다면 이상 국가의 병존에 의한 전쟁 및 전쟁상태를 종결하기 위해서는 여러 국가가 각각 그 주권을 단일의 세계국가에 이양하는 것으로 세계평화를 달성하여야 한다는 것이 자연적으로 도출되는 대답이다. 실제로 루소와 같은 시대에 살던 아베 드 생피에르(l'abbé de Saint-Pierre)는 기독교 국가의 총체에 의하여 결성되는 유럽 전체의 공화국을 구상하였다. 이 구상에 대한 루소의 응답은 "채택되기 너무 좋다(trop bon pour être adopté)"라는 것이다.[28] 각국의 주권이 하나의 큰 공화국으로 이양되는 이 구상을 실현하기 위해서는 각국의 위정자(爲政者)가 자신이나 자국의 이익보다도 세계전체의 공익을 우선할 각오가 필요하지만 이것은 기대하기 어렵다.[29]

이에 대체하는 것으로 루소가 제안하는 것은 "에밀(Emile)"*에서 묘사된 각국의 주권을 유지하면서도 모든 부정한 공격자에의 대항을 가능하게 하는 여러 국가의 동맹이라는 아이디어이다.[30] 이 아이디어는 나중에 칸트에 의하여 전개된다. 그는 "영구평화론을 위하여"에

---

* 장 자크 루소(Jean-Jacques Rousseau)가 1762년에 출판한 교육론 서적.

서 "계몽된 강력한 어떤 민족이 공화국을 형성한다면" 이 공화국을 중심으로 하여 각국의 자유를 보장하면서 영속적인 국제평화를 목표로 하는 여러 국가의 동맹을 실현할 수 있다는 전망을 제시하고 있다.[31] 이 "계몽된 강력한" 민족에 의한 공화국이란 혁명을 거친 프랑스를 염두에 둔 것이며, 거기서의 '동맹'으로는 바젤조약이 연상된다.[32] 칸트는 세계국가에 대해서는 루소보다 부정적이며, 여러 국가를 흡수하고 성립하는 세계국가는 '혼 없는 전제(seelen-loser Despotism)'를 초래하고, 그것은 결국 무정부상태로 빠진다고 한다.[33]

6. 루소의 해결책 제3: 사회계약 해소

루소는 제3의 독창적인 제안을 하였다. 앞에서 언급하였듯이 국가 간 대립이 대규모 살육으로 이루어지는 것은 살아 있는 인간과 달리 국가가 사회계약에 의거된 인위적 구성물이고 자연에 의하여 부여된 한계를 가지지 않았기 때문이다. 그러나 국가가 인위적 구성물에 불과하다는 이 사실이 전쟁 및 전쟁상태를 순간적으로 해결하는 길을 가리키기도 한다.

루소에 따르면 전쟁이란 국가 간에서만 발생하는 것이다. 따라서 그것은 살아 있는 개인의 생명을 전혀 빼앗지 않고 수행할 수 있다.[34] 그의 말에 따르면 이 세상의 모든 것이 두 가지 관점에서 볼 수 있다. 토지는 국가의 영토임과 동시에 사유지이기도 하다. 재산은 어떤 의미에서는 주권자에게 속하고 다른 의미에서는 소유자에 귀속한다. 주민은 시민(citoyen)임과 동시에 인간(homme)이기도 하다.[35] 요컨대 국가란 그냥 법인(personne morale)이고 이성의 산물(être de raison)에 불과하다. 사회계약이라는 공적인 약속을 제거하면 국가는 그것을 구성하는 물리적·생물학적 요소에 아무 변경 없이 사라지는 것이다.

그런데 전쟁이란 주권에 대한 공격이며 사회계약에 대한 공격이므로 사회계약만 소멸되면 한 명의 인간도 죽지 않고 전쟁이 종결된다.[36]

생물학적인 인간의 생명, 물리적인 사유재산의 유지가 중요하다면, 그리고 원래 국가라는 약속이 이러한 인간의 생명이나 재산을 지키기 위하여 이루어진 것이면 생명·재산에 대한 중대한 위기를 초래할 전쟁을 회피하기 위하여 오히려 국가라는 약속을 소멸시키는 것이 합리적인 선택이라고 할 수 있는 경우도 있을 것이다. 물론 국가의 소멸을 국민의 생명·재산에 대한 공적(公的) 비호자(庇護者)의 소멸을 의미하는 이상 그것에 수반하는 리스크도 포함하고 있다. 전쟁이 초래하는 리스크와의 신중한 형량이 필요할 것이다.

7. 결어

언뜻 보기에는 인명이나 사유재산을 보전하기 위하여 사회계약의 해소를 선택하라는 루소와, 국민 모두의 애국심을 키우고 게릴라전 수행으로 침략군에 타격 없는 퇴각을 허용하지 말자고 주장하는 루소의 화해(和解)를 성립시키기는 어려운 것으로 보인다.

'사회계약론'에서 루소는 조국이 우리를 필요로 할 때 조국에 대한 봉사에서 벗어나기 위하여 국외로 떠나는 것은 탈주(désertion)이고 범죄라고 말하는 한편에 그 조국도 전시민의 집회에 의한 사회계약의 파기로 소멸하여 사람들은 그 자연적 자유를 회복하게 된다고 한다.[37]

조국에 대한 사랑과 의무를 주장하는 루소의 배후에는 국가란 원래 일정한 목적을 위하여 구성된 법인에 불과하다는 냉소적인 사고를 하는 또 다른 한 명의 루소가 있었다고 생각하여야 할 것이다. 처음의 목적을 달성함에 있어서 법인의 존재의의가 장애가 된다면 법인은 그 존재의의를 상실한다. 필요하면 사회계약을 파기하여 국가를 소멸시키는 것으로 인명과 재산의 보호를 우선하여야 한다는 루소의 제언은 일관성이 있는 것으로 보인다.

이러한 루소의 사고방식으로 보면 '국가의 자위권'이라는 관념이 얼마나 부조리한 것인지 이해할 수 있을 것이다. 인명이나 재산의 보전을 떠나서 인위적 구성물인 국가 자체에 자위권을 인정한다는 발상은 루소와는 먼 것이다.

❏ 참고

1) Leviathan, ed. by Richard Tuck(Cambridge University Press, 1996), p. 89; 일본어 역 『리ヴァイアサン (一)』 水田洋訳(岩波文庫, 1992) 211頁. 다른 문헌에 대해서도 마찬가지지만 일본어 역을 참조하는 경우에도 그것에 충실하게 따르지 않을 경우가 있다.

2) Cf. Jean-Jacques Rousseau, Discours sur l'origine et les fondements de l'inégalité parmiles hommes, dansŒuvres complètes, III(Gallimard, 1964), p. 153; 일본어 역 『人間不平等起源論』 本田喜代治・平岡昇訳(岩波文庫, 1972) 69頁参照.

3) Leviathan, op. cit., p. 39; 일본어 역 (一) 100頁.

4) Ibid., p. 91; 일본어 역 (一) 216-17頁. 사람은 악인으로 태어났다고는 할 수 없다고 한다. Hobbes, On the Citizen, ed. by Richard Tuck & Michael Silverthorne (Cambridge University Press, 1998), p. 11도 참조.

5) Leviathan, op. cit., p. 120; 일본어 역 (二) 33頁.

6) 로크의 경우, 홉스와 달리 가치판단의 여부는 원래 객관적으로 머무르고 있으며 그것이 그의 저항권으로의 전제가 된다. 이 점에 대해서는 長谷部恭男 「国家の暴力, 抵抗の暴力—ジョン・ロックの場合」 法社会学54号(2001)(이 책 제3장) 参照.

7) Cf. Leviathan, op. cit., p. 89; 일본어 역 (一) 212頁.

8) De l'esprit des lois, Première, Partie, Livre Premier, Chapitre II; 일본어 역 『法の精神 (上)』 野田良之他訳(岩波書店, 1987) 12-14頁.

9) Discours sur l'origine et les fondements de l'inégalité, op. cit., p. 153; 일본어 역 70頁.

10) Ibid., p. 152; 일본어 역 67-68頁.

11) Ibid., pp. 154-57; 일본어 역 71-75頁.

12) Ibid., pp. 174-76; 일본어 역 100-03頁.

13) Ibid., pp. 176-78; 일본어 역 104-06頁.

14) Ibid., pp. 178-79; 일본어 역 108頁.

15) The State of War, in Rousseau, The Social Contract and Other Later Political Writings, ed. by Victor Gourevitch(Cambridge University Press, 1997), p. 163. 홉스에 대한 비판을 포함한 전쟁 및 전쟁상태에 관한 루소의 초고(플레야드 販(La Bibliothèque de la Pléiade) 루소전집 제3권Œuvres complètes, III에서는 601-12면 및 1899-1904면에, 'Que l'état de guerre nait de l'état social' 및 'Guerre et état de guerre'로 수록)에 대해서는 그 문장 배열에 관해서 루소 연구자 사이에서도 견해의 일치가 안 된다. 여기서는 그레이스 루스벨트(Grace G. Roosevelt) 교수의 배열에

따른 전계 The Social Contract and Other Later Political Writings, pp. 162-76의 영역
판에 의거하여 플레야드판도 참조하였다. 루스벨트 교수의 배열 근거 및 그녀의
영역문에 대해서는 History of Political Thought, vol. 8, pp. 225-44(1987)를 참조.

16) The State of War, *op. cit.,* p. 166.

17) *Ibid.,* p. 168.

18) *Ibid.,* p. 169.

19) *Ibid.,* pp. 174-75. 홉스는 루소가 말하는 전쟁과 전쟁상태의 구별을 그다지 중시
하지 않았던 것으로 보인다. "전쟁이란 단지 전투 또는 투쟁행위에 있는 것이
아니라 전투에 의하여 싸우려고 하는 의사가 충분히 알려져 있는 기간에 있다"
(Leviathan, *op. cit.,* p.88; 일본역 210頁). 홉스가 말하는 자연상태의 비참함이란 전
쟁상태를 포함한 전쟁의 비참함이다.

20) The State of War, *op. cit.,* p. 175.

21) *Ibid.,* pp. 166-67.

22) Considérations sur le gouvernement de Pologne, dansŒuvres complètes, III), pp.
1012-13.

23) *Ibid.,* p. 1014.

24) *Ibid.,* p. 1018.

25) Zum ewigen Frieden, in Philosophische Bibliothek, Band 443(Meiner, 1992), S. 53 [A
345]; 일본어 역 『永遠平和のために』宇都宮芳明訳(岩波文庫, 1985) 16-17頁.

26) 法学協会 『註解日本国憲法 (上)』 (有斐閣, 1953) 243頁, 芦部信喜 『憲法 〔新版補
訂版〕』 (岩波書店, 1999) 61頁, 樋口陽一 『憲法 I』 (青林書院, 1998) 447頁.

27) Cf. Michael Walzer, Just and Unjust Wars, 3rd ed.(Basic Books, 2000), pp. 176-96. 또
한 조직적인 비폭력 불복종운동에 의한 침략에 대한 저항은 침략군에 의한 전
시 국제법규의 준수를 전제로 하는 것이며, 이른바 문명국에 의한 침략을 상정
하지 않는 한 성립하기 어렵다. 이 점에 대해서는 본서 제1장 7-9頁 참조. 거기
서는 군민봉기에 의한 저항에 대해서도 논평하고 있다.

28) Judgement sur le projet de paix, dans Œuvres Complètes, III), p. 599.

29) *Ibid.,* p. 595. 같은 상황은 국가를 구성하기 전의 자연상태 사람들에 대해서도
해당할 수 있겠지만 자연상태의 사람들은 충분한 경험이 부족하므로 국가에 스
스로 복종하게 된다는 것이다.

30) Emile ou De l'éducation, Collection Folio/Essais 281(Gallimard, 1969), p. 684; 일본어
역 『エミール (下)』今野一雄訳(岩波文庫, 1964) 243頁.

31) Zum ewigen Frieden, a.a.O.S. 67 [A 356]; 일본어 역 43頁.

32) Cf. Richard Tuck, The Rights of War and Peace(Oxford University Press, 1999), p. 222.

33) A.a.O. S. 80[A 367]; 일본어 역 69頁.

34) The State of War, *op. cit.,* p. 175.

35) *Ibid.,* p. 176.

36) *Ibid.*

37) Du contrat social, dansŒuvres complètes, III), p. 436 et note; 일본어 역 『社会契約論』 桑原武夫・前川貞次郎訳(岩波文庫, 1954) 142-43頁.

제 2 장

국가의 폭력, 저항의 폭력

- 존 로크의 경우

1. 머리말

존 로크는 근대 입헌주의의 골격을 만든 사상가 중 한명이다. 근대 입헌주의라고 불리는 관념이나 사상의 네트워크 중에는, 비교불능한 가치가 다원적으로 대립하는 상황임에도 사람들이 사회생활의 편의를 평온하고 공평하게 향수할 수 있는 구조를 어떻게 구축해야 하는가 하는 문제에 답하려고 하는 일련의 논의가 있다. 『시민정부이론(二論)』과 『관용에 관한 서간(書簡)』 등에서 보이는 성숙기의 로크의 정치사상도, 근세 유럽에서 종파(宗派) 간 대립상황으로부터 어떻게 평화적이고 문화적인 사회 질서를 이룰 것인가라는 일반적 문제에 대한 대답을 시도로 볼 수 있다. 그러나 한편으로 그의 논의는 그가 처해있던 특수한 정치상황하에서, 카토릭주의와 절대주의에 경도된 스튜어트 왕조에 대한 실력에 의한 저항, 나아가 프로테스탄트 연합의 맹주인 윌리엄 III세의 잉글랜드 정복을 정당화하는 동시에,[1] 자연권과 통치자의 동의에 근거한 국가권력의 기초형성이, 휠머

(Robert Filmer)*를 시작으로 하는 절대주의자의 비판에도 불구하고, 정치사회의 부단한 교란을 초래하지는 않는다는 것을 논증하는 것이기도 하다.

여기서는 '국가의 폭력, 저항의 폭력'이라는 주제에 입각하여 국가가 정당하게 행사할 수 있는 실력의 유래와 그 범위, 그리고 인민의 저항권이 어떤 경우에 어떤 근거로 행사될 수 있는가라는 문제에 초점을 맞추면서 로크의 논의의 길을 추적하고자 한다.[2]

2. 국가권력의 유래와 그 범위

국가가 정당하게 행사할 수 있는 실력의 유래와 그 범위라는 문제에 관한 로크의 출발점은, 원래 정치권력(political power)을 보유하는 것은 각 개인이라는 논리(These)이다. 국가가 성립하기 전의 자연상태에서는 실정법은 존재하지 않고 자연법만이 존재한다. 거기서 사람은 모두가 자기를 보전하여야 하고 또한 자기보전이 위협을 당하지 않는 한 다른 사람들도 보전하여야 한다는 두 가지 기본원리 및 거기서 파생하는 법이 타당하다. 그리고 이 자연법을 적용하여 위반자를 처벌할 권한은 모든 개인에게 있다(Locke 1988, ss. 6, 7, 128).

사람들은 자연상태의 곤란을 해결하기 위하여 사회계약을 맺으며 정치사회를 건설하기에 이른다(s. 123). 로크가 지적하는 자연상태의 곤란이란 다음의 세 가지 점이다. 첫째는 선악의 판단기준이 되는 공지(公知)가 확정된 법이 존재하지 않는다는 것(s. 124), 둘째는 공지의 중립적인 법관이 존재하지 않는다는 것(s. 125), 셋째는 올바른 재판이 이루어졌다고 하더라도 그것을 집행하는 실효적인 권력이 존재하지 않는다는 것(s. 126)이다. 이러한 곤란 때문에 사람들은 자연상태에서

---

* Robert Filmer(1588-1653) 영국의 사상가. 저서에는 가부장제론 등이 있다.

자기 이익에 기울은 판단과 집행을 하게 되며, 공평하고 올바른 재판도 실효성을 잃게 된다. 따라서 사람들은 각자의 소유(property)의 더욱 확실한 보장을 위해 정치사회를 구성하여 그것에 정치권력을 맡기고 공통적인 입법자와 법관을 가지려고 한다(ss. 89, 129-31, 171). 결집된 사람들의 정치권력은 정치사회의 다수파의 결정으로 정부에 신탁(trust)된다. 정부는 자연법을 더욱 더 정밀하게 성문화하고 공지의 형벌로 그 준수를 강제한다. 이리하여 성립된 정부의 권력은 당연한 것이지만 사람들의 동의에 의거하여 신탁된 권력의 범위에 한정된다(s. 135). 이 범위를 넘어서 정부가 사람들의 재산을 침해하여 생명이나 자유의 유지에 위험을 줄 경우가 있다면 정부에 대한 권력의 신탁은 해소되며, 원래 보유자인 각 개인으로 복귀한다(ss. 149, 222).

정부에 의한 권한 일탈의 전형적인 예는 특정한 신앙을 국민에게 강요하는 것이다. 정부의 설립목적은 사람들 고유의 것을 더욱 보장하는 것에 있으나 거기에 포함되는 것은 사람들의 세속적인 이익(civil interests), 즉 생명, 자유, 재산의 보호로 한정된다. 내세(來世)의 일, 각인의 신앙에 관한 것은 이 범위에 포함되지 않는다. 신앙은 각인의 내심의 문제이고 강제된 신앙으로 혼이 구제되지는 않는다. 그렇기 때문에 정부에 신탁되는 권한 중에 종교에 관한 것은 있을 수는 없으며, 따라서 아무도 그 신앙을 이유로 현세(現世)에서의 생명, 자유, 재산을 박탈당할 이유는 없다(Locke 1997a, pp. 10-13, 35). 그러한 압제를 정부가 하는 경우에는 정부에 대한 권력의 신탁은 해소되고 정부와 인민은 전쟁상태에 들어간다(Locke 1988, s. 222). 인민은 자기에게 복귀한 정치권력을 이용하고 정부와의 분쟁을 "하늘에 소송하는(appeal to Heaven)" 것, 즉 반란을 일으킬 수 있다.

3. 저항권은 왜 내란의 초래를 막는가?

그런데 정부가 정당하게 그 권한을 행사하고 있는지 그 범위를 일탈하지 않는지를 판단하는 것은 누구인가? 로크에 따르면 그것을 판단할 수 있는 것은 인민 한명 한명이다(Locke 1988, ss. 240-41; cf. 菅野 1977, 345頁). 그리고 정부가 그 권한을 일탈하였다고 판단될 때 인민은 실력으로 저항할 권리가 있다.

이러한 사고방식은 개개인의 주관적 판단에 의한 정부의 반항을 항상 정당화하게 되고, 만인에 대한 만인의 투쟁을 전개하는 자연상태로 귀결하는 홉스에 의하여 비판되었다(Hobbes 1996, ch. 29; Hobbes 1971, pp. 54-55). 비슷한 비판은 로크의 주요한 논적이었던 로버트 필머에 의해서도 이루어져 있다.[3] 로크 스스로가 앞에서 본 것처럼 자연상태에서 각인이 자기 이익에 기울은 판단·행동을 하게 된다는 것을 인정한 이상 왜 이러한 사고방식이 무정부상태를 초래하지 않는다고 할 수 있는지는 그에게 심각한 문제였다고 할 수 있다.

이 문제에 대한 로크의 대답은 다음과 같이 정리할 수 있다(Locke 1988, ss. 204, 208, 209, 223, 225; cf. Tully 1993, pp. 45, 305, & 317). 첫째는 사람들은 현상 유지적으로 행동하는 것이 보통이고, 정부가 조금 잘못을 하더라도 곧바로 반란을 일으키지는 않는다. 둘째는 성공 가능성이 없는 반란을 사람들이 시작할 동기는 없다. 반란이 성공하기 위해서는 다수의 사람들이 그것에 참석하여야 하고, 따라서 반란이 일어나는 것은 정부의 압제의 해악이 현실로 또는 잠재적으로 과반수를 넘는 사람들에게 미칠 경우에 한정된다. 셋째는 반란이 신의 판단을 요구하는 '하늘에 대한 소송'인 이상, 사람들은 자신의 행동이 정의에 어울린다는 확신이 없으면 반란할 수 없을 것이다.

따라서 실제로 반란이 일어나고 쟁란상태가 되는 것은 실제로 정부가 사회의 다수 사람들을 못살게 굴고 있을 경우에 한정될 것이다. 그리고 인민이 저항권을 가지고 있으며 압제하에 있으면 반란을 일으킬 수 있다는 것을 알고 있는 위정자는 그렇지 않은 위정자와 비교하면 압제를 할 개연성이 낮다.

4. '하늘에의 소송'과 신의 심판

로크에 따르면 인민의 실력에 의한 저항은 압제를 하는 정부와의 투쟁을 하늘, 즉 신에게 소송하고 그 심판을 받는 행위였다(Locke 1988, s. 241). 이것의 의미를 알기 위해서는 로크가 선악, 행복 그리고 상벌을 어떻게 보고 있었는지를 볼 필요가 있다(cf. Tully 1993, pp. 308-14).

로크에 따르면 사람에게 있어 무엇이 선이고 무엇이 악인지를 결정하는 것은 쾌락과 고통이다. 사람은 더 많은 쾌락을 추구하고 고통에서 벗어나려고 한다. 행복이란 극도의 쾌락이고 불행이란 극도의 고통이다(Locke 1975, Ⅱ. 21. 41-42).

사람들은 그 자유, 즉 자기 의사에 의거하여 선택하는 능력(Ⅱ. 21. 21-27)을 이용하여 더 많은 행복을 추구하려고 한다. 다만 홉스와 같은 주관주의자의 주장과 달리,4) 로크에 따르면 각인의 행복이 무엇인지 선이 무엇인지, 즉 사람들이 그 자유를 행사하여 추구하여야 할 목적이 무엇인지는 객관적으로 결정되어 있으며, 사람은 이성에 의하여 그것을 인식할 수 있다.5) 그리고 그것을 최종적으로 결정하는 것은 전 우주에 공통하는 입법자이고 법관인 신이다. 신이 정하는 법이야말로 선악에 관한 유일하고 진정한 기준이며 그것에 대한 복종과 위반에는 최대의 행복(즉, 천국)과 최대의 불행(즉, 지옥)이 상벌로 부여된다(Locke 1975, Ⅱ. 28. 5-8; Locke 1988, s. 135; cf. Dunn 1984, p. 68).

여기서는 신 및 신의 법이라는 존재와 사람의 행동을 쾌락과 고통으로 설명하는 쾌락적(hedonistic) 인간관이 결합된다. 저항권의 행사에 의한 '하늘에의 소송'도 극단적으로 말하자면 현세에서 매듭 짓지 못할지라도 내세에서는 결실을 얻을 것이라고 할 수 있다.

신의 존재를 부정하는 사람은 이러한 내세의 상벌에 의거하여 선악을 판단하는 능력이 없다. 따라서 신의 존재를 부정하는 사람에게 관용할 필요는 없다(Locke 1997a, p. 47). 그리고 선악을 자율적으로 판단할 능력이 없다는 점에서는 로마 교황 등의 외국 세력에 맹종하는 가톨릭도 마찬가지이고, 역시 종교적 관용의 대상으로는 산입되지 않는다.[6]

선악의 기준이 객관적으로 부여되어 있으며 게다가 그것이 신에 의하여 내세에서 제재(sanction)받을 것을 알고 있다면, 저항권의 발동에 대해서 개인의 사적인 판단을 허용해도 홉스가 묘사한 것 같은 비참한 자연상태에 빠지지는 않고, 따라서 필머의 비판도 틀린 것이 된다. 로크의 저항권론을 지지하고 있는 것은 이러한 상정(想定)이다.

5. 사회학적 설명: 인민의 복종과 '조정문제'

물론 저항권은 그렇게 위험하지 않다고 하는 로크의 논의는 신학적 논의 문맥으로부터는 독립적으로 이 세상에서의 이해 문제에 한해서 사회학적으로 설명하는 것도 가능할지도 모른다. 왜 인민이 거의 저항권을 발동하려고 하지 않는지에 관한 앞에서 본 로크의 논의는 정부에 대한 인민의 복종을 조정문제(coordination problem)에 대한 대답으로 하는 논의로 재구성하는 것도 가능하다.

정부에 대한 인민의 복종을 조정문제, 즉 아무거나 괜찮지만 뭔가 정해져 있다는 것이 중요하기 때문에 다른 대다수 사람들이 행동하는 것처럼 자신도 행동하려고 생각하는 것 같은 문제에 대한 대답으로 보는 사고방식은 해석방법에 따라서는 토마스 아퀴나스까지 거슬러 올라갈 수 있다(Postema 1986, pp. 40-46).

　정부는 교통규칙이나 시장에서의 거래 룰 등, 사회적 상호작용을 조정하기 위한 룰을 설정·집행하는 한편에 치안 유지, 외적으로부터의 방위, 치수나 감개 등의 공공재를 제공한다. 그런데 이러한 역할을 하여야 할 사람들이 구체적으로 누구이어야 하는지는 그 자체가 조정문제라는 견해도 성립할 수 있다. "이기면 관군(Might is right; Winner takes all)"이라는 표현은 이러한 견해를 전형적으로 가리키고 있다. 많은 사람들에게 누가 정부로 행동하는지는 실은 어찌되어도 좋은 문제이며, 여하튼 누군가가 "이기면" 정부가 되고 사회 대다수의 복종을 받는 상황이 실현되는 것이 중요하다는 것이다.[7]

　이러한 견해에서 보면 사람은 모든 나머지 사람들이 실제로 따르고 있는 사람들에게 자신도 따르려고 생각하므로 현재 정부에 복종하는 것이다. 이러한 견해는 당연한 것이지만 누가 정부이어야 되는지에 대해서는 현상 유지적으로 기능한다. 아무거나 괜찮지만 여하튼 무언가에 정해져 있는 것이 조정문제 상황에서의 중요한 점이며, 게다가 한번 안정된 해결을 다른 해결로 움직이게 하는 재조정(recoordination)은 막대한 코스트를 필요로 하기 때문이다. 정부의 주도로 우측통행으로부터 좌측통행으로 변경하는 것도 힘든 일이므로 정부 자체를 현재 정부로부터 다른 사람들로, 게다가 다수의 인민이 자발적이고 폭력적으로 움직이게 하는 것이 쉽지 않다는 것은 명백하다(Hardin 1999, pp. 16 & 180).

　또한 근대 입헌주의가 기초로 하는 공사(公私)의 이분론(二分論)을 개인주의적으로 해석하는 입장에서 보면, 원래 각자에게 중요한 것은 사적공간에서의 자유로운 삶이므로 상당한 일이 없는 한 사람들이 반란을 일으키려고 하지 않는다는 것도 자연스러운 이야기다. 사람들에게 반란보다도 중요한 것은 인생에 많이 있다.

다른 한편 복종하여야 할 정부가 누구이어야 하는지는 조정문제라고 하는 이러한 견해에서 보아도, 한번 반란이 사회전체로 확산되면 이제 종래 정부에 복종하는 것은 의미가 없어진다. 대다수 사람들이 반정부활동에 참가하는 상황에서는 자신도 그것에 참가하는 것이 각자의 이익에 합치한다(Hardin 1999, p. 282).

1989년에 동유럽 사람들은 기존의 정부를 진심으로 존경하지는 않았다는 것을 극적인 형태로 가리켰으나 그래도 그들은 그동안 긴 세월에 걸쳐서 그러한 정부에 복종하였다. 그러나 많은 사람들이 반체제운동에 참가하여 정부가 와해하기 시작한 것을 보고 자신도 그것에 참가하는 것을 주저하지 않았다. 은행이 보유하고 있다고 주장하는 예금을 한꺼번에 인출하면 도산하는 것처럼, 정부 역시 스스로 행사할 수 있다고 주장하는 실력의 모두를 동시에 행사하여야 할 국면에 몰아넣게 되면 무너진다.

6. 통상적인 정치과정에 대한 신뢰도

동유럽 혁명이든 로크가 그 저항권론에서 변호하려고 한 스튜어트 왕가에 대한 실력에 의한 저항이든, 선거 등에 의한 평화로운 정권교체의 메커니즘이 신뢰할 수 있는 형식으로 기능하지 않았던 상황에서 발생한 것에 유의하여야 한다.[8] 로크가 저항권론을 전개한 것도 가톨릭이었던 왕제(王弟) 제임스의 왕위배척문제(Exclusion Crisis)에 관한 의회나 궁정정치라는 당시의 통상적인 정치과정을 통한 해결의 시도가 좌절하고 이제 실력을 사용할 수밖에 없다는 국면에 그 자신이 몰아넣게 되었기 때문이다.[9]

그가 섬긴 휘그(Whig)당의 리더인 샤프츠베리(Earl of Shaftesbury)는 모반의 의심을 받아서 네덜란드에 망명하다가 객사(客死)하였고, 로크 자신도 라이하우스 암살 음모사건이 발각된 1683년에 망명을 하게 되었고, 잉글랜드로 귀국한 것은 '명예혁명'이 성공한 뒤인 1689년이 었다. 왕위배척문제에 관여하기 전의 로크가 홉스와 마찬가지로 저항권을 부정하는 절대주의적 국가상을 변호한 것은 잘 알려져 있다.10)

통상적인 정치과정이 압제를 억지할 수 없는 국면에서 실력행사를 할 수밖에 없는 상황은 입헌적 통치기구와 민주적 제도장치를 구비한 사회에서도 발행하지 않는다고 할 수는 없다. 로크도 권력분립, 대의제, 혼합체제 등 그가 제창하는 입헌적 제도장치에 의해서는 압제의 위험성을 완전히 배제할 수 없다고 생각하였기 때문에 저항권론을 제창한 것이다(Tully 1993, p. 318).11) 다시 말하면 국가의 부정한 폭력을 규명하기 위한 수단으로 통상적인 정치과정을 어느 정도 신뢰하는지에 따라 정부에 대한 저항권을 원래 인정하여야 되는 것인가, 인정한다고 하더라도 실력의 행사도 허용해야 하는가의 판단이 달라질 수 있다.

7. 로크 저항권론의 한계와 가능성

마지막으로 로크의 저항권론의 주요한 논점을 정리하고 그 한계와 가능성에 대해서 간단한 의견을 제시하고자 한다.

저항권론을 중요한 요소로 포함하는 그의 시민정부론은 종파 간의 다툼을 한데 묶어 사람들이 각자의 행복을 자유롭게 추구할 수 있는 평화로운 사회질서를 창출하는 것을 목적으로 하고, 그것을 위하여 필요한 조건, 즉 견해나 입장의 차이를 초월해서 수용하는 것의 가능한 조건이 무엇인가 찾아내는 것이었다. 다원적인 세계관의 공존을 도모하려는 이러한 접근방법은 그로티우스나 홉스 등 17세기에 활약한 다른 사상가와도 공통한다(Tuck 1994, p. 163; cf. 長谷部 1999, 10-11 頁).

로크에 따르면 사람에게는 생래적으로 자연권이 부여되어 있다. 서로 타자의 자연권을 침해할 수는 없으며 침해행위에 대해서는 각인이 이를 처벌할 권리를 가진다. 자연상태에서의 곤란을 해결하기 위하여 사람들은 결집해서 정치사회를 구성하고 각자의 권리를 정부에 신탁한다. 그러나 권력분립이나 대표제 등의 입헌적인 정치제도에도 불구하고 정부가 신탁의 조건에 반해서 압제를 하는 것, 전형적으로는 신앙을 이유로 인민의 생명, 자유, 재산을 침해하는 것도 발생할 수 있다. 그 경우에는 신탁이 해소되며 정치권력은 각인에게 복귀하여 인민은 정부에 대해서 실력으로 저항할 수 있다. 이리하여 국가가 주체가 되는 것이든 인민이 주체가 되는 것이든 정당한 실력의 행사와 부정한 폭력을 구별하는 기준이 생긴다. 게다가 저항권을 인정해도 끊임없는 전쟁상태가 초래될 우려는 없다.

이러한 논의를 궁극적으로 지탱하는 것은 사람의 행동을 쾌락과 고통으로 설명하는 쾌락적(hedonistic) 인간관과 신의 존재다. 자연상태에서 타당한 법이 무엇인가를 제시하는 것도 정부에 대한 실력으로의 저항이 정의에 적합한지 여부를 판단하는 것도 최종적으로는 신이며, 신의 법에 대한 복종과 위배란 각각 내세에서의 영원한 행복과 영겁의 불행으로 보답된다. 그러므로 사람들은 신의 법, 즉 선악의 '객관적' 기준에 따르려고 하는 동기가 생긴다.

신의 존재를 믿어야 할 근거도 마찬가지다. 신이 존재하여 동시에 죄가 영겁의, 즉 무한대의 불행으로 보답된다는 개연성이 조금이라도 있다면 신의 존재를 믿고 그것에 복종하는 것이 자신을 위해서이기 때문이다(Locke 1975, II. 21. 70). 로크는 자유지상주의의 원조로 해석될 때가 있으나 그의 논의 총체는 오히려 내세도 고려한 일종의 공리주의라고 해야 하는 것이다.

물론 기독교의 신을 믿어야 비로소 수용 가능한 이러한 논의로는, 현대사회에서 입헌주의가 직면하는 과제를 처리하는 것은 곤란하다.[12] 신의 존재에 관한 로크의 논증도 기독교도가 아닌 사람이 보면 그냥 논점의 선취라고 간주될 것이다. 기독교에서 신의 존재를 믿는 사람에 대하여 영겁(永劫)의 죄를 내리는 다른 신이 존재할 가능성이 적어도 기독교의 신이 존재하는 가능성과 같은 정도로는 있기 때문이다. 그의 논의에 설득당하고 새롭게 기독교도가 되는 사람이 그렇게 많다고 생각할 수는 없다.

이 한계에 대처할 방법으로 바로 생각이 나는 것이 두 가지 있다. 하나는 내세 문제를 분리하여 현세 문제에 한정한 공리주의를 구상하는 것인데, 데이비드 흄이나 제레미 벤담은 이 길을 따랐다. 다만 원래 공리주의가 다원적 사회의 구성 원리로 적절한가라는 문제는 여전히 남아 있다.

다른 하나는 사회생활의 편의를 서로 향수하는 구성원 중에 기독교도 이외의 사람도 산입(算入)한다는 것이다. 그로티우스는 "전쟁과 평화의 법"의 서론에서 그가 제창하는 최소한의 자연법, 즉 자기보존과 타인에 위해 금지는, 가령 신이 존재하지 않는다고 하더라도, 신이 인사(人事)에 무관심하다고 하더라도 여전히 타당하다고 말하고 있으며, 종교 틀을 초월하고 세계관이 다른 사람에게 공통하는 정치사회의 최소한의 존립조건, 즉 희박한(thin) 도덕을 탐구한다는 방향을 시사하고 있다(Grotius 1999, prolégomènes, s. XI; cf. Tuck 1993, pp. 197-98).

정치와 종교의 분리, 공권력 행사의 한계 설정 등 로크가 제시하는 사회의 구성에 관한 구상 중에는 기독교 이외의 사람이라도 가치의 다원성을 사실로 인정하는 이상 받아들일 수 있는 것이 많을 것이다. 그리고 산입해야 할 구성원의 범위를 확대한다는 이 방향은 로크에 대하여 가끔 지적되는 문제점, 즉 여성이나 선주민의 지위, 게다가 장래의 세대를 고려할 경우의 지구환경보호 등이 시야에 들어있지 않다는 문제점에 대해서도(cf. Tully 1993, ch. 5) 해결의 출발점이 될 것이다.

다만 기독교에 의한 '객관적'인 선악의 판단기준이 상실될 때, 그래도 저항권의 사적 발동을 허용하는 것이 비참한 쟁란상태를 초래하지 않을까에 대해서는 견해가 나누어질 것이다. 이 문제에 대한 대답은 저항권의 위험성을 과대하게 견적(見積)하면 안 된다고 하는 로크의 사회학적인 설명을 어떻게 평가하는지에 따르고, 당해 사회의 통상적인 정치과정이 다원적인 가치에 대한 관용을 어디까지 인정하는지, 사회 내부의 가치 대립이 어느정도 심각한 것인가에 대한 그때그때의 현실인식에도 크게 의존한다고 생각한다. 로크의 대답도 구체적인 정치상황에 응하여 변화하고 있다는 것은 제6절에서 설명하였다.

이 문제는 자유주의의 민주국가에서 사는 사람들에게도 상관없는 일이 아니다. 로크의 저항권론은 어떤 경우에 정당하게 실력을 행사할 수 있는가라는 일반문제의 응용이다. "하늘에 대한 소송"은 자연상태에서의 자연법 위반에도 인정되는 것이었다. 그리고 자연상태는 국가 성립전의 개인 간의 관계임과 동시에 독립국가 간의 관계이기도 한다(Locke 1998, s. 14). 원래 "자율적 개인"이라는 관념은 근대 유럽에서 형성된 주권국가를 모델로 형성된 것이다(Tuck 1999, esp., pp. 9 & 226-34). 그러나 오늘의 국제여론은 개인의 인권을 존중해야 한다는 한편에 국가의 자율성에 대해서는 이를 상대화하는 방향으로 진행되는 것으로 보인다. 그리고 이 방향과 자연상태에서 법의 집행권이 모든 개인에게 인정된다는 논리(These)를 편성한다면 국제사회에서 타

당한 자연법을 실력을 사용해서 집행할 권리도 모든 국가에 인정된
다. 그러나 당해국가의 통상적인 정치과정에서는 해결할 수 없는 문
제를 처리하기 위하여 국제여론으로 지지된 다른 국가가 실력을 행
사하려고 할 때 로크가 지적하는 제어장치가 잘 기능할지는 의심스
럽다.

다른 한편 저항권의 사적 발동을 허용하는 로크의 논의에서는 현
재 널리 유포된 자유주의 사고의 틀을 초월할 가능성을 찾아낼 수
있다. 로크의 논의에서는 기존의 정치체제 내에서의 실천을 거치지
않더라도 그것과 별개로 사람은 정치적 판단능력을 획득할 수 있으
며 그것에 의거하여 기존의 정치체제를 그것으로부터 거리를 둔 입
장에서 근본적으로, 나아가 폭력적으로 뒤집을 수도 있다고 상정된
다. 정치권력은 원래 각 개인의 것이고, 국가가 가지는 권리 중에 원
래 개인이 가지지 않던 권리는 존재하지 않는다(Locke 1988, ss. 168, 171).
이것은 기존의 정치체제에 참가의 의의를 강조하는 공민(公民)적 인
본주의(civic humanism)와 다르다는 것은 물론, 기존의 서유럽식 자유민
주주의의 정당성을 전제로 하면서 그 배경에 있는 합의를 탐구하여
발전시키려고 하는 존 롤스나 리처드 로티* 등의 자유주의와도 다
른 입장이다.

로크가 종교적 관용의 대상으로 염두에 둔 '명예혁명' 이전의 비국
교도(Dissenters) 뿐만이 아니라 참정권이 인정 되지 않는 여성, 미국대
륙의 선주민 등 기존의 정치과정에서 계통적으로 소외된 사람들도
정치체제의 선악을 판단하는 능력을 구비하고 있으며 경우에 따라서
는 폭력적으로 저항하는 것도 허용된다는 귀결이 로크 자신의 의도
를 넘어서 이러한 전제로부터 도출될 가능성이 있다. 그리고 민주정
이 그것을 정당화하는 철학에 선행한다는 로티 식의 사고방식(Rorty

---

* 리처드 로티(Richard Rorty: 1931-2007), 현대 미국을 대표하는 철학자.

1991)보다는 로크의 소박한 자연권론이 1989년의 동유럽 혁명을 사태 추이에 입각한 형식으로 설명할 수 있다는 견해에는(Tully 1993, p. 323) 어느 정도의 설득력이 있다. 당시 동유럽에는 아직 실천된 민주정이 존재하지 않고 일반인민은 정치과정에서 계통적으로 소외되었기 때문이다. 물론 이것에 대해서는 동유럽 민중이 반정부운동을 일으킨 것은 국경을 넘어간 방송 등에 의한 서쪽의 교육 선전활동이 기존의 민주체제에의 동유럽 민중의 포섭에 성공한 것에 의한 것이라는, 보다 로티(Richard Rorty)에 가까운 견해를 대치시킬 수 있다.

□ 참고

1) 「명예혁명」이라고 하는 윌리엄Ⅲ세의 잉글랜드 정복의 역사적 배경에 대하여 Isrel(1991), general introduction & ch. 3 참조. 윌리엄의 주요 의도가 프로테스탄트로서의 의무를 다하는 것과 함께, 잉글랜드 인민 고래(古來)의 자유와 권리를 회복한다는 고결한 것이 아니었다는 것은, 현재 모두 인정한다. 그의 모험적 행동은 오히려 루이 14세의 프랑스의 확장 정책을 어떻게 억제하고, 네덜란드의 국익을 지킬까하는 관점으로 설명되어야 한다고 한다(Stroud 1999, pp. 125 & 189).

2) 여기서는 '폭력'을 어떻게 정의하는가라는 어려운 문제는 취급하지 않는다. 미야자와(宮沢)(1971) 143頁는 '폭력' 내지 '실력'이 무엇을 의미하는지 명확하지 않으므로 '평화적 저항권'과 '비 평화적 저항권'의 구별이 정확할 리가 없다고 지적한다. 또한 로크가 제창하는 '저항권'이란 어디까지나 '자연법상의 저항권'이라는 것에 유의할 필요가 있다. '자연법상의 저항권'과 '실정법상의 저항권'의 구별에 대해서는 히구치(樋口) 304-18頁參照. "저항하는 각인이 스스로 저항을 허용할 수 있는 법 침범이 있었는지의 여부 인정권을 가진" 전근대 유럽에서의 저항권을 '실정법상의 저항권'으로 근대국가 아래서의 '실정법상의 저항권'과 같은 호칭을 사용하는 히구치(1973)의 용법(306頁)에 대해서는 세리자와(芹沢) 교수의 비판적 의견이 있다(芹沢 1983, 475-76頁). 또한 로크의 저항권론에 대해서는 간노(菅野)(1977) 339-50頁에서의 "정치2론"의 텍스트에 입각한 소개가 참조할 만하다.

3) Filmer (1991) pp. 150-54; cf. Tully (1993) p. 44. 그로티우스도 비슷한 입장에서 저항권을 원칙적으로 부정하였다(Grotius 1999, I. IV. II. 1).

4) Hobbes(1996) ch. 6의 선악(Good, Evill)에 관한 기술을 봐라. 선악의 판단이 사람에 의하여 급진적으로 달리할 수 있다는 입장과 각인의 자유한 판단을 허용하는 것이 부단의 쟁란상태를 초래한다는 논의의 친화성은 명확하다. 칸트도 자연상태의 사람들 주관적 판단 상위가 가령 모든 사람이 선의로 행동하였다고 하더라도 여전히 전쟁상태를 초래한다는 점에 관해서 홉스에게 동의하고 있다(Kant 1991, s. 44; cf. Tuck 1999, pp. 207-08). 이 전제에서 보면 그가 저항권을 부정한 것도 자연스럽다(Kant 1991, s. 49. A). 또한 이 논점에 대해서는 Tully(1993) pp. 24 & 295-96 참조.

5) 따라서 로크에게는 '자유(liberty)'란 자연상태의 그것조차 필머가 주장하는 것 같은 "자기가 생각난 것을 아무거나 하고 마음대로 살고 어떤 법에도 구속당하지 않는다."라는 것이 아니었다(Locke 1988, s. 22; cf. Filmer 1991, p. 275). 물론 자연법을 객관적으로 인식할 수 있다는 것은 모든 사람이 직관적으로 이해할 수 있을 만큼 그것이 자명하다는 것을 꼭 의미하지는 않는다. 로크는 도덕원리의 자명성, 생득성(生得性)을 부정하고 있으며(Locke 1975, I. 3. 1), 또한 예를 들면 자

연상태에서의 자연법에 대한 위배자를 피해자뿐만이 아니라 모든 사람이 처벌할 수 있다는 그의 주장을 "극히 기묘하다 very strange"라고 생각하는 사람도 있을 것이라고 한다(Locke 1988, s. 9).

6) 로크는 "관용에 관한 서간"에서는 신중하게도 이슬람교도를 예로 들고 있으나 (Locke 1997a, pp. 46-47), 그 함의는 명백하다. "관용에 관한 에세이"에서는 명시적으로 교황의 무류(無謬)성을 믿는 가톨릭에 대하여 관용하면 안 된다고 한다 (Locke 1997c, p. 146). 다른 한편, 무신론자나 이교도도 사회생활의 규칙을 지키고 각인의 고유인 것을 존중하는 한 로크의 틀 내에서도 평화공존이 가능할 것이다.

7) Hardin(1999) p. 87는 홉스도 이러한 견해를 취하였다고 한다. 또한 인민의 복종 관습과 조정문제의 관련에 대한 간단한 설명으로 長谷部(1999) 19-23頁를 참조.

8) 선거에 의하여 정권이 교체하는 민주국가에서도 선거에서 승리를 한 정권에 왜 인민이 복종하고 있는가라는 논점에 대해서는 비슷한 대답이 가능할 것이다. 이 점에 대해서는 Hardin(1999) ch. 4 참조.

9) 왕위배척운동을 지도한 Earl of Shaftesbury의 오산은 관세 수입 증대나 프랑스로 부터의 재정지원 때문에 찰스가 재정 운용상 의회에 의지할 필요성이 약해진 것에도 있다고 한다(Stroud 1999, p. 175).

10) Locke(1997b)가 그 예다. cf. J. Dunn(1984) pp. 29-32.

11) 현재 정부에 왜 많은 인민이 복종하고 있는가라는 문제에 대해서는 조정문제 상황이 아니고 치킨게임에 대한 대답으로 설명하는 견해도 생각할 수 있다. 사실은 현재 정부에 복종하는 것보다 복종하지 않는 것이 자신에게 이익이 되지만 반항할 때 당할 불이익을 생각해서 어쩔 수 없이 복종하고 있다는 것뿐이라는 이해이다(Narveson 1996). 제3절에서 말한 로크의 논의 중에는 이러한 견해를 배경으로 하고 있다는 것을 엿볼 수 있는 요소도 있다. 그러나 치킨게임으로서의 성격이 정부에 대한 복종에 항상 보인다면 왜 인민이 어떤 점을 계기로 반란을 시작하는지의 설명이 어려워진다. 현재 정부에 복종하는 것이 이익보다도 불이익을 초래한다고 다수의 사람들이 생각하게 되면 남은 문제는 정부의 교체라는 재조정을 어떻게 수행할까라고 생각하는 것이 적어도 로크의 저항권론 해석으로는 일관성이 있다. 특히 Locke(1988) s. 228은 인민의 복종을 치킨 게임의 틀로 설명하는 견해와 충돌한다고 생각한다.

12) Dunn(1984) p. 30는, 현대의 독실한 기독교도조차도 로크의 논의는 이해하기 어려울 것이라고 한다. 미야자와(宮沢)(1971)는 가톨릭의 저항권론에 대하여 마찬가지의 지적을 한다. 신 대신에 '역사'의 심판을 받으려고 하는 입장도 객관적 '역사법칙'에의 신앙을 공유하지 않는 사람들에게는 역시 받아들이기 어려울 것이다.

❏ 참고 문헌

Dunn, John (1984) *Locke*, Oxford University Press.

Filmer, Sir Robert (1991) *Patriarcha and other Writings*, edited by Johann P. Sommerville, Cambridge University Press.

Grotius, Hugo (1999) *Le droit de la guerre et de la paix*, traduit par P. Pradier-Fodéré, Presses universitaires de France.

Hardin, Russel (1999) Liberalism, *Constitutionalism and Democracy*, Oxford University Press.

Hobbes, Thomas (1996) *Leviathan, edited by Richard Tuck*, Cambridge University Press.

Hobbes, Thomas (1971) *A Dialogue between a Philosopher and a Student of the Common Laws of England*, edited by Joseph Cropsey, University of Chicago Press.

Israel, Jonathan (ed.)(1991) *The Anglo-Dutch Moment*, Cambridge University Press.

Kant, Immanuel (1991) "Introduction to the Theory of Right", in *Political Writings*, 2nd ed., edited by Hans Reiss, Cambridge University Press.

Locke, John (1975) *An Essay concerning Human Understanding*, edited by Peter H. Nidditch, Oxford University Press.

Locke, John (1988) The Second Treatise of Government, in *Two Treatises of Government*, edited by Peter Laslett, Cambridge University Press.

Locke, John (1997a) "A Letter concerning Toleration", *The Works of John Locke*, vol. V, Routledge.

Locke, John (1997b) "Two Tracts on Government", in *Political Essays*, edited by Mark Goldie, Cambridge University Press.

Locke, John (1997c) "An Essay on Toleration", in *Political Essays,* edited by Mark Goldie, Cambridge University Press.

Narveson, Jan (1996) "The Anarchist's Case", in *For and Against the State,* edited by John T. Sanders and Jan Narveson, Rowman & Littlefield.

Postema, Gerald J. (1986) *Bentham and the Common Law Tradition,* Oxford University Press.

Rorty, Richard (1991) "The Priority of Democracy to Philosophy", in his *Objectivity, Relativism, and Truth,* Cambridge University Press.

Stroud, Angus (1999) *Stuart England,* Routledge.

Tuck, Richard (1993) *Philosophy and Government,* Cambridge University Press.

Tuck, Richard (1994) "Rights and Pluralism", in *Philosophy in an Age of Pluralism,* edited by James Tully, Cambridge University Press.

Tuck, Richard (1999) *The Rights of War and Peace,* Oxford University Press

Tully, James (1993) *An Approach to Political Philosophy:* Locke in Context, Cambridge University Press.

菅野喜八郎(1997) 「J. ロックの抵抗権概念」 岡田与好他編 『社会科学と諸思想の展開』 創文社.

芹沢斉(1983) 「近代立憲主義と『抵抗権』の問題」 現代憲法学研究会編 『現代国家と憲法の原理』有斐閣.

長谷部恭男(1999) 『憲法学のフロンティア』岩波書店.

樋口陽一(1973) 『近代立憲主義と現代国家』勁草書房.

宮沢俊義(1971) 『憲法Ⅱ〔新版〕』 有斐閣.

▰▰▰ 제 3 장 ▰▰▰
| 냉전의 결과와 헌법의 변동 |

⁂ 그림 1 ⁂ 히로시마 원폭돔

1. 들어가며

냉전은 1980년대 말에 종결을 맞이하여, 그 결과는 1990년의 '파리의 강화*로 확인되었다. 그런데 냉전이라는 것은 무엇이며, 왜 발생하며, 어떻게 종결된 것일까? 본장의 결론을 선취하여 서술하자면,

---

* 1990년 11월 21일 유럽 안전보장협력회의의 34개국 회원들이 파리 헌장에 서명하여 유럽에서 "냉전시대"는 끝이 났다.

냉전이라는 것은 다른 많은 전쟁이 그런 것처럼 상대방의 권력의 정통성 원리인 헌법을 공격목표로 하는 두 개의 진영의 적대상태이며, 그것은 일방의 진영(동측)이 자신의 헌법을 변경하는 것으로 종결하였다. 제2차 대전이 독일과 일본의 헌법 변경에 의해 종결한 것과 마찬가지이다.

여기에서 말하는 헌법이라는 것은 헌법전에 기재된 법규범의 총체가 아니라, 국가의 기본이 되는 구성 원리를 가리킨다. 칼 슈미트의 표현을 쓰자면 헌법제정권력을 맡은 자의 결단 내용이 헌법이다.[1] 이러한 의미로서의 헌법은 헌법 개정의 한계를 이루고 국가긴급권에 의한 보장 대상이 된다. 이런 의미에서의 헌법이 변경된 때, 새로운 정치질서가 발족하는 것이다.[2]

마지막으로 이러한 분석 시각이 일본의 헌법전의 개정에 관하여 어떠한 고려를 요구하는 것인가를 검토하겠다.

2. 루소의 전쟁상태론

제2장에서 소개한 것과 같이, 루소는 그 유고(遺稿) 『전쟁 및 전쟁상태론』에서 홉스가 그린 국가설립에 의한 평화의 실현이라는 논의를 비판하고 있다.[3] 여기에서 서술한 것과 같이, 루소에 의하면 국가 간의 대립이 대규모의 살육을 초래하는 것은 생체의 인간과 달리 국가가 사회계약에 근거한 인위적 구성물이며, 자연에 의해 부여된 한계를 가지고 있지 않기 때문이다. 국가가 인위적 구성물에 다름이 없다고 하는 사실이 전쟁 및 전쟁상태를 즉시 해결하는 길을 제시하고 있다.

전쟁은 국가 간에서밖에 발생하지 않는다. 하지만 그렇기 때문에 그것은 생체인 개인의 목숨을 완전히 뺏는 것이 아니라 종결시키는 것이 가능하다고 하는 것이 루소의 구상이기도 하였다. 왜냐하면 국가란 그냥 법인이며 이성의 산물에 지나지 않기 때문이다. 사회계약이라는 공적인 약속을 제거해 버린다면 국가는 그것을 구성하고 있는 물리적·생물학적 요소에 어떠한 변화를 가하는 일도 없이 사라진다. 그런데 전쟁이라는 것은 주권에 대한 공격이며, 사회계약에 대한 공격이기 때문에 사회계약마저 소멸한다면 한 사람의 인간이 죽는 일 없이 전쟁은 종결된다. 즉, 생물학적인 의미의 인간의 생명이나 물리적인 의미에서의 사유재산의 유지가 중요한 것이라면, 그리고 국가라고 하는 약속이 애초부터 이러한 사람의 생명이나 재산을 지키기 위해서 교환된 것이라면, 생명·재산에 대한 중대한 위기를 초래하는 전쟁이나 전쟁상태를 회피하기 위해서, 오히려 국가라고 하는 약속을 소멸시키는 것이 적절한 경우도 발생할 수 있다.[4]

이러한 루소의 상정은 단순한 공리공론이 아니다. 그것은 우리들이 아는 최근 사건으로 발생하였다. 냉전의 종결이 그것이다. 전 인류를 멸망시킴직한 대량파괴병기를 가지고 나아가 적대하는 진영의 소멸을 목표로 하여 두 개의 진영이 대치하는 때, 종말론적인 귀결(歸結)에 이르는 일 없이 대립을 종결시키는 수단으로는[5] 루소의 묘사만을 생각할 수 있다.

3. 세 가지 국민국가

루소의 분석으로부터 명확해지는 것은 전쟁은 '열전'도, '냉전'도, 적어도 전형적으로 국가와 국가 사이에 발생하는 것이고, 적대하는 국가의 헌법에 대한 공격이라는 형태를 취하는 것이다.[6] 그렇다면 냉전은 왜 발생한 것일까? 그것이 상대방의 헌법을 목표로 하는 적대관계 때문이라면 거기에서 문제가 되는 것은 어떠한 국가의 어떠한 헌법인 것인가?

텍사스 대학의 필립 바빗(Philip Bobbitt) 교수는 저서 『아킬레스의 방패(The Shield of Achilles)』[7])에서 냉전은 제1차 대전이 시작한 지극히 장기간에 걸친 대전쟁(그는 이것을 the Long War라고 부른다)의 일환이었다고 지적하고 있다.[8]) 이 대전쟁을 초래한 것은 19세기 후반의 군사기술의 혁신과, 그것에 의한 국가상의 변모이다. 비스마르크 지도하에서 프로이센 및 독일의 전략은 고도로 훈련되어 통솔된 대량의 병원(兵員)을 분산·전개하는 것으로서 적군을 포위하여, 치명적 타격을 주는 것을 기본으로 그것을 위해 징병제를 통하여 대량의 국민을 장기간에 걸쳐 전쟁 내지는 그 준비에 참가시키는 것을 강요하는 체제를 요청했다.[9]) 당시 타국의 징병제에 비교하여 프로이센의 징병의 대상은 광범위하였으며, 게다가 실제의 취역(就役)의 요구도(要求度)도 높았다. 이러한 체제는 그것에 대응하여 국민의 정치참여의 범위를 확대시켜서 정치의 민주화를 추진하였고[10]) 또한, 국민전체의 복지를 커다란 차별 없이 향상시키는 것을 지향하는 복지국가정책을 인도하였다. 국민총동원을 정당화하기 위해서는 그것에 대응하는 국가의 목표 설정이 필요하게 된다. 대중의 전쟁참가에 강제가, 전 국민의 안전보장과 복지 향상, 그리고 문화적 일체감의 확보를 국가목표로 하는 국민국가를 등장시킨 까닭이다.

그 후의 국제정치사는 어떠한 국가형태가 국민전체의 안전과 복지와 문화적 일체감의 확보라고 하는 국민국가의 목표를 보다 잘 달성할 수 있는가를 둘러싸고 여러 나라가 서로 싸우는 투쟁 상태, 즉 국가권력의 정통성에 관한 싸움으로서 이해할 수 있다. 거기에서 주요한 적대자로서 부상한 것은 리버럴한 의회제 민주주의, 파시즘, 그리고 공산주의의 3자였다.[11]) 이 3자가 제1차 대전 후 각국의 정치의 기본적인 뼈대인 헌법을 결정하는 모델이 된 것은, 칼 슈미트의 『현대의회주의의 정신사적 지위』12)에서 명확히 그려내고 있다.

지당하게도 슈미트에 의하면 이 가운데 리버럴한 의회제 민주주의는 이미 과거의 통치형태이다. 자유로운 보도에 의해 형성되는 여론을 배경으로 하면서 의회에서의 공개심의와 결정을 통하여 진리(진정한 공익)에 도달하는 것을 목표로 하는 의회제는 교양과 재산을 가진 계급만의 정치참여를 전제로 하는 체제이며, 군사상의 필요성에 의해 대중이 정치에 참가하여 그것을 조직하는 단단한 기율(紀律)을 갖춘 정당(政黨)이 대치하는 현대의 의회민주주의 국가에서는 이미 의의를 잃고 있다. 조직정당이 의회 내에서의 공개심의를 통해서 진정한 공익을 목표로 하는 숙려를 쌓아, 견해의 일치에 이르는 것은 기대할 수 없다. 의회제 민주주의는 바야흐로 경합하는 다양한 사익을 조직적으로 대표하여 밀실에서의 거래를 통하여 타협을 실현하는 것에 머무르는, 야비하고 연약한 다원국가를 초래한다.13) 그 결과, 국가와 사회와의 구별은 희박해져, 국가는 여러 국면에서 사회생활에 개입과 각종 사익(私益) 보호가 요구되는 '전체국가(totaler Staat)'로 타락하고 있다.

의회민주주의에 대한 이러한 슈미트의 진단은 근대국가의 이상형에 관한 그의 상정(想政)과 접속하고 있다. 근대국가는 스스로의 적과 벗을 자연히 구별하고 사회내부의 적대관계를 국가 간의 관계로 묶어내는 단위라고 하는 의미로서 '정치적인 것(das Politische)'이어야 한다.14) "국가라고 하는 개념은 정치적인 것이라고 하는 개념을 전제로 하고 있다".15)

예전에는 실제로 '국가'라고 하는 개념과 '정치적인 것'이라고 하는 개념을 동일시하는 시대가 있었다. 고전적인 유럽의 국가는 영역내의 평화를 확립하고 법 개념으로서의 적대행위(Feindschaft)를 금지했다. 그것은 중세의 법제도였던 사투(私鬪, Fehde)*를 폐지하고, 당사자들이 서로 정전(正戰)이라며 대립했던 16, 17세기의 종교전쟁을 종결시켜, 영역 내에 평화와 안전, 그리고 질서를 회복하는 데 성공하였다. '평화, 안전, 그리고 질서'라는 정식(定式)은 경찰작용(Polizei)의 정의로 사용되었다. 이러한 국가의 내부에는 이미 행정밖에 없고, 정치는 존재하지 않는다.[16]

　적대관계가 국가 사이의 관계에 묶어내어진 결과, 슈미트에게도 전쟁 내지 전쟁상태는 국가와 국가의 관계가 된다. 한편 적대관계가 존재하지 않고, 정치적인 것이 존재하지 않는 국가의 내부에서는, 전 국민에게 공통된 이익이 입법 활동을 통하여 실현된다. 그러나 우적(友敵)의 구별을 곧잘 주저하게 되는 리버럴리즘(liberalism)의 아래에서는 입법과정이 다수의 이익집단에 점거되어 찬탈(簒奪)된 결과, 국가는 자기와 대립하는 '적'을 식별하는 기능마저 잃고 사회내부의 경합하는 단체에 고르게 배려하는 이익배분장치로 퇴화하여 간다.

　이러한 의회제 민주주의에 대체하여 슈미트가 가리키고 있는 길은, 치자와 피치자의 자동성(自同性)이라고 하는 의미에서의 민주주의 원리를 관철하는 것이다. 이미 실현 불가능한 '토의를 통한 진정한 공익에의 도달'은 포기(放棄)해야 할 것이다. 그리고 민주주의를 관철하기 위해서는, 비밀투표에 의한 대표자를 선출한다고 하는 어중간한 의회제 민주주의가 아니라, 반론의 여지를 허용하지 않는 공개된 장에서 대중의 갈채를 통한 치자와 피치자의 자동성을 목표로 해야 할 것이다. 원외의 인민에 대하여 책임을 부과하지 않는 의원(議員)의 토론은 이러한 인민의 의사의 앞에서는 이미 존재이유를 가지지 않

---

* 사투(私鬪, Fehde)는 중세 유럽에서 자유인 사이에, 특히 봉건귀족이나 도시와 도시 간에 벌였던 합법적인 사전(私戰). 당시 모든 자유인에게는 자신이 침해받은 권리를 실력으로써 회복할 권리가 인정되고 있었는데, 그 결과로 나타난 실력행사가 '페데' 이다. 칼 슈미트(김효전·정태호 옮김), 『정치적인 것의 개념』, 살림, 2012, 252면.

는다.[17]

이러한 제언이 바로 독일형 파시즘으로서의 나치즘의 정당화를 지향하게 했다고 평하는 것은 슈미트에게 가혹했을 것이다. 그는 적어도 나치즘의 정권장악 당초까지는, 나치즘에 대해서 호의를 품고 있지는 않았다.[18] 그렇다고는 해도 1926년에 발행된 그의 저서 제2판 서문에서 이미 슈미트는 시대에 뒤쳐진 의회제 민주주의에 대신하여, 직접적인 민주주의를 실현할 수 있는 체제로서 파시즘과 공산주의를 게재하고 있다.[19] 어느 쪽이나 치자와 피치자의 자동성을 전제로 하는 피치자의 동일성을, 파시즘은 민족을 기준으로 하여 공산주의는 계급을 기준으로 하여 달성한다. 어느 쪽이나 국가의 다원화와 분열을 인정하지 않고 우적을 명확하게 식별하는 강력한 국가를 실현한다. 국민의 동일성·균질성이 달성되며 모든 국민이 단일한 결론에 동의하는 실질적 기반이 없으면, 어떠한 민주정도 단지 여러 이해의 기능적 산술계산에 빠져서 정통성은 단순한 합법성에 환원된다.[20] 군사적 필요성으로부터 발생한 대중의 정치참가, 거기에서 발생된 의회주의의 위기는 파시즘인지 공산주의인지 어느 것에 의해서 극복된다고 하는 전망은 이렇게 열린다.

한편 의회제 민주주의의 측에서 보면 파시즘과 공산주의의 균질성의 경향은 다음과 같이 설명된다.[21] 국민전체의 복지를 격차 없이 향상시킨다고 하는 국민국가의 목표는 실현곤란하다. 국가의 정책은 통상적으로 승자와 패자를 낳는다.[22] 의회제 민주주의에서는 이런 승패가 있는 한계점을 넘어서면, 다수파의 교체가 발생하고 승자와 패자가 교체된다. 한편 의회선거를 통해 이러한 교체를 부정하는 파시즘과 공산주의하에서는, 일등 국민인 특별 우대자(insider)와 희생양인 이등 국민의 대립, 지배계급과 피지배계급 사이의 격렬한 투쟁, 혹은 그것들을 반영하는 국가 간의 대립이 국책에 의해서 필연적으로 발생되는 모순·대립을 설명하여 해결하는 도구가 된다. 이러한 이데올로기가 국내의 균질성을 표방하는 것은 당연하다.

실제로 제2차 세계대전에서는, 리버럴한 의회제 민주주의의 여러 국가와 공산주의 국가와의 연합군에 의하여 파시즘이 분쇄되었다. 민주주의에 기반하는 복지국가를 실현하는 통치형태에서 제일 먼저 배제된 것은 파시즘이다. 일본의 헌법은 미국의 요구에 의해서 근본적으로 다시 쓰여져 그 진영에 가입하고, 독일은 동서로 분단되어 서독일은 의회제 민주주의국가로서, 동독일은 공산주의 국가로서 출발하는 것으로 되었다.[23]

바빗 교수는 태평양전쟁 말기의 미군에 의한 일본 도시에의 폭격 및 원폭의 투하를 비판하는 최근 미국의 사상조류는 헌법 원리의 대립이라고 하는 전쟁의 양상을 정면에서 포착하지 못하고 있다고 한다.[24] 본토 결전(決戰)이 불러왔을 미·일 양국의 방대한 특성과 손실을 회피하고, 조기에 전쟁을 종결시킨 것이 비전투원의 비참한 피해를 초래한 이러한 도시에의 폭격의 정당화 이유인 것이라면, 오히려 당시 일본정부가 수용 가능한 조건으로 전쟁을 종결했다면 좋았을 것으로, 원폭투하라든가 본토결전이라든가 하는 경직적인 전제를 취할 것은 아니었다고 하는 것이 이러한 근년의 비판론의 주된 논거이다.[25] 그러나 바빗의 관점으로 보면 전쟁의 원인이 양국 헌법의 상이(相違), 국가의 정통성 원리의 대립인 이상 일본의 헌법을 고쳐 써서 일본을 파시즘 진영으로부터 의회제 민주주의 진영으로 편입시키지 않는 한, 미·일의 대립은 언젠가 재연될 터이다. 그것은 파시스트 국가 일본의 핵무장에 의한, 미·일·소의 삼국 대립이라고 하는 심각한 상황을 초래할지도 모른다. 미국으로서는 자국의 헌법을 유지해 나가면서 국제평화를 실현하기 위해서는 대립하는 헌법 원리를 가지는 여러 나라에 침공하여 점령해서라도 상대의 헌법을 고쳐 쓰는 것

이 필요하게 되는 이유인 것이다.[26]

　냉전은 다른 헌법원리, 국가권력의 다른 정당화 근거를 내세우는 두 개 진영의 전쟁 상태였다. 표면적으로 그것은 시장원리에 근거하는 자본주의 진영과 계획경제에 기반하는 공산주의 진영의 대립으로 보였을지도 모른다. 하지만 자원의 배분방법에 관한 대립은 무릇 헌법적 대립으로부터 파생되는 이차적 대립에 지나지 않는다. 체제의 정통성을 둘러싼 대립이었기 때문에 상호 멸망의 가능성도 시야에 포함한 군사적 대립이 나타났다.

　양 진영은 각각 핵병기에 의한 대량보복의 가능성을 확보하는 것과 함께 미국은 서구와 일본, 소련과 동구에 대량의 자국병사를 주류(駐留)시키는 것으로 전선을 교착(膠着)시켜 그 주변지역에서는 실력행사를 주저하지 않고 저항하는 전략을 취했다. 어떤 것이든 장기적으로는 상대진영이 내부모순에 의해 붕괴하는 것을 기대하고 있었기 때문에―서측 진영은 자본주의 경제의 내부모순에 의해, 동측 진영은 계획경제의 비효율성에 의해―이러한 전략이 취해진 이유이다.[27] 핵병기를 중심으로 하는 대량파괴병기의 전개에 의한 '봉쇄', 매스커뮤니케이션에 의한 선전수단을 포함한 통신기술의 발전, 그리고 컴퓨터 기술의 진전이 더불어서 소련은 냉전 상태를 유지할 능력과 기력을 잃고, 그 헌법을 변경하는 것으로 동의하였다. 1990년 11월, 유럽안보협력기구(OSCE)는 소련도 포함한 참가각국이 의회제 민주주의를 채용하는 것으로서 합의에 도달하여 국민국가의 헌법 원리를 둘러싼 the Long War는 종결되었다.[28]

4. 입헌주의와 냉전 후의 세계

　리버럴한 의회제 민주주의의 체제는 입헌주의의 사고방식을 기본으로 하고 있다. 이 세계에서는 비교불능이라고 말할 수 있을 정도로 근본적으로(根底的) 다른 세계관·우주관이 다수 병존하고 있다는 현실을 인정한 다음에, 그 공평한 공존을 가능하는 사고방식이다. 사람의 생활영역을 공과 사의 두 영역으로 구분하여 사적 영역에서는 각자의 세계관에 근거한 사상과 행동의 자유를 보장하는 한편, 공적 영역에서는 각각의 세계관과는 독립한 형태로 사회전체의 이익에 관한 냉정한 심의와 결정의 과정을 확보하는 것으로 한다. 슈미트는 의회제 민주주의에 있어서 입헌과정의 위선성을 공격하지만 공개심의와 결정과정이 일반적 공익에 대하는 양보를 개별의 특수이익에 요구하는 점, 즉 위선적으로 행동하는 것처럼 강제하는 점이 정치체제의 특징이다. 관중의 존재를 의식하지 않을 수 없는 이러한 과정이 다양한 이해를 정리하고 장기적으로 보자면, 사회일반의 이익에 이르는 입법을 보다 많이 실현하는 것으로 연결된다.[29] 대중의 정치 참가와 조직정당의 등장이 이상의 의회정치를 불가능하게 했다고 해서 민족이나 계급을 기준으로 하여 국민의 균질화를 도모하지 않으면 안 된다고 하는 결론에 직결하는 것은 아니고 의회제 민주주의의 통상 과정에서 해결 곤란한 분쟁이 존재할 수 있다는 슈미트를 원용하는 좌익사상가의 공격에도 불구하고 리버럴리즘이 그러한 대립을 억압하고 있는 것도 아니다.

마루야마 마사오(丸山眞男)는 일본형 파시즘의 특징이 공사의 구분을 모르는 점에 있다고 한다.[30] 사람의 생활영역 전부는 궁극적 가치의 구현자이어야 할 천황과의 근접관계에 의해 평가되어 그 평가의 척도는 국가 국경을 넘어서 타민족에 파급된다. 그리고 일본인에게 있어서 진선미의 중심일 천황마저 황조(皇祖), 황종(皇宗)으로 계속되는 '전통'의 종속으로부터 자유로운 것은 아니다. 스스로의 양심에 비춰서 자유롭게 판단하여 활동할 수 있는 영역은 유일인으로서 가지는 것이 아니고, 동시에 누구든지 상위자에 대한 복종과 봉사를 명목으로 하는 어떠한 행동도 정당화 할 수 있는 사회가 이렇게 나타난다.

공사의 구분의 부정은 전쟁 전, 전쟁 중 일본사회의 특유의 것은 아니다. 파시즘과 공산주의라는 것은 어느 것이든 공사의 구벽을 부정하는 점에서 공통된다. 사상, 이해(利害), 세계관의 다원성의 부정과 표리를 이루는 국민(인민)의 동질성·균질성의 실현이 전제인 이상, 다원적 가치 공존에 마음을 쓸 필요는 없으므로 따라서 공사의 구분도 불요하게 된다.

냉전의 종결은 리버럴한 의회민주주의(입헌주의)가 공산주의 진영에 승리한 것을 의미한다. 히구치 요이치(樋口陽一) 교수가 지적하는 것처럼 베를린 장벽의 개방은 동측 진영에 입헌주의의 보편화를 초래하였다.31) 슈미트의 진단에도 불구하고 의회제 민주주의는 그 '적'을 명확하게 인식하여 그 배제에 성공한 것이 된다.

그러나, 그것은 세계가 보다 안전하게 된 것을 의미하지는 않는다. '냉전종결'에도 불구하고, 이란·미얀마·중국을 비롯하여 리버럴한 의회민주주의에 근거하지 않는 국가는 세계각지에 여전히 존재한다. 국가로서의 기능을 하지 않는 파탄국가도 희귀하지 않다. 냉전의 종결을 초래한 대량파괴병기, 통신기술과 컴퓨터 기술의 진전은 새로운 종류의 위협을 초래하고 있다. 비스마르크로부터 제2차 대전까지의 세계와는 다르게, 이제는 전쟁에 있어서 고도로 훈련된 대량의 병사를 조달할 필요는 없다. 사회생활의 중핵을 이루는 교통망이나 기본적 통신망에 테러공격을 가하는 것으로서 보다 낮은 가격으로, 그것도 효과적인 공격을 가하는 것이 가능하게 된 것이다.32) 핵병기에 의한 대규모 상호보복가능성의 위협하에 놓여있는 냉전 상황에서는 전시와 평시의 구별은 부정되어, 아이부터 노인까지 모든 국민이 평상시에 '동원'되어 있었지만 이제는 그럴 필요도 없다.[33) 한편으로 지구규모의 환경파괴라고 하는 지금까지 인류가 상정하지 않았던 위험도 새롭게 나타나고 있다.

국가가 놓인 상황의 변화는 국가목표에도 영향을 준다고 생각하는 것이 자연스러울 것이다. 바빗은 국민총동원의 필요성으로부터 해방된 냉전 후의 국가는 모든 국민 복지의 평등한 향상을 지향하는 복지국가인 것을 멈추고, 국민에게 가능한 한 많은 기회와 선택지를 보장하려 하는 시장국가(market state)로 변모할 것으로 예측한다.[34) 그러한 국가는 사회활동의 규제로부터도, 복지정책의 장으로부터도 철수를 시작하여 개인에의 광범위한 기회와 선택지의 보장과 교환으로, 결과에 대한 책임도 개인에게 인도된다.

5. 일본의 현황과 과제

일본이 놓여있는 상황은 어떠한 것일까. 장래에 미합중국을 뛰어넘을 경제대국이 될 것으로 예상되는 중국은 적어도 현재는 리버럴한 의회민주주의 국가는 아니다. 그 외 동아시아 각국의 다수도 경제발전에 의해서 얻은 부의 상당 부분을 군비확장에 두고 있다. 중국은 '국토통일'을 명목으로 대만에 대하여 무력을 행사할 가능성을 부정하고 있지 않다. '국토의 일부'인 인민이 자유로운 선거와 사상·표현의 자유를 향유하는 사태는 중국의 현 체제의 정통성을 위협하고 있다. 어느 관찰자에 의하면 내셔널리즘이 소용돌이치는 현재의 동아시아는 21세기 초의 구미 여러 나라들보다는, 19세기의 유럽과 훨씬 닮아 있다.[35)

동아시아의 가까운 장래에 있어, 정규군끼리 대규모적인 전투가 발생할 개연성이 크다고는 할 수 없을 것이다. 전술한 대로, 현재의 기술하에서는 전쟁을 보다 값 싸고 효과적으로 수행하는 것이 가능하다. 그렇지만 헌법의 다름에 근거한 무력행사의 가능성은, 체제의 정통성을 건 냉전이 아직 종결하지 않은 동아시아에서 소멸한 것이라고 할 수는 없다. 그리고 일본과 안전보장조약을 체결한 미국은 본래 타국의 헌법이 자국의 이해와 합치되지 않다고 생각되면 무력의 행사 혹은 그 위협을 통해서 헌법의 변경으로 몰아가는 것에 이렇다 할 주저함을 느끼지 않을 국가이다.[36] 9.11 이후의 미국은 독재체제를 타도하고, 자유를 타국으로 억제하여 퍼트리는 것이 자국에 있어서 자유의 보유에 직결하는 것으로서 맹우(盟友)를 지키기 위한다면, 무력행사를 주저하지 않겠다고 선언하고 있다.[37]

가령 일본이 그 헌법전을 변경하려고 한다면 그 전제 작업으로서 첫째로, 일본의 기본적인 골격이 되는 헌법이 어떠한 것인가를 규정할 필요가 있다. 그 변경의 여하는 일본이 다른 여러 나라와 어떠한 관계를 정립할지를 기본적으로 결정한다. 동일한 헌법 원리를 취하는 나라끼리만이 장기적으로 안정된 관계가 있을 수 있다. 그러기 위해서는 제2차 세계대전에서의 패전과 그 결과로의 헌법 변경이 무엇을 의미했는지, 냉전종결의 결과로서 보편화한 입헌주의는 어떠한 사고방식을 지향하는지를 우선 인식할 필요가 있다. 일본이 현재에도, 또 민족으로서의 동질성에 구애되어 공사의 구분에 부정적인 사회라고는 할 수 없는가, 새로이 확인할 필요가 있다.

둘째로, 냉전 후의 세계에 있어서 일본이 어떠한 목표를 가지고 어떠한 헌법 원리에 선 국가가 되려 하고 있는지를 결정할 필요가 있다. 복지국가로서의 임무분담을 포기하고 기회의 확대와 교환으로 각 개인에게 책임을 전가하는 국가로의 변모를 수행하려고 하고 있는 것이라면,[38] 그러한 국가를 '사랑'하도록 국민에게 요구한 것으로서도 별반의 성과는 기대할 수 없을 것이다.

전략과 헌법과의 밀접한 상호관련성은, 바빗이 지적하는 것처럼, 근대국가의 역사를 이해한 다음에도, 앞으로 국가의 존재방식을 생각한 다음에도 확실히 중요한 논점이다. 그러나 군사적인 의미에서 안전 확보의 필요성은 국가권력의 정당화 근거의 하나에 머무른다. 그 외의 고려에 근거한 국가 활동범위의 확정은 당연히 가능하며 그 길은 국민의 심의와 결정에 위임되어 있다.

셋째로, 국민의 생명과 재산의 안전 확보라고 하는 국가로서의 최소한의 임무를 달성하기 위해서, 그리고 입헌주의라고 하는 기본적인 사회기반을 지키기 위해서, 일본은 외교·방어의 면에서 무엇을 하고, 무엇을 해서는 안 되는지를 다시 확인할 필요가 있다. 냉전하에 있어서 공산주의의 위협에 대처하기 위하여 미국의 핵 보호를 받는 것은 입헌주의에 근거하는 의회제 민주주의 국가로서 지속하려고 하는 이상은 합리적인 선택이었다고 할 수 있다. 그러나 그 이상으로 타국 체제의 변경을 요구하여 무력을 행사하는 것을 꺼리지 않는 특수한 국가와의 깊은 인연을 구해야 할지 아닐지에 대해서는 보다 진정한 고려가 필요할 것이다. 심각한 환경문제에 대처하기 위한 필요가 지구규모의 협력관계를 구축하여 가는 다음에 그러한 특수한 국가와 깊은 인연을 맺는 것의 유효성을 어떻게 평가해야 할 것인지도 중요한 고려요소가 된다.

이상과 같은 과제는 헌법전의 개정에 나서려고 하든지 말든지에 상관없이 검토되어야 할 것이다. 이러한 과제에 대해서 국민의 합의를 다듬은 작업은 헌법전의 개정보다 한참 중요한 그 전제 작업인 한편 그 작업의 결과에 비교한다면 헌법전의 개정자체는 2차적인 의의밖에 가지지 않는다고 할 것이 예상된다. 본래부터 성숙한 민주국가에 있어서 헌법전의 개정을 통해서 밖에 이룩할 수 없는 사정은 별로 많지 않다.[39]

□ 참고

1) カール・シュミット『憲法理論』尾吹善人訳(創文社, 1972) 30頁.

2) 국가긴급권은 헌법에 의하여 구성되는 국가가 아니라, 헌법 이전에 존재하는 사실상의 사회를 보장하는 것이라는 이론도 있을지도 모른다. 그러나 제2절에서 소개하는 것처럼, 루소는 헌법 이전의 인명이나 재산을 보호하기 위해서는 오히려 국가의 소멸을 골라야 하는 경우가 있을 수 있다고 한다. 헌법전의 틀을 극복하고서도 긴급권에 의해 보장하지 않으면 안 되는 것은, 극단적으로 말하자면 헌법에 의하여 구성된 국가이며, 그것 이전의 사회가 아니다. 물론 헌법에 의해서 구성되는 국가를 보장하는 것이 전헌법적인 사회의 보장에 연결되는 것일 수도 있으나, 그것은 어디까지나 파생적인 결과이다.

3) 본 절의 논의에 있어서는, 별고 [『국제의 평화』 - 홉스를 읽는 루소] 법학교실 244호 68쪽 이하 (「『国内の平和』-ホッブスを読むルソ-」法学教室244号68頁 以下)에서 보다 자세히 취급하고 있다.

4) 사회계약에 의해 구성되는 국가 내지 사회와, 일단 구성된 단체가 설정하는 헌법이라는 것을 구별하는 시점도 있을 수 있으나, "전쟁 및 전쟁상태론"에 있어서 루소의 의론은, 오히려 그가 말하는 '사회계약'을 국가를 구성하는 헌법과 동일시하는 것으로 보다 쉽게 이해된다.

5) "자연상태 시대에, 몇 세기나 걸려서 지구 전 표면에 걸쳐서 행해진 것보다도 더 많은 살인이 겨우" 일순으로 일어날 수 있는 냉전하에서, 일본국 헌법 제9조의 문언을 말 그대로 받아들이는 비무장 평화주의가 사람들의 마음을 포착한 것도, 신기한 일은 아니다.

6) 이 전형적인 상황이 붕괴해 가는 과정에 대해서는, 칼 슈미트『빨치산의 이론』(カール・シュミット『パルチザンの理論』新田邦夫訳 (ちくま学芸文庫, 1995)参照) 참조. 빨치산의 활동은, 전투원과 비전투원과의 구분을 애매하게 하여, 어린아이로부터 노인에 이르기까지 모든 인민을 끌어들이는 전면전쟁을 야기한다. 모국을 떠난 빨치산이라고 할 수 있는 국제 테러리스트의 활동에 관해서도 마찬가지이다. 냉전종결 후의 민족분쟁 및 테러를 둘러싼 의론에 관한 슈미트의 함의에 대해서는 Jan-Werner Müller, A Dangerous Mind : Carl Schmitt in Post-War European Thought(Yale University Press, 2003), pp. 220-29 참조.

7) Philip Bobbitt, The Shield of Achilles: War, Peacw, and the Course of History(Anchor Books, 2003). 바빗 교수는 헌법학 및 전략론을 전문으로 하여, 국무성, 국가안전보장 회의 그 외 워싱턴 관청에 근무한 경험이 있다. 900쪽을 넘어가는 이 대저는, 세계 각국의 외교방어정책담당자의 필독문헌으로 여겨지고 있다.

8) 이러한 장기간에 걸친 전쟁은, 프랑스 혁명에서 시작하여 '비엔나 강화회의'에서

종결된 대전쟁으로부터 태어난 유럽의 여러 제국에 대치되는 새로운 국가형태는 무엇인가를 결정하는 과정이기도 하였다.(*ibid.*. p. 24)

9) *Ibid,* pp. 184-203. 나폴레옹이 자랑스러워했던, 많은 병력을 적진의 한 곳에 향하여 집중적으로 투입하는 전법은, 19세기 중엽에 이르러 병기의 고도화에 의해 이제는 취할 수 없게 되었다. 공격측은, 사정거리가 긴 정도(精度)의 높은 총화기의 반격에 의해, 적진에 도달하기 전에 궤멸할 수도 있다.

10) 정치참가의 범위와 당해 국가의 전략과의 밀접한 관계에 관해서는, 예를 들어 Robert Dahl, Democracy and Its Critics(Yale University Press, 1989), pp. 245-48 참조. 고전고대의 그리스 도시국가에 있어서 민주정이 발전한 것은 당지(當地)에 걸친 전쟁이 육상에서는 중장도병집단, 해상에서는 다수의 노 젓는 선원을 필요로 하는 갤리선단에 의해서 수행된 것과 무관한 일이 아니다

11) 바빗은 제1차 세계대전 후반부터 특히 러시아와 독일에 있어서, 이 삼자가 격하게 각축을 전개한 것을 지적한다. 독일에서 파시즘이, 러시아에서 공산주의가 승리하면 각각은 자기 체제를 전 세계에 보급시키기 위하여 대규모 전쟁을 시작하였다(supra note 7, pp. 24-33).

12) Carl Schmitt, Die geistesgeschichtliches Lage des heutigen Parlamentarismus, 2nd ed. (Duncker & Humblot, 1926); 稻葉素之訳(みすず書房, 1972) .

13) 슈미트에 의하면 바야흐로 "의회제도는, 결국 여러당파와 경제적 이해관계자의 지배를 위한 성악(性惡)인 외장(Fassade)이 되었"다. (*ibid,* pp. 28-29; 邦譯(일어판) 29쪽.)

14) 벗과 적과는, 도덕에 있어서 선악, 미학에 있어서 미추에 대응한다. 그것은 연합·대립관계의 강도를 나타내는 것으로, 인종, 종교, 도덕, 경제 등의 다른 카테고리에 환원하는 것이 불가능하다. 역으로 말하자면, 어떠한 것이든 간에, 다른 카테고리에 있어서 연합 · 대립관계가 치열(熾熱化)하게 된다면, 그것은 정치적인 우적관계를 자아 낸다.(Carl Schmitt, Der Begriff des Politischen (Duncker, Humblot, 1963), pp. 37-39; 『政治的なものの概念』 田中浩/原田武雄 訳(未來社, 1970) 33-36 頁).

15) *ibid,* p. 20; 邦譯(일어판) 3쪽.

16) Schmitt, Vorwort, in supra note 14, p. 10; 이 1963년판 서문은 일본어판에는 수록되어 있지 않다.

17) Schmitt, supra note 12, p. 21; 邦譯(일어판) 23쪽.

18) 히틀러가 수상에 임명된 다음날, 그는 실의 끝에 수업을 휴강했다고 한다(cf. Helmut Quaritsch, Positionen und Begriffe Carl Schmitts(Duncker & Humblot, 1989), p. 91, note 187).

19) Schmitt, supra note 12, pp. 21-23; 邦譯(일어판) 23-26쪽.

20) Carl Schmitt, Legalität and Legitimität, in Verfassungsrechtliche Aufsätze, 3rd ed. (Duncker & Humblot, 1985), pp. 281, 284-85;『合法性と正当性』田中浩/原田武雄訳 (未來社, 1983) 35, 40-41頁. 합법성을 지배 정당성의 하나의 유형으로서 인정하는 베버와, 이 점에서 슈미트는 차이가 있다.

21) Cf. Bobbitt, supra note 7, p. 572.

22) 회시의 무요안 섹터의 위협을 통해서 정치를 운영하려고 하는 다극공존형 데모크라시(consociationl democracy)는, 패자를 살려내는 일 없이 전체의 복지를 향상시키려고 하는 의회제 민주주의의 시도이다.

23) 大嶽 秀夫 교수는, 일본국 헌법이 본 기본법과 마찬가지, 군사주의와 파시즘을 배제한다고 하는 각각의 정부와 연합국과의 '조약'으로서의 의미를 가지고 있었다는 것을 지적한다(Hideo, Otake, Two Contrasting Constitutions in the Postwar World : the making of the Japanese and the Wet German Constitution, in Yoichi Higuchi ed., Five Decades of Constitutionalism in Japanese Society(University of Tokyo Press, 2001), p 43).

24) Bobbitt, supra note 7, p. 217, note and pp. 677-78.

25) Micahel Walzer, Just and Unjust Wars, 3rd ed.(Basic Books, 2000), pp. 266-68; John Rawls, Fifty Years after Hiroshima, in his Collected Papers(Harverd University Press, 1999), pp. 565-72. 간단한 소개로서 長谷部恭男『憲法学のフロンティア』(岩波書店, 1999) 101-05頁.

26) 월저도, 상대국의 정치체제의 근본적 전환이 요구되는 예외적 상황에서는 그 나라에의 침공이나 핵병기의 사용이 정당화 될 수 있는 것을 인정한다. 그러나 나치 독일과 달리, 전쟁 전의 일본은 주변 여러 국민의 생존 그 자체를 위협할 정도로 사악한 국가가 아니라, 그 체제변경은 미국에 있어서 불가결하지는 않았다고 하는 인식이 그의 의론의 전제에 있다(op. cit.). 그의 말에 따르면, 히로시마에의 원폭투하는 테러의 전형이다(Michael Walzer, Arguing about War(Yale University Press, 2004), p 130).

27) Bobbit, supra note 7, p. 50.

28) Ibid, p, 61.

29) 長谷部恭男「討議民主主義とその敵対者たち」法学協会雑誌118巻12号1900頁以下 (本書第12章) 참조. 그렇다고 하더라도 물론 슈미트에 의하면, 이러한 앵글로 색슨류의 변증은 사적·경제적 니즈의 영역으로부터의 정치의 영역을 높게 보장하는 것은 아닌 것이지만.

30) 丸山眞男「超国家主義の論理と心理」同『増補版　現代政治の思想と行動』(未來社, 1964) 所收.

31) 樋口陽一『転換期の憲法?』(敬文堂, 1996) 3-5頁.

32) 다만 9.11 테러가 역으로 조사된 것처럼, 네트워크화한 현대국가에는 이미 명확한 '기간(基幹)'은 존재하지 않고, 지명적 타격을 가하는 것은 오히려 곤란하게 되었다는 견해도 있을 수 있다. 탈중심화하고, 정해진 영역을 가지는 것 없이 상시, 긴급사태의 이름하에 '경찰력'을 행사하는 제국과, 그것에 저항하는 국적을 벗어난 군중(the multitude)를 묘사한 문헌으로서 Michael Hardt & Antonio Negri, Empire(Harvard University Press, 2000)참조. 본서도 그 예이지만, Müller, supra note 6, pp. 229-32가 지적하고 있는 것처럼, 냉전종결 후, 지적자원이 고갈한 좌익의 사상조류에의 슈미트 이론의 유입은 현저하다.

33) 대규모 테러에 대응하는 경찰체제는, 전국민의 상시 '동원'을 불러오고 있다는 의견도 있을지도 모른다. 하지만, 냉전하에서 발생한 재액(災厄)에 비한다면, 테러의 위협은 한정적이다.

34) Bobbitt, supra note 7, ch. 10.

35) Henry Kissinger, Does America Need a Foreign Policy? Toward a Diplomacy for the 21st Century(Free Press, 2002), p. 110, quoted in Timothy Garton Ash, Free World: America, Europe, and the Surprising Future of the West(Random House, 2004), p. 144.

36) 그렇지만, 미국이 다른 헌법원리를 가지는 모든 국가에 대하여 실력으로 그 변경을 몰아가는 것은 아니라는 것을 유의해야 한다. 냉전하에서는 남미의 독재정권을 지지해 왔고, 현재의 사우디아라비아나 이집트에 비교하여 지난날의 이라크가 특히, 비민주적인 인권억압국가였던 것은 아니다.

37) 조지 부시 대통령의 2005년 1월 20일의 취임연설참조. 부시정권의 대외정책에는 신보수주의(neo-conservatism)가 짙게 반영되어 있다고 말해지고 있지만, 네오컨(신보수주의)라고 불리는 사람들의 다수는, 슈미트의 학통을 계승하는 레오 슈트라우스의 직·간접적인 영향을 받고 있다고 말하여진다. 이 사이의 소식에 대해서는, Anne Norton, Leo Strauss and the Politics of American Empire(Yale University press, 2004) 참조.

38) 히구치 교수가 묘사하는 '철수해가는 국가'이다. 樋口陽一「撤退してゆく国家と, 押し出してくる『国家』」憲法問題14号 (三省堂, 2003) 182頁以下参照.

39) 이 점에 대해서는, 長谷部恭男「憲法改正の意識と意義」全国憲法研究会編『法律時報増刊　憲法と有事法制』(2002) 参照. 미합중국에 있어서 남북전쟁후의 '헌법'의 변경은 3개조의 헌법수정조항의 추가를 동반한 것에 그치며, 뉴딜을 계기로 하는 '헌법혁명'은 헌법전의 수정을 동반하고 있지 않다.

▼▼▼▼ 제 4 장 ▼▼▼▼
| 평화주의와 입헌주의 |

당신은 전쟁에 관심이 없을지 모르겠지만, 전쟁은 당신에게 관심이 있다.

– 마이클 월저

일본 헌법 제9조*를 둘러싼 논의, 특히 자위(自衛)를 위한 실력**을 보유하는 것이 위헌인가 합헌인가라는 논의에서는 폐쇄성(閉鎖性)을 느낀다.

이러한 논의들은 첫째, 헌법의 명백한 문장을 둘러싸고 논쟁하는 것처럼 묘사되는 일이 많다. 때문에 위헌론은 합헌론에 대해 해석의 틀을 넘어선 '가짜 해석'이라고 비난하고,1) 이에 대항하여 합헌론자는 그다지 적극적인 의미도 없이, 오히려 일본의 외교·방위정책상

---

* 평화헌법 규정이라는 일본 헌법 제9조는 다음과 같이 규정한다.
  제9조 ① 일본 국민은 정의와 질서를 기조(基調)로 하는 국제 평화를 성실히 희구(希求)하고 국권(國權)의 발동인 전쟁과 무력에 의한 위협 또는 무력의 행사는 국제분쟁을 해결 수단으로는 영구히 이를 포기한다. ② 전항의 목적을 이루기 위해서, 육해공군 기타의 전력(戰力)은 보유하지 않는다. 국가의 교전권(交戰權)은 인정하지 않는다.
** 일본 헌법학에서는 '전력'이라는 표현을 사용하지 않고 '실력'이라는 표현을 써서 구별하고 있다.

커다란 마이너스를 초래할 수 있는 헌법 개정을 지향하고 있는 것 같다.

둘째, 위헌론에 따라서 실력을 전면적으로 포기했을 경우, 그렇다면 어떻게 국민의 생명·재산을 보전할 것인가라는 과제에 대하여 명확한 대안이 없다. 민간단체 등을 통한 교육, 민생 등에서의 국제협력활동, 외국으로부터의 경제지원은 물론, 침공 당했을 경우의 군민(群民)봉기나 비폭력불복종 운동 등은 적어도 상비의 실력에 의한 자위와 병용할 수 있는 선택지이기는 하지만 그것을 완전히 대치(代置)할 수 있는 것은 아니다. 이 정도의 수단에 의해 국민의 생명·재산과 국제평화를 충분히 지킬 수 있다면, 현대에 전쟁과 평화의 문제는 그럴듯한 중요성을 가지지 않는 것으로 생각되어야 할 것이다.[2]

위헌론자는 문제 자체의 중요성을 부정하는 것 같은 입장을 견지하던가, 혹은 어려운 헌법개정에 자신의 의도에 반하여 동기 부여할 수밖에 없는 것인가? 다른 한편, 합헌론자는 명문에 반하는 '가짜 해석'의 오명을 감수하던가, 혹은 역시 어려운 헌법개정으로 돌진하는 수밖에 없는 것일까?

필자 자신은 자위를 위해 필요 최소한도의 실력을 갖는 것은 현재의 헌법에서도 가능하다고 생각하고 있으며, 오히려 그것은 입헌주의의 근본적인 사고방식에 더욱 잘 부합한다고 생각한다. 이것을 설명하기 위해 다음에서는 우선 헌법 규정이 복수의 성격을 가질 수 있다는 것을 지적하고, 위헌론의 실질적인 논거가 될 수 있는 다양한 견해나 헌법에 의해 국가권력을 한정하는 입헌주의와 실력에 의한 자위를 부정하는 절대 평화주의 사이에 일어날 수 있는 긴장관계에 대하여 설명하고자 한다.[3]

1. 명문해석

자위를 위해서도 실력의 보유는 허용되지 않는다는 입장의 첫번째 근거는 일본국 헌법에 그렇게 써 있다는 것이다. 그러나 헌법과 법률에 "그렇게 쓰여 있다."라는 것만으로는 문제해결의 출발점이 나타나 있는 것에 불과하다. "그렇게 쓰여 있다."라는 것이 어떤 의미를 갖고 있는가를 해명할 필요가 있다.

일반적으로 법규범이라는 것 중에는 어떤 문제에 대한 답을 일의적(一義的)으로 정하는 준칙과 답을 특정한 방향을 향해 이끌어가는 힘으로 작용하는데 그치는 원리가 있다.[4] 예를 들어 어떤 도로가 주차금지인가 아닌가를 정하는 법은 준칙이다. 주차금지인가 아닌가는 확실히 정해져야만 한다. 도로의 교통규칙과 어음·수표의 효력에 관한 규정의 대부분은 이런 성격을 가지고 있다. 일본 헌법의 규정 중에서 참의원 의원의 임기는 6년으로 한다는 일본 헌법 제46조와 내각불신임결의의 효력을 정하는 제69조는 준칙에 속한다고 할 것이다.

이와 달리 예를 들어 표현의 자유와 같이 헌법상 권리의 보장을 정하는 조문의 대부분은 원리를 정하는 것에 그친다. 표현의 자유가 보장되었다고 해서 문자 그대로 '모든' 표현의 자유, 즉 사람의 명예와 프라이버시를 침해하는 표현활동까지 보장될 수는 없다. 표현의 자유의 존중처럼, 법원과 같은 국가기관이 고려해야 하는 대립하는 다른 원리도 존재하기 때문이다. 서로 충돌하는 두 개의 준칙 중 하나는 준칙일 수 없지만, 원리는 서로 충돌하는 복수의 원리가 공존할 수 있다. 이처럼, "국가 내지 그 기관은 종교교육과 기타의 어떤 종교적 활동도 해서는 안 된다"라는 일본 헌법 제20조 제3항의 규정에도 불구하고, 국가와 종교와의 관련은 절대 허용되지 않는다는 생각을 판례나 통설에서 찾을 수는 없다. 정교분리 원칙과 병존하여 그것과 충돌하는 헌법상의 고려가 존재할 수 있기 때문이다.

일본 헌법 제9조의 조문을 근거로 자위를 위해 최소한도의 실력 보유가 허용되지 않는다는 입장은 제9조(특히 제2항)의 조문을 all-or-nothing으로 답을 정하는 준칙으로 이해하고 있는 것이다. 그러나 왜 원리가 아닌 준칙으로 이해해야 하는가에 대하여 설명하는 일은 거의 없다. 통상의 헌법 교과서에는 준칙이라는 것을 당연한 전제로 한 후, 그것에 그 준칙에 포함되는 각 조문의 해석을 전개하고 있다. 이하 2에서 5까지는 준칙으로 이해되어야만 하는 이유로서 어떠한 것이 있는지를 차례로 검토하도록 하겠다. 여기서는 준칙으로 이해되어야 하는 근거로 제헌자(制憲者) 의사가 논의되는 사례에 대하여 설명하겠다.

일본국 헌법의 제정과정에 관여한 사람들이 자위력의 보유와 헌법과의 관계에 대하여 어떻게 이해하고 있었는가에 대해서는 많은 연구가 있지만, 결론적으로 말하자면 거의 합헌론, 위헌론의 양쪽 모두 각자에게 유리한 증거를 찾아내는 것이 가능하다. 예를 들면, 극동위원회에 의한 문민조항(현재 일본 헌법 66조 2항) 삽입의 요구는 헌법 9조에 관해 소위 아시다 슈세(芦田修正)*가 자위를 위한 군비를 가능하게 했다는 이해와 정합(整合)하고 있으며, 정당방위권을 소극적으로 평가하는 제헌의회에서 요시다 시게루(吉田茂) 수상의 답변은 위헌론의 근거로 가끔 사용되고 있다.5)

그러나, 원래 제정과정에 관여한 사람들의 발언이나 회상을 헌법해석의 기준으로 하는 논의 방식 자체에 한계가 있다는 것에 유의해야 한다.6) 제헌의회는 다수로 이루어진 회의체이기 때문에 그것에

---

* 1946년 8월 일본 현행 헌법개정 초안을 심의한 일본정부 헌법개정 소위원회에 참가하였고, 자위권의 보유와 국제안전 보장에의 참가가 가능하도록 할 의견을 가지고 있었다.

'의사(意思)'가 있다는 상정은 원래 픽션에 불과하다. 회의체가 '의사'를 가질만한 것은 이런저런 절차를 거쳐서 형식을 갖춘 텍스트를 회의체의 '의사'로 하는 취지의 룰이 미리 존재하기 때문이지 그 이외의 것을 회의체의 '의사'로 귀속시키는 것은 불가능하다. 제헌의회의 경우는 헌법전이라는 형식을 갖춘 텍스트만이 제헌의회의 '의사'이지 그 이외의 각 의원이 속으로 무엇을 생각하였는가 혹은 무엇을 발언하려 하였는가를 집계하여 제헌의회의 '의사'로 하는 룰이 사전에 존재하지 않는 한, 그것은 제헌의회의 「의사」가 될 수는 없다. 소위 '제헌자 의사'라는 것은 헌법의 해석에서 참고자료에 불과하다.

2. 치킨게임, 그리고 「전쟁=지옥」의 이론

헌법 제9조를 준칙으로 받아들여, 자위를 위한 실력의 보유를 전면적으로 금지하는 규정으로 받아들여야 한다는 실질적인 근거로서 가장 먼저 검토해야 하는 것은 국가 간의 실력에 의한 항쟁을 치킨게임으로 생각하는 견해, 즉, 외부의 공격에 대해서 인적·물적 조직체로 대항하는 것은 공격에 실력으로 저항하지 않고 굴복하는 것보다 나쁜 결과를 초래한다는 상정이다. 이런 사고 방식이 배경에 있다면, 자위를 위한 실력의 보유를 금지하는 지배적인 견해의 대상은 일본 헌법 제9조를 갖은 일본에만 그치지 않고, 더욱 일반적으로 넓혀질 수 있다.

치킨게임이란 원래 목숨을 아까워하지 않는 2명의 젊은이가 각각 자동차를 전속력으로 정면충돌하도록 대항방향으로 달리는 게임이다. 목숨이 아까워 한 쪽이 코스에서 이탈하면, 겁쟁이(chicken)라고 비웃음당하고 상대방은 용기 있는 자로 떠받들어진다. 그러나 양자가 그대로 충돌하면 두 명 모두 목숨을 잃게 된다. 대립하는 핵보유국가가 각각 자신의 이데올로기적 정당성을 주장하며 서로 핵 공격을 하면 최악의 결과를 초래한다는 시나리오와 같은 타입의 것이다.

⫶ 그림 2 ⫶

		B	
		협력	배신
A	협력	2, 2	1, 3
	배신	3, 1	0, 0

그림 1은 A, B 양국 간의 치킨게임의 행렬을 제시한 것이다. 각 박스의 왼쪽은 A국의 이득, 오른쪽은 B국의 이득을 가리킨다. 만약 적의 공격(배신)에 이쪽도 반격하면, 양쪽 모두 사멸한다. 만약 적의 공격에 대하여 굴복(협력)하면, 양쪽이 공격을 자제하는 경우에 비하면 이득은 감소하지만 적어도 생존하는 것은 가능하다. 따라서 국가 간의 관계를 치킨게임으로 보는 국가로서는 어느 정도의 방위력도 가지지 않고 외부로부터의 공격이 예상되면 앞서 항복하는 선택이 합리적이다.

그리고 이처럼 국가와 국가의 관계를 치킨게임으로 보는 견해의 배후에는 그 암묵의 전제가 되는 전쟁관이 있음이 추측된다. 그것은 전쟁은 '지옥' 그것도 '제한 없는 지옥'이라는 사고방식이다. 이런 사고방식('War is Hell' doctrine)을 명확하게 정식화한 정치철학자 마이클 월저의 묘사에 의하면,[7] 전쟁은 '제한 없는 지옥'이므로 결과에 대한 책임은 전부 '지옥'을 개시한 쪽, 즉 침략국이 지게 되며, '정전'의 수행자는 가급적 빨리 '지옥'을 종결시키기 위해서는, 어떤 수단이라도 사용하는 것이 가능하며 사용해야 하기도 한다. 이를 위하여 전쟁수행을 규제하는 전쟁법규(jus in bello)를 준수해야 하는 이유는 매우 박약하게 된다. 이런 전쟁관에서 이끌어내어진 하나의 입장은, '지옥'에 관여하고 싶지 않으면 반전비무장을 관철할 수밖에 없다는 것이다.8)

이런 전쟁관은, 전후 일본에 넓게 수용된 것처럼 보인다. 태평양전쟁 말기에 미국군의 도심에 대한 대규모의 공중 폭격, 그리고 히로시마·나가사키에의 핵병기 투하는 전투원과 비전투원의 구별이라는 전쟁법규의 기본원칙을 계통적으로 경시하였고, 결국 '지옥'으로서의 전쟁을 현출하게 되었다. 민간인을 무차별적으로 공격하는 것으로 적의 전의를 상실시키려는 점에서 이런 도심에 대한 공습은 군사행동이라고 하기 보다는 차라리 대규모의 테러리즘이라고 할 만한 것이다. 그러나 이런 점에 대해서 일본정부를 비난할지언정 룰을 무시한 미국군과 미국정부의 행동을 비난하는 목소리는 일본에서 강하지 않다. 전쟁은 그런 것이므로 시작한 쪽에 모든 책임이 있다는 전제에서 본다면 그것도 자연스러운 반응이라고 할 수 있다.9)

또한 마루야마 마사오(丸山眞男)로 대표되는 것처럼 냉전에 있어서 발생할 수 있는 전쟁은 핵전쟁이나 빨치산전 중 어느 한 쪽일 가능성이 높다는 예상에서 본다면, 역시 전쟁법규를 준수하는 전쟁을 기대하는 것은 비현실적이며, '제한 없는 지옥'인 전쟁에 어떻게든 휘말리는 것을 회피하려는 행위가 합리적이다.10) 핵전쟁과 마찬가지로, 빨치산전도 전투원과 비전투원의 구별이 불분명하기 때문에 구별 없이 희생되는 전쟁의 전형이다. 적어도 빨치산 쪽은 의도적으로 그 구별을 애매하게 하는 것에 의하여 전력적 우위에 있는 상대방의 정규병과 싸우려 한다.

묵묵히 밭을 갈던 농민들이 갑자기 호미와 가래를 버리고 기관총과 로켓포를 손에 들고 방심하고 행진하는 점령군의 대열을 기습하는 것이 빨치산전의 전형적인 모습이다. 안전한 후방이어야 할 곳이 갑자기 생사를 건 최전선으로 전환한다. 보복심과 시의심(猜疑心)*에 휩싸인 점령군에게 빨치산과 그것을 지지하는 민간인 간의 확연한 구별은 있을 수 없다. 빨치산 쪽이 전투원과 비전투원의 구별을 부정하는데, 왜 점령군 쪽이 그 구별에 신경을 써야하는가. 빨치산이 노리는 것은 적이 전쟁규범의 준수를 불가능하게 하여 그 책임을 점령군 쪽에 귀속시키는 것에 있다.[11]

그러나 이런 전쟁관에서 '치킨'이 되는 것이 합리적이라고 생각하는 국가가 존재한다면 이런 종류의 국가 존재 자체가 침략자의 존재를 합리화 할 위험이 있다. 그림 1에서 알 수 있듯이, 만약 상대국이 '치킨'인 것을 확실히 확인하는 것이 가능하다면, 그 주변 국가는 쉽게 자신의 이익을 향상하는 것이 가능하다. 제2차 대전 후의 역사를 보아도, 6.25사변과 포클랜드 분쟁같이 어떤 지역을 실력으로 방위할 의사가 없다는 잘못된 신호를 상대방에게 보내는 것으로 전쟁이 발기되는 예를 드는 것은 쉬운 일이기 때문이다.[12] 철저한 평화주의는 그 의도하지 않은 효과로서, 국가 간의 관계를 불안정하게 한다.

3. 군민봉기와 비폭력 불복종

그러나, 일본국 헌법에서는 자위를 위한 실력을 보유하는 것이 금지되어 있다고 하는 지배적인 견해는, 반드시 "전쟁=지옥"이론으로 일관되어 있는 것은 아니다. 외국의 군대가 침공해오는 경우에 인민이 군민봉기나 빨치산전이라는 형태로 무력항쟁을 수행하는 것은 헌법에 의해 금지되어 있지 않다고 보는 입장이 오히려 유력한 듯 보이기 때문이다.[13]

---

* 남을 시기하고 의심하는 마음.

이 입장은 아마도 인민이 무장하는 권리를 전제로 하는 것이다. 헌법의 제약의 대상은 무엇보다도 정부의 권한과 활동에 있다는 사고방식에서 보면 이 입장도 어느 정도는 논리적이지만, 만약 9조의 배후에 있는 것이 "제한 없는 지옥"에 휩쓸리는 것을 어떻게라도 회피해야 한다는 사고방식이라고 한다면 '2절 치킨게임, 그리고「전쟁=지옥」의 이론'에서 본 것처럼 전투원과 비전투원과의 구별을 불명확하게 하여 전쟁법규의 준수를 극도로 곤란하게 하는 빨치산전쟁을 상정하는 것이 과연 타당성을 가진 입장인가를 묻지 않을 수 없다. 일본인의 대다수가 전쟁은 '제한 없는 지옥'이라고 생각한다면, 그런 인민이 빨치산전에 돌입했을 경우 일어날 상황의 처절함은 상상 이상의 것일 것이다.

다른 하나의 선택지로서 외국군대의 침공이 있을 때에는 정부가 보유하는 자위력이 대항할 것도 빨치산전으로 저항하는 것이 아니라 조직적인 비폭력 불복종운동으로 대항해야 한다는 입장이 있을 수 있다. 이 선택지에 대해서는 여기저기서 지적하고 있는 것처럼 조직적 불복종운동이 성공하기 위해서는 상대방이 고문이나 강제수용 등의 테러행위에 의한 조직의 괴멸을 꾀하고 있지 않다는 것, 즉 상대방이 점령활동에 관한 전쟁법규를 준수한다는 것이 전제되어 있고, 또한 만약 운동에 참가한 시민 중에 희생자가 나왔을 경우 이것에 양심의 가책을 받아서 사기를 상실할 정도로 상대방의 병사가 일반적으로 문명화(civilised) 할 것이라는 전제를 두고 있다는 것이 문제된다.[14] 상대방이 전쟁법규를 준수한다는 상정은 전쟁이 '제한 없는 지옥'에 이를 것이라는 당초의 전제와 충돌하고, 일반시민의 희생에 양심의 가책을 느낄 정도로 문명화(civilised) 한 상대라면 굳이 저항할 것도 없이 점령정책에 협력하는 쪽이(즉 치킨으로서의 태도를 철저히 하는 쪽이) 사회 전체의 복지 향상과 연결되는 것이 아닐까?

결국, 조직적 불복종운동이 평화의 유지와 회복과 연결된다는 주장은 전쟁과 평화에 관한 문제의 의의를 극적으로 작게 할 정도로 인류 일반의 이성과 양식을 믿는 일이 가능하다는 상정과 연결되어 있다. 그 정도까지 인류 일반이 이성적이고 양심적으로 행동한다면 우리는 전쟁과 평화에 대하여 심각하게 생각할 필요도 없을 것이다.15) 역으로, 그 정도로 인류 일반의 이성과 양심을 믿는 일은 불가능하며, 따라서 전쟁과 평화에 관한 문제의 의의는 없어지지 않았다고 한다면, 조직적 불복종운동이 실효적으로 평화를 회복하는 수단이 될 것인가는 의심스럽다고 하겠다.

4. 「선한 삶의 방법」으로서의 절대평화주의

그러나 빨치산전과 조직적 불복종운동이 실효적인 해결로 연결되지 못하거나 혹은 「제한 없는 지옥」을 만들어 내거나 혹은 조직적인 고문이나 암살을 동반하는 피투성이의 압정(壓政)으로 연결되었다고 해도, 그것이 도덕적으로 올바른 선택이기 때문에 그렇게 해야 한다는 입장이 있을 수 있다. 즉, 그것이 '선한 삶'이기 때문에 평화의 실현과 회복에 이어질 것인가라는 귀결주의적 고려와는 독립적으로, 그것에 따라야 하는 이유가 있다는 입장이다. 그리스도가 오른쪽 뺨을 맞았을 경우 왼 뺨도 내어주라고 한 것은, 그렇게 하면 상대는 공격을 멈출 것이라는 이유 때문이 아니다. 상대가 공격을 멈출까 아닐까와 상관없이, 그렇게 하는 것이 올바른 사람(적어도 올바른 기독교도)의 길이라는 이유 때문이다.

이런 선택의 과제는 이것이 개인 차원의 윤리로서 논의된다면 모르지만 그것을 국가의 정책으로서 집행하는 것은 국가를 지키기 위해서 전선에 임하도록 개인을 강제하는 조치(즉 징병제)와 마찬가지로 입헌주의의 근본원칙과 정면으로 충돌하는 것이 아닌가라는 의문에 어떻게 대답할 것인가에 있다.

입헌주의는 근세 유럽에 있어서 종교전쟁의 경험에서 생겨난 사고 방식이다.[16] 헌법전의 조문에 따르는 것을 자기목적으로 하는 사고 방식이 아니다. 프로테스탄트와 가톨릭의 대립은 각각의 주관적 의도에서 이 세상에 「선(善)」을 실현하기 위해서 생겨난 것이다. 종교는 인간의 삶의 방식과 우주의 존재에 의미를 부여하는 근본적인 가치관의 전형이다. 그리고 그런 가치관은 하나가 아니라 복수로 존재한다. 다른 가치관은 다른 종교가 그런 것처럼 서로 양립하지 않고 대립한다. 어떤 종교를 믿는 사람이 보면 다른 종교를 믿는 사람은 '악마의 부하'이며, 상대의 육체에 폭력을 가하는 일이 있더라도 그 '혼'을 구제하는 것이 '선한 삶의 방식'일 것이다. 각각 인간이 각자의 '선한 삶의 방법'을 완전히 실현하려고 한다면 피투성이의 살육이 일어난다.

입헌주의는 근본적으로 다른 가치관을 갖는 사람들이 그래도 평화롭게 공존하고 공평하게 사회생활의 비용과 편익을 나누는 틀을 쌓기 위한 사고방식이다. 이를 위해 기본적인 수단은 인간의 생활영역을 공과 사의 영역으로 인위적으로 구분하는 것이다. 사적인 영역에서 인간은 스스로 믿는 가치관에 따라서 살아간다. 반면에 공적인 영역에서 인간은 스스로 믿는 근저(根底)의 가치관을 제쳐두고 다른 가치관을 가진 사람들을 포함한 사회전체의 이익에 공헌하는 정책과 제도는 무엇인가에 관하여 이성적인 토론과 결정에 참여한다. 헌법전 규정의 대다수는 공과 사의 영역을 나누어 각각의 영역이 충분히 기능하도록 정해진 것이다.

'선한 삶'에 관한 관념은 다양하며 서로 비교 불가능하다는 입헌주의의 기본적인 전제, 그리고 공적 영역과 사적 영역을 구분해서 만인이 만인에 대한 투쟁을 일으킬 수밖에 없는, 「선한 삶」은 무엇인가라는 대립을 사적 영역에 묶어두는 것으로 공공의 일에 관한 이성적인 해결과 비교불가능하고 다양한 가치관의 공존을 양립시키려는 입헌주의의 프로젝트와, 어떤 특정 「선한 삶」의 관념을 관철하기 위하여 결과에 상관없는 절대평화주의를 취해야 한다는 입장은 쉽게 정합할 수 없을 것이다. 그것은 특정의 「선한 삶」의 관념으로 공공의 정책결정의 영역을 점거하려는 것처럼 보인다. 입헌주의와 양립하는 모습으로 자위를 위한 실력 보유금지를 주장하려는 것이라면, 그러한 가치관을 갖지 않은 사람에게도 이해 가능한 논의로 기초잡을 필요가 있다. 앞 절에서 검토한 결론은(그리고 다음 5장에서 검토의 결론도) 그런 논의는 성립하기 어렵다는 것이다.

결국, 자위를 위한 실력의 보유의 전면금지라는 입장은 준칙으로서 이해되는 헌법 9조의 조문을 준수하는 것은 되어도 입헌주의에 따른 것은 되지 않는다.[17]

5. 「세계경찰」, 그리고 「제국」

자위를 위한 실력을 보유하지 않고 국민의 생명과 안전을 보호할 수 있는 또 하나의 아이디어는 세계통일국가에 의한 '전 세계에 영향을 미치는 경찰 서비스'를 실현하는 것으로 전쟁을 폐기하는 것이다. 이 선택지의 과제는 그것이 과연 현실적인가, 그리고 현실적이라고 해도 바람직한 것인가이다. 적어도 현 시점에서는 이런 종류의 경찰 서비스가 지속적으로 조직된다는 상정은 현실적이라고 할 수 없다.

6.25사변과 걸프전에서는 이것과 비슷한 경찰 서비스가 대규모로 조직되었지만, 이것은 둘 다 미국을 중심으로 한 당사국들에게 그것

을 조직 혹은 참가하는 것이 자국의 이익과 일치한다는 계산이 있었기 때문에 실현된 것이다. 대규모의 국제적 경찰 서비스를 조직하는 것과 각국의 이익이 일치할까 하는 것은 그때그때의 상황에 의존하는 것으로 그것이 항상 일치한다고는 기대할 수 없다. 1994년에 르완다에서 수십만 명의 투치족이 후투족이 장악한 정부에 의하여 계통적으로 학살되었을 때, 국제연합(UN)의 안전보장이사회는 이것을 방관하였다. '전 세계에 영향을 미치는 경찰 서비스'가 항상 존재할 것처럼 전제하여 행동하는 것은 현명하다고 할 수 없다.

또한 이런 경찰 서비스를 표방하는 국가들은 가끔 자국의 이해관계와 자국이 주장하는 이데올로기를 실현하기 위해 '경찰 서비스'의 명목을 이용할 수도 있다. 요상한 국제법상의 정통성 아래 미국과 영국이 실행했던 2003년의 이라크전쟁이 그렇지 않다는 보증이 과연 있을까?

게다가 꿈을 밀어붙여서 특별한 경찰활동을 넘어선 입헌주의적 세계국가, 즉 '제국'이 성립하였다 해도 그것이 반드시 바람직한 사태라고는 할 수 없다.[18] '제국'의 아래서 국경은 상실되며, 동일의 룰(rule)에 따라서 투쟁하는 대등자인 '적'과 '우리 편'의 구별은 비대칭적인 '옳음'과 '그름'의 구별로 바뀌며, '무법자'를 억제하여 평화와 질서를 회복하는 경찰활동이 전 세계적으로 단일한 권위에 의하여 행해지게 된다. '제국'의 아래서는 '인권의 존중'이라는 단일한 이데올로기가 권력의 행사를 일원적으로 정당화한다.[19]

현재 우리가 살아가는 세계에 존재하는 각 국경의 내부에는 각각 타자와 비교 불가능한 고유의 가치를 가진 문화와 생활양식이 매일 재생산되고 있다. 예상되는 통일국가가, 현재의 모든 국가가 옳다고 생각하는 방식으로 그 경찰권을 행사한다는 보장은 없다. 거대한 세계국가의 '부정'한 지배를 받는다면 오히려 독립을 유지하며 다소의 분쟁발생의 위험을 감수하려는 국가가 있더라도 그다지 불합리하다고는 할 수 없다. 국내의 평화를 유지하기 위하여 정치의 영역에서 선악의 판단을 배제하는 일이 중시되었던 것처럼, 국제정치에서도 선악의 판단이 들어가는 것은 큰 위험을 동반한다. 미국을 정점으로 하는 복합적인 네트워크에 의해 구성된 '제국'의 출현을 환영하는 주장은 '인권'이라는 개념 그 자체가 다양한 가치관의 평화공존을 도모하는 수단이라는 것을 망각한 것처럼 보인다.

또한, 세계제국은 그 유지와 운영에 어마어마한 비용이 들 것이다. 새로운 '제국'의 출현을 시사하는 논자들이 지적하는 것처럼, 그 비용에도 불구하고 제국이 유지되기 위해서는 아렌트(Hanna Arendt)가 고대의 시민에 대하여 지적한 것처럼 '애국심' 내지 공통의 선의 관념이 '제국'의 시민에게 공유되고, 시민참가의 물결이 무한히 팽창하는 운동으로서 유지될 것이 요구된다.[20]

칸트가 『인륜의 형이상학』* 제1부 「법론」의 말미에서 지적한 것처럼, 다른 언어, 종교, 문화로 이루어진 세계전체를 통일한 국가보다는, 보다 작은 단위로 이루어진 국가들이 균형을 지키는 쪽이 결국은 분쟁발생의 위험이 작다고 생각하는 것도 가능할 것이다. 『영구평화를 위하여』에 있어서 그의 제언의 배경에도 이와 같은 배려를 볼 수 있다.

6. 평화적 수단에 의한 분쟁해결

이상에서 서술한 논의는 당연한 것이지만, 외교나 경제지원, 교육·민생 등의 분야에서 민간단체의 협력과 같은 평화적 수단에 의한 국제적 분쟁해결의 노력이 소용없다는 결론을 끌어내려는 것이 아니

---

* 칸트의 이성철학의 대표 저술인 『형이상학 서설』.

다. 그런 방책은 실력의 행사에 비하여 더욱 저렴한 비용으로 영속적인 평화의 확립에 공헌할 수 있다는 점에서 더욱 뛰어나다. 동서 냉전이 종결된 지금, 국가 간의 전쟁보다도 주민으로부터 신뢰받지 못하는 파탄국가에서 전개되는 분쟁과 그 안에서 행해지는 인권침해야말로 국제의 평화에 보다 중대한 위협이 되고 있다는 인식에서 보면(일본이 놓인 상황이 그런 인식에 따르고 있는가는 상관없이), 평화적 수단의 중요성이 더욱 커지고 있다는 것을 생각해야 한다. 그러나 그럼에도 불구하고 이런 평화적 수단은 실력에 의한 평화유지라는 방책을 완전히 대체할만한 수단은 아니라는 것이 상식적인 사고방식이다. 존 브레이즈웨이트 교수의 저서 『수복적 사법(修復的 司法)과 응답적 규제(應答的 規制)』에서 보이는 아이디어는 두 가지 방책의 관계를 정리하는 수단이 될 수 있다고 생각한다.[21]

수복적 사법이라는 범죄에 대처수법의 중핵이 되는 것은 수복적 회담(修復的 會談: re-storative conference)이다. 가해자와 피해자 양쪽이 각각의 가족, 지인 등 신뢰할 수 있는 사람들과 함께 얼굴을 마주하고 각각의 슬픔, 고통, 현재의 기분 등을 말하고, 그 안에서 가해자의 갱생과 상처받은 정의의 회복에의 길을 찾아내려고 한다. 항상 성공한다고는 할 수 없지만 피해자의 만족도도 가해자의 갱생의 개연성도 통상의 형사사법에 의한 대처와 비교하면 높다고 수복적 사법의 제창자는 지적한다.[22]

브레이즈웨이트는 이 수복적 사법의 사고방식을 역시 그가 제창하는 응답적 규제라는 관념과 융합하는 것이 가능하다고 한다. 응답적 규제는 사업자 규제에 대하여 제시된 사고방식으로 사업자는 개인이든 기업이든 간에 내부적으로 서로 충돌하는 여러 가지 페르소나*

---

* 페르소나(persona)는 그리스 고대극에서 배우들이 쓰던 '가면'을 말한다. 심리학자 구스타프 융(Carl Gustav Jung)의 이론에서, 인간은 천 개의 가면(페르소나)를 가지며 상황에

를 갖는다는 인식에서 출발한다. 법과 규범을 무시한 이윤 최대화를 추구하는 측면이나 부서가 있는가 하면, 사회공생의 이익에 공헌하는 일의 중요성과 사회적 이익과 기업의 이익의 일치에 신경 쓰는 측면이나 부서도 존재한다. 환경이나 안전의 보전 등을 목적으로 하는 사업규제를 행하는데 있어서는 획일적인 법령의 준수를 일방적으로 강제하는 규제의 수법으로는 사업자 측의 계산적인 공리적(功利的) 측면을 끌어내게 되어서 집행에 더욱 많은 비용이 드는 것은 물론, 규제기관 쪽의 자원 부족 때문에 선별적인 법 집행만으로 귀결되어 사업자 쪽의 불공평감이 커지는 사태가 발생할 수 있다. 오히려 설득이나 행정지도 등의 소프트한 수법을 우선 사용하고 사회 공공의 이익에 배려하려는 상대방의 측면을 끌어내는 것에 성공한다면 더욱 저렴한 비용(cost)으로 효과적, 영속적인 공익을 실현하는 것이 가능하다. 물론, 견고한 공리적 기업과 확신범(確信犯)적인 위반자도 존재할 것이므로, 규제기관으로서는 그런 상대에게만 자원을 집중하여 사용하는 것이 가능해진다.[23]

브레이즈웨이트는 범죄에의 대응에 대해서도 우선 수복적 사법에 의한 화해와 갱생의 시도가 이루어져야 하며 그것이 실패했을 경우 비로소 상대의 공리적 측면에 호소하는 '억지'적 처벌을 행하고, 그래도 범죄 방지가 되지 않는 상대에 대해서는 수감 등의 수단에 의한 '무해화'를 꾀해야 한다고 한다. 이렇게 수복적 사법과 형사 사법의 전체를 관통하는 더욱 저렴하고 효과적인 범죄대책이 실현된다.

게다가 그는 이런 사고방식이 파탄국가에 있어서의 평화 회복에도 도움이 된다고 주장한다.[24] 전쟁법규나 국제인권법도 이해하지 않는 군벌과 민병에 대해, 즉각 국제적인 형사법정에서 소추를 행하여도 인적·물적 자원의 한계에 의하여 소추는 선별적이 되며, 소추되는

따라 적절하게 가면을 바꿔쓰며 관계를 이루어 간다.

쪽은 승자에 의한 법칙의 '소급'적용이라며 원망을 깊게 하는 것으로 끝날 위험이 있다. 오히려 지역별로 가해자와 피해자의 수복적 회담을 시도하는 것으로 사회관계를 수복하는 일이 우선 시도되어야 할 것이고 양심에 호소해도 효과가 없을 군벌에 대해서는 폭행과 약탈을 멈추고 사회 질서가 확립되는 것이 자기에게도 장기적 이익이 된다는 상대방의 효용에 호소하고, 그런 평화적 수단이 효과가 없다는 것을 알고 나서 비로소 실력에 의한 개입과 형사소추 등의 억지와 무해화가 시도되어야 할 것이다.

그림 2는 이런 사고방식을 나타내는 피라미드다.[25] 우선 수복적 사법에 대응하는 평화적 수단에 의한 화해와 설득이 폭 넓게 시도되어야 하며(Ⅰ) 그것이 실패하면 억지(Ⅱ) 또한 무해화(Ⅲ)에 자원(資源)을 향하도록 한다. 주의해야 할 것은 화해와 설득이 효과를 갖는 것은 그것이 실패하면 억지와 무해화라는 강제적인 수단이 행해진다는 것이 사전에 명확히 되어있다는 경우에 한해서 하는 것이다.[26] 범죄대책의 경우에도 형사사법이라는 강제수단이 존재하지 않는 경우 가해자가 자발적으로 수복적 회담에 참가하려 하는 것은 생각하기 어렵다. 화해와 설득의 시도는 강제적 수단을 배경으로 할 때 효과를 가져 오는 것이지 그것을 완전히 대체할 수 있는 것이 아니다.

그림 3

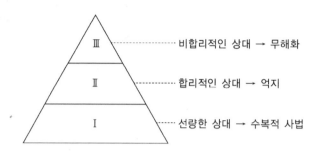

비합리적인 상대 → 무해화

합리적인 상대 → 억지

선량한 상대 → 수복적 사법

7. 실력에 의한 평화유지의 그림자와 헌법 제9조

위에서 검토한 방책들이 상정될만한 선택지의 전부라고는 할 수 없지만, 주요한 것을 다루었다. 남은 합리적인 선택지로서 제2차 세계대전 후 넓게 채용되어 온 것은, 평화적인 수단의 유효성은 충분히 배려하면서도 국제적인 평화를 확보하기 위해서 '치킨'으로 행동하며 국가를 집단적인 안전보장의 체제로 만들어서 타국의 침략에 반격하도록 강제하는 것이다. 이 방책은 물론 각국이 자위를 위하여 실력을 보유하는 것을 최저한의 조건으로 한다. 이런 방책이 냉전하에 있어서 자주 보이는 것처럼 가끔은 해당 국가의 민중의 이익을 충분히 대표하지 않는 억압적인 체제를 안전보장의 이름하에서 옹호하기도 하였다. 그러나 이런 식으로 원래의 목적에 반하여 남용적으로 운용이 되지 않는다 하여도, 이런 방책에 대해서는 중대한 곤란을 지적할 수 있다. 헌법 9조는 이런 곤란에 대처하는 실험으로서 해석하는 것이 가능하다.

그 곤란은 민주적 정치과정이, 방위문제에 대한 합리적인 심의와 결정을 할 수 있을지 여부에 관한 것이다. 공공재의 공급에 관한 민주적 결정이 사회전체의 이익에 적합한 것이 되기 위해서는 첫째, 유권자와 그 대표가 각자의 사적 이익이 아니라 사회전체의 이익을 염두에 두고 심의·결정에 참가할 필요가 있다. 둘째, 유권자와 그 대표는 필요한 정보를 모두 정확히 알고, 냉정하고 합리적인 사회전체의 이익을 계산한 후 결정해야 한다. 셋째, 채결(採決)의 결과는 정부 기관에 의하여 충실하고 신속하게 집행되어야만 한다.

이런 조건은 방위 서비스의 제공에 있어서 충분히 만족되고 있을까? 물론 완벽한 만족을 요구하는 것은 비현실적이다. 이상적이라고는 할 수 없는 정치과정이라 하여도 특별히 큰 문제없이 민주적인 결정이 행해지는 것이라면 우리는 차선의 해결로서 그 결정에 따라야만 한다. 그러나 방위문제에 관해서는 민주적 정치과정의 결함이 꽤 크며, 적절한 결론을 얻을 수 있는 개연성은 크지 않다는 견해도 충분히 가능하다.

첫째, 유권자 그리고 그 대표조차도 방위에 관한 정보의 대부분은 알 수 없는 것이 보통이다. 방위에 관한 정보를 모두 공개한다면 국가의 안전에 해가 되는 것이 확실하다. 제2차 세계대전 말기 연합군이 프랑스에서 반격할 때 노르망디에 상륙해야 하는가, 아니면 칼레인가, 그리고 몇 시에 상륙해야 하는가에 대하여 민주적인 토의를 해야 했다고 생각하는 사람은 많지 않을 것이다. 그러나 주어진 정보가 한정된다면, 유권자 내지 의회가 군사문제에 대해서 적확한 판단을 내리는 능력도 한정된다. 미국이 베트남전쟁에 본격 개입하게 된 1964년의 동킹만 '사건'*은 정부가 의회와 여론을 오도할 위험을

---

* 동킹만 사건(Gulf of Tonkin Incident)은 1964년 8월 북베트남 동킹만에서 국베트남의 경계정이 미군함에 두 발의 어뢰를 발사한 사건이다. 이 사건을 계기로 미국은 본격

선명하게 보여주고 있다. 또한, 2003년의 대이라크전쟁의 개시 전, 미국, 영국 양 정부가 개전을 정당화하기 위하여 이라크의 군사력 특히 소위 대량파괴병기에 관한 위협을 과장하는 정보를 의도적으로 유포한 것은 아닐까 하는 의혹이 있었다.

둘째, 방위 서비스에 관련된 정부 기관이 과연 사회 전체의 이익을 염두에 두고 정책의 입안과 집행에 임하는가는 의문이다. 방위조직은 일단 성립하면 자기 조직의 인원, 예산의 최대화와 수주처 내지 명령의 이윤최대화를 목적으로, 공개할 정보의 범위와 유권자에 제시하는 선택지의 폭을 조작할 위험이 있다. 또한 실제로 방위 서비스가 절실히 필요한 위험 상황에서 서비스를 공급해야 할 사람들이 정말 방위 서비스를 성실히 제공할 것이라는 보증은 없다. 위기적인 상황이 되면 누구든 자기의 목숨을 아까워하며 그것에 응하여 행동을 하게 된다.

셋째, 국가의 안전에 관한 결정은 오류를 범했을 경우, 인명 · 재산 등에 관한 막대한 희생을 국민 전체에 가져온다. 정확한 정보와 냉정한 계산 능력을 결핍한 유권자와 그 대표가 일시적인 민족 감정과 근거 없는 환상에 의해 결정을 행하는 경우에는 그 위험이 크다. 민주정은 정부의 정책결정의 정통성을 높이기 위하여 더욱 많은 인원, 물량을 처분 가능하게 한다. 특히 징병제의 경우 비용이 저렴한 인원을 정부는 대량으로 '소비'할 수 있다. 독재국가보다 민주국가가 전쟁을 수행하기 곤란하다는 사고방식은 희망적인 관측일 뿐이다.

넷째, 위와 같은 문제가 해결되어서 국내의 민주적 정치과정이 이상적으로 기능하였다 하여도 문제가 남는다. 중앙집권적인 권위가

적으로 베트남 전쟁에 개입한다. 그러나 1971년 6월 뉴욕 타임즈의 기사 '베트남 정책결정의 역사. 1945~1968 펜타곤 서류 입수'에서는 동킹만 사건이 미국의 조작이었다고 폭로하였다.

존재하지 않는 자연 상태 특유의 수인(囚人)의 딜레마 상황이 국제평화를 실현하는 도중 발생하기 때문이다. 국제사회 전체로서는 군비를 삭감하여 전쟁의 위험을 작게 하는 것이 모든 국가의 이익이 되지만, 각국 정부는 타국이 군비를 확장하여 자국만이 약한 입장에 놓이는 것을 경계하여 군비확장 경쟁에 뛰어들 위험이 있다.

이와 같이 국내의 정치과정이 비합리적인 결정을 행할 위험, 그리고 각 국가에 있어서 합리적인 행동이 국제사회 전체로서는 비합리적인 군비확장 경쟁을 가져올 위험에 대처하기 위하여 각국은 헌법에 의해 그때그때의 정치적 다수파에 의하여 쉽게 바뀌지 않는 정책결정의 틀을 설정하고, 그것을 대외적으로도 표명하는 것이 합리적인 대처의 방법이라고 할 수 있다. 헌법 제9조에 의한 군비의 제한도 이런 합리적인 자기구속의 하나라고 할 수 있다.[27]

트로이에서의 전투를 끝낸 영웅 오디세이는 마녀 사이렌*의 아름다운 목소리에 유혹당하지 않고 고국 이타카를 향한 항해를 계속하기 위하여 부하들의 귀를 밀랍으로 막고 부하에게 명하여 자신을 배기둥에 묶었으며, 만일 자신이 밧줄을 풀어달라고 난동을 부리면 더 강하게 묶도록 명령하였다. 이리하여 오디세이는 사이렌의 목소리를 즐기면서 그것에 유혹당하지 않고 무사히 여행을 계속할 수 있었다. 민주주의 국가에서 헌법이 가진 합리적 자기구속의 의미는 이 오디세이의 일화에 알기 쉽게 나타나 있다. 일본국 헌법 제9조는 이런 의미를 가진다고 할 수 있다. '국제사회에의 협력'과 '자국의 영토 보존'이라는 아름다운 목소리에 유혹당하지 않고, 일본 국민이 미래를 향해 안전한 항해를 할 수 있을까가 그것에 걸려있다. 특히, 제2차 세계대전 전, 민주적 정치과정이 군부를 충분히 컨트롤 할 수 없어서 민주정치의 전제가 되는 이성적인 의론의 장을 확보할 수 없었던

---

* 오늘날 위급함을 알리는 경보 사이렌(siren)의 어원이다.

일본의 역사에 비추어보면 '군비'라는 존재의 정통성을 미리 봉쇄해 놓는 의의는 클 것이다.

이러한 온화한 평화주의가 답해야 하는 첫 번째 질문은, 결국 헌법 제9조에서, 군비의 보유와 실력의 행사에 관한 명확한 한계를 이끌어내는 것이 가능한가이다. 만약 제9조에서 명확한 한계를 끌어낼 수 없다면 합리적인 구속이라고 해도 빠져나가는 것으로 끝나버릴 위험이 있다. 그렇다면 오히려 완전한 비무장을 관철하는 선택 쪽이 나을 것이다.

예를 들면, 헌법 제9조의 아래서는 개별적인 자위권은 인정되지만 집단적 자위권은 인정될 수 없다고 해석되고 있다. 이 해석에 의하면 일본과 밀접한 관계에 있는 외국이 타국에게 공격받는다 하여도, 일본이 이 공격을 일본의 평화와 안전을 위협하는 것으로 보고 함께 방위하는 것은 불가능하다.

UN헌장에 의하여 인정되고 있는 권리를 자국의 헌법에서 부정하는 것은 이율배반이라는 말도 있지만 이것은 이율배반이 아니다. 아이스크림을 먹을 권리는 누구에게도 있지만 자신은 건강을 생각해서 먹지 않는 것이 이율배반이 아닌 것과 마찬가지의 논리이다. 집단적 자위권은 자국의 안전과 타국의 안전을 쇠사슬로 묶어놓은 의론이며, 그것이 국가로서 자주독립의 행동을 보장한다고 할 수 있는 이유도 없다. 자국의 안전이 위협된다고 근거도 없이 떠들어대는 외국의 뒤를 애완견처럼 따라가서 엄청난 사태에 휘말리지 않도록 사전에 집단적 자위권을 헌법으로 부정하는 것은 합리적 자기구속으로 충분히 있을법한 선택지이다. 샤를 드 골 장군이 갈파한 것처럼 "국가에는 동맹자는 있을 수 있어도 친구는 있을 수 없다".[28] 자국의 이해득실의 계산과 동떨어진 국가 간의 관계는 없다. 국가 간에 우정이 있다고 생각하는 사람은 국가를 의인화하여 생각하는 것이다.

이것은 자국의 이익에 있어서 매우 위험한 정서론(情緖論)이다.

문제는, 헌법 제9조의 조문 자체에서 집단적 자위권이 부정된다는 해석이 근본적으로 나올 수 없는 것이 아닌가 하는 것이다. 다만 이 문제는 헌법 제21조의 표현의 자유를 시작으로 하는 다른 헌법상의 합헌성 판단기준에 대해서도 제기될 수 있는 문제이다. 표현활동에 관한 제약을 전혀 인정하지 않는 것이라면 모를까, 그것에 대하여 어떤 식의 합리적 제약을 인정한다는 입장을 취하는 이상, '명백한 현재의 위험의 기준'과 'LRA의 기준'* 등 모든 표현의 자유를 인정하는 헌법의 조문 자체에는 찾을 수 없는 구체적 제약의 기준을 끌어낼 수밖에 없다. 그러나 일단 설정된 기준에 대해서는, 헌법의 조문에는 특별한 근거가 없다고 하여도 그것을 지켜야 할 이유가 있다. 일단 양보를 시작하면, 헌법의 조문에 달리 근거가 없는 이상 멈추어야 하는 적절한 지점은 어디에도 없을 것이기 때문이다. 이와 같은 상황은 헌법 제9조의 아래에서 지켜져야 할 구체적 기준을 설정하는 경우에도 타당할 것이다.

때로는 헌법 제9조에서 끌어낼 수 있는 여러 가지 제약이 '부자연'스럽고 '신학적'이라던가 '상식적'으로 이해할 수 없다는 말이 있지만 이런 비판은(대중 영합 정치로서 효과는 별개로 하고) 적절하지 않다. 합리적인 자기 구속이라는 관점에서 보면 어딘가에 선(線)이 그어져 있는지가 중요한 것으로, 이 문제에 관한 논의의 '전통'을 잘 알지 못하는 사람들이 보아 그 '전통'의 의미를 이해하는지 아닌지는 관계가 없다. 그런 의미에서 이 문제는 국경선 긋기와 비슷하다. 왜 그곳에 선이 그어져 있는가는 딱히 합리적인 이유가 없다고 하여도 일단 그

---

* 표현의 자유에 대한 제한에서 표현의 우월적 지위를 보호하기 위하여 보다 덜 제한적인 수단(Less restrictive alternative)을 채택해야 한다고 한다. 이때 사용되는 기준이 'LRA의 기준'이다.

어진 선을 지키는 것에는 합리적인 이유가 있다.

그리고 주권자인 국민의 행동을 구속하는 것에 헌법 제9조의 존재 의의가 있는 이상, 국민의 의사를 근거로 하여 동조의 의미의 '변천' 을 말하는 논의도 이율배반이라고 할 수 있다.

□ 참고

1) 예컨대, 清宮四郎, 『憲法 I〔第3版〕』(有斐閣, 1979) 389頁.

2) 문제의 중요성을 부정하지 않고 이 입장을 취하는 것은 4에서 말하는 것처럼 입헌주의의 근본적인 사고방식과 양립하지 않는다고 생각된다.

3) 이 논문과 같은 취지의 논의를 전개할 기회는 과거에도 있었다(「平和主義の原理的考察」憲法問題10号(1999), Constitutional borrowing and political theory, International Journal of Constitutional Law, Volume 1, Number 2, pp. 240-43 등). 이것들은 본 논문 내용에서 중복되는 부분이 많은 점을 양해 바란다.

4) '준칙 rule'과 '원리 principle'의 구별에 대해서는 예를 들어, Ronald Dworkin, Taking Rights Seriously(Harvard University Press, 1977), pp. 22-28; Robert Alexy, A Theory of Constitutional Rights(Oxford University Press, 2002), pp. 45ff. 참조. 알렉시는 원리가 최적화명령을 내재하고 있다는 점에서 드워킨과 입장이 다르다.

5) 山内敏弘 「日本国憲法と 『自衛権』観念」 法律時報臨時増刊·憲法と平和主義91頁(1975), 芦部信喜 『憲法学 I』(有斐閣, 1992) 264頁. 또한 제헌과정에 관한 최근의 주목할 만한 논고로는 高見勝利「芦部憲法講義ノート拾遺32回-憲法9条をめぐる解釈対立の源流」月刊法学教室279号37頁以下가 있다.

6) 이하의 점에 대해서는, ジェレミー·ウォルドロン 『立法の復権』長谷部恭男·愛敬浩二·谷口功一訳(岩波書店, 2003) 29-32頁 참조. 해석에서 「입법자의견」을 측정하는 일에 적극적인 안드레이 말모도 각 헌법에 관하여 '제헌자의견'을 측정하는 일에 대해서는 부정적이다. 이 점에 대해서는 長谷部恭男『比較不能な価値の迷路』(東京大学出版会, 2000) 127-28頁 참조.

7) Michael Walzer, Just and Unjust Wars, 3rd ed. (Basic Books, 2000), pp. 29ff.

8) 세오도아 쿠츠는 그리스도교의 계보에 속하는 평화주의가 일반적으로 전쟁에서의 행동을 윤리적으로 규제하는 가능성에 대해서 회의적이라는 것을 지적하고 있다. 전쟁이 가져오는 폭력은 그것 자체의 논리를 가지고 상승되는 것으로, 룰에 따르는 전투행위는 기대하기 어렵다는 이런 상정에서 본다면, 전쟁인가 혹은 절대적인 방기인가의 선택이 있을 수밖에 없으며, 룰에 따르는 전쟁인가 룰에 반대되는 전쟁인가라는 구별은 의미가 없다(Theodore Koontz, Christian Nonviolence: An Interpretation, in The Ethics of War and Peace, Terry Nardin ed, (Princeton University Press, 1996), pp. 188-89).

9) 한편, 미국 측의 설명은 원폭투하에 의하여 일미 양쪽 모두 보다 적은 희생으로 지향해야 할 목표인 일본의 무조건적인 항복을 달성할 수 있었다는 노골적인 공리주의이다. 이 점에 대해서는 長谷部恭男 『憲法学のフロンティア』(岩波書店, 1999) 101頁이하.

10) 丸山眞男 「憲法第九条をめぐる若干の考察」 同 『後衛の位置から』(未来社, 1982) 수록.

11) 베트남전쟁하에서 미라이(My Lai)촌 학살의 책임자인 윌리엄 케일리 중위는 훈련 중 어떠한 적과 조우하는 일을 경고 받았는가라는 군사법정에서의 질문에 답하여, 다음과 같이 말한다(George J. Andreopoulos, Age of National Liberation Movements, in The Laws of War: Constraints on Warfare in the Western World, eds., Micheal Howard, George J. Andreopoulos, and Mark R. Shulman(Yale University Press, 1994), p. 196). "누가 적인가에 관한 정확한 지시가 없었습니다. 오히려 모든 자를 의심하고 누가 적인지도 모르며, 남자도 여자도 똑같이 위험하며, 또한 어린이에게는 의심을 갖기 어렵기 때문에 어린이는 더욱 위험하다고 지시 받았습니다." 이런 식으로 일어나는 민간인에 대한 잔학행위나 수용소에의 강제이동조치는 빨치산에의 참가자와 지지자를 더욱 늘려간다. 게릴라전은 자연스럽게 인민전쟁으로 전화되어, 그곳에서는 '제한없는 지옥'이 그것 자체가 가지고 있는 에너지에 의하여 자동적으로 회전한다.

12) Lawrence Freedman and Virginia Gamba-Stonehouse, Signals of War(Prinston University Press, 1991), pp. 19-20.

13) 이런 입장을 갖는 것으로, 法学協会 『註解日本国憲法(上)』(有斐閣, 1953) 243頁, 芦部前掲 『憲法学 I 』 266頁, 樋口陽一 『憲法 I 』(青林書院, 1998) 447頁 등이 있다. 엄밀히 말하면, 군민봉기는 영토가 적국에 의하여 점령되지 않은 단계에서 접근하는 적군에 대하여 행해지는 것으로 점령하에서의 빨치산전과는 다르다. 그러나 헌법학의 유력설은 이런 구분 위에 의론을 진행하는 것은 생각하기 어렵고, 또한 1977년의 제네바 조약에의 추가의정서에 의하여 정규군원칙이 완화된 현재에는 양자를 구분하는 의의도 매우 저하하였다고 생각된다.

14) Walzer, supra note 7, pp. 332-33.

15) Martin Ceadel, Thinking about Peace and War(Oxford University Press, 1987), pp. 102-03.

16) 이하, 입헌주의에 관한 개인적인 의견에 대해서는 長谷部恭男 『憲法学のフロンティア』(岩波書店, 1999) 제1장 참조.

17) 반대의 면에서 말하면, 헌법 개정의 가능성이 0이 아닌 지금, 일본 헌법 9조가 인간으로서의 '선한 삶'을 규정하고 있기 때문에 그것을 지켜야 한다고 주장하는 것은 매우 위험한 반응을 개정 추진파에게 끌어낼 가능성이 있다. "그렇다면 우리가 이것이야말로 선한 삶의 방식이라고 생각한다, 이 사고방식을 헌법에 집어넣어야 하는 것이 아닌가라고 한다면 그 삶의 방식에 따르는 것이야말로 입헌주의이다"라는 반응이다. 그런 '개정'이 행해지려 한다면, 절대평화주의를 신봉하는 사람들은, 그것이 입헌주의에 반한다고는 말할 수 없다. 남겨진 것은,

"무엇이 옳은 삶의 방식인가"를 초점으로 하는 세계관을 둘러싼 투쟁뿐 일 것이다.

18) '제국'에 대해서는, Michael Hardt and Antonio Negri, Empire(Harvard University Press, 2000) 참조.

19) *Ibid.,* pp. 34-38.

20) Cf. *Ibid.,* pp. 162-64, 380-89.

21) John Braithwaite, Restorative Justice and Responsive Regulation(Oxford University Press, 2002).

22) restorative justice의 번역어로서 「수복적 사법」이 적절할 것인가에 대해서는, 검토가 필요하다. 적어도 그것에는 일반법의 적용에 의한 개별의 사건을 해결하는 의미에서의 「사법」이 문제가 되는 것은 아니다.

23) Cf. Ian Ayres and John Braithwaite, Responsite Regulation(Oxford University Press, 1992), ch. 2.

24) Braithwaite, *op. cit.,* pp. 169ff.

25) Braithwaite, *op. cit.,* p. 32 소재의 그림에 의함.

26) Braithwaite, *op. cit.,* pp. 34 & 205.

27) 합리적인 자기구속은, 스스로의 이성의 한계를 인식한 주체는 행동의 선택지를 미리 한정함으로서 이성적으로 도달할 결과를 간접적으로 획득한다는 방책이다. 합리적 자기구속의 이념에 대해서는 Jon Elster, Ulysses and the Sirens, revised ed. (Cambridge University Press, 1984), Part II 참조. 엘스터는 근저 Ulysses Unbound (Cambridge University Press, 2000)에서 헌법은 제헌자에 의한 '자기' 구속이라고는 할 수 없어도 그 견해를 수정하고 있으나 이것은 본문에서의 의론에 영향을 미치는 것은 아니다. 현재, 구속되어 있는 주권자와 과거의 제헌자의 구성이 다르다고 하여도 헌법에 의해 구속된다고 생각할 수 있는 현재의 주권자의 사고양식은 합리적 자기구속의 관념에 의하여 설명하는 것이 가능하다.

28) Cf. Regis Debray, Charles de Gaulle(Verso, 1994), p. viii.

눈 내린 도쿄대학 법학정치학연구과 입구

도쿄대학 은행나무

제 2 부
.. 인권과 개인 ..

☑ 이 장에서는 인권의 의미에 대하여 논하고 있다. 그리고 국가 권위에의 복종, 국가가 무엇을 해야 하는가에 대해 연구한다.

▰▰▰▰ 제 5 장 ▰▰▰▰
| 국가권력의 한계와 인권 |

　본장이 취급하는 문제는, 헌법상의 권리는 어떠한 이유에 근거하여 제약할 수 있는가, 반대로 어떠한 이유로는 제약할 수 없는가이다. 이 문제는 전통적으로 '인권의 한계' 또는 '공공의 복지'라는 제목으로 논해졌다. 필자가 이러한 전통적으로 수용된 표제를 사용하지 않는 것은 뒤에서 말하는 것처럼 '인권' 및 '공공의 복지'라는 개념에 대한 종전의 지배적 사고방식에 필자가 의문을 가지고 있고, 본장에서는 이러한 개념에 관한 새로운 이해를 제창하려고 하기 때문이다.

　이하에서는 헌법상 권리의 제약원리에 관한 종전의 논의를 개관하고, 이어서 공공의 복지 및 인권에 관한 필자의 소견을 전개한다. 마지막으로 사견으로 도출되는 일본 헌법 제12*조 및 제13조**의 위치를 서술한다.

---

　* 일본 헌법 제12조 이 헌법이 국민에게 보장하는 자유와 권리는, 국가가 부단한 노력으로 이를 보호해야 한다. 또한 국민은 이를 남용해서는 안 되고, 항상 공공의 복지를 위해 이를 이용할 책임을 진다.
** 일본 헌법 제13조 모든 국민은 개인으로서 존중된다. 생명·자유 및 행복추구에 대한 국민의 권리는 공공의 복지에 반하지 않는 한, 입법 기타의 국정에서 최대의 존중을 필요로 한다.

1. 종전의 학설과 그 한계

(1) 학설의 전개

지배적인 견해에 따르면 헌법상 권리의 제약원리에 관한 종전의 논의는 초기의 일원적 외재제약설로부터 이원적 제약설로, 그리고 현재 통설인 일원적 내재제약설로 전개되었다.[1]*

일원적 외재제약설(一元的外在制約說)에 따르면 헌법상 권리는 일본 헌법 제12조와 제13조가 제시하듯이 공공의 복지에 합치하는 한도 내에서 보장을 받는 것이므로 공공의 복지는 헌법상 권리를 일반적으로 제약할 근거가 되는 외재적 원리이다.[2] 그리고 공공의 복지에 대한 판단권이 제1차적으로는 정치부문에 위임된 이상 헌법상 권리를 제약하는 법률이 법원(法院)에서 위헌으로 판단되지는 않을 것이다. 이러면 신민(臣民)의 권리를 일반적으로 법률유보하에 규정한 일본 제국헌법과 다름이 없게 되므로 이러한 사고방식이 일본국 헌법의 기본적 인권 존중 이념과 정합하는지 극히 의심스럽다.[3] 또한 공공의 복지가 헌법상 권리 일반의 제약원리라고 한다면 일본 헌법 제22조 및 제29조가 왜 공공의 복지를 각 조항의 제약원리로 내세웠는지 그 의의를 설명하기가 어려워진다.

이러한 문제를 해결하는 논의로 제출된 것이 이원적 제약설(二元的制約說)이다. 이 논의는 헌법 제12조 및 제13조의 법적 의의를 부정하고 헌법 제3장에서 정하는 기본적 인권에 대하여 공공의 복지를 근거하여 법률로 일반적인 제약을 하는 것은 허용되지 않는다고 한다.

---

* 대한민국은 헌법 제37조 제2항에서 국가안전보장 · 질서유지 · 공공복리를 위하여 법률에 의해 기본권을 제한할 수 있도록 위임(법률유보; 의회유보)하고 있다. 이러한 규정이 없는 일본은 공공의 복지개념을 통하여 헌법적 권리를 일원적 · 이원적, 외재 · 내재적 제약론으로 그 제한론을 논의하고 있다. 따라서 우리와 다른 시각에서 헌법적 권리의 본질에 대한 논의를 엿볼 수 있다.

공공의 복지에 의한 제약이 허용되는 것은 그 취지가 서술되어 있는 일본헌법 제22조 및 제29조가 보장하는 경제적 자유와 국가권력에 의한 적극적인 보장을 요구할 권리가 있고, 국가권력의 정책적인 판단에 근거한 규율은 본래 예상하는 사회권에 한정된다. 그 이외의 자유권에 대해서는 권리자유에 내재하는 제약만이 허용되고 그 제약의 정도는 객관적으로 정해져 있으며, 입법자가 이를 좌우할 수는 없다.4) 이 이원적 제약설에 대해서는 사회권과 자유권을 명확히 구별하기는 불가능하다는 것, 그리고 이 설이 주장하는 것처럼 헌법 제13조의 법적 의의를 부정하면 동조를 근거로 '새로운 인권'의 바탕을 만들기 어려워진다는 난점이 지적되었다.5)

현재 지배적인 견해인 일원적 내재제약설(一元的內在制約說)은 일본국 헌법하에서 인권의 제약원리로 인정되는 것은 그것에 대항하는 다른 인권뿐이라고 한다. 그리고 이 인권 상호 간에 생기는 모순·충돌의 조정을 도모하기 위한 실질적인 공평의 원리가 '공공의 복지'라고 한다. 이 제약원리는 자유권을 각인에게 공평하게 보장하기 위한 제약으로는 필요최소한도의 제약만을 인정하는 자유국가적 공공의 복지로서 사회권을 보장하기 위해 자유권의 제약으로 기능할 때는 필요한 한도의 규제를 인정하는 사회국가적 공공의 복지로 나타나고 있으나 이러한 의미의 제약은 모든 인권에 내재하고 있다고 한다.6)

(2) 일원적 내재제약설의 한계

일원적 내재제약설에 대한 비판으로 그것이 헌법상 권리가 어떤 이유에 근거해서 어느 정도까지 제약될 수 있는지를 구체적으로 판정하는 기준을 제시할 수 없다는 점이 가끔 지적된다. 이 비판은 일원적 내재제약설이 인권의 제약을 정당화하는 원리로 타당하다는 전제에서 구체적인 문제를 해결할 수 있을 만큼 그 내용이 풍부하지 않다는 한계를 지적하는 것이다. 아시베 노부요시(芦部信喜) 교수의 헌법소송론은 이러한 입장에서 '인권규제의 한계를 획정하는 기준'을 구체적으로 명확하게 하려고 하는 것이며 그 핵심을 형성하는 것이 정신적 자유권과 경제적 자유권에서는 각각을 규제하는 입법에 대하여 다른 위헌심사기준이 타당하다는 이른바 이중기준의 이론이다.[7]

물론 일원적 내재제약설에 대해서는 보다 근본적인 점에서 그 타당성에 대해서 의문을 제시할 수도 있다. 첫째, 이 설은 인권을 제약하는 근거가 되는 것은 반드시 다른 인권이어야 된다는 전제로부터 출발하지만[8] 이것은 우리의 상식과 충돌한다. 예를 들면 표현의 자유를 규제하는 근거로 열거되는 도시의 미관이나 정은(靜隱), 성도덕의 유지, 전파의 혼신 방지 등은 모두 다 개개인의 인권에 환원할수 없는 것이고 기껏해야 사회전체의 이익으로밖에 관념(觀念)할 수없다. 일원적 내재제약설이 논리적 전제는 정부가 반드시 개개인의 인권에는 환원(還元)할 수는 없는 사회전체의 이익으로 공공의 복지실현을 그 임무로 하고 있다고 하는 명백한 사실을 애매하게 하는 것뿐만이 아니라 실제로 어떤 인권이 제약되는 이상 그 제약근거가되는 것도 인권이라는 잘못된 사고를 도출할 위험이 있다.[9]

둘째는 일원적 내재제약설은 인권이 원래 서로 모순·충돌하는 것이며 그것을 조절하기 위하여 공공의 복지에 따라 제약될 수 없다는 것이라는 전제에 서 있으나 이 전제에 대해서도 의문을 제기할 수있다. 이 전제의 당부(當否)는 실은 '인권'의 윤곽을 그리는 방법에 의존하고 있다. 야마모토 게이이치(山本桂一)교수가 지적하는 것처럼 초기의 일원적 외재제약설, 그리고 어느 정도까지는 일원적 내재제약설도 암묵적으로 '인권'을 일반적인 행동의 자유로 동일시하고 있다.[10] 이러한 전제에 따르면 원래 사람은 자신이 좋아하는 것은 무엇이든지 이를 할 수 있다는 천부 인권을 가진다. 따라서 사람은 재산권이나 사상 양심의 자유, 표현의 자유를 가지는 것뿐만이 아니라 살인을 할 자유, 강도를 할 자유, 타인을 감금, 폭행할 자유 등을 천부 인권으로 가진다. 이러한 무제한의 자유를 각인이 좋아하는 바에 따라서 행동할 때 사회생활이 성립되지 않는다는 것은 명백하다. 따라서 '인권'은 공공의 복지 관점에서 제약되어야 한다. 살인이나 강도, 폭행, 감금이 제약되는 것과 소유지의 건축제한, 시위행진의 시간·장소·방법의 규제, 직업의 허가제 등은 공공복지라는 개념으로 일원적으로 설명할 수 있다.

그러나 이러한 사고방식은 우리의 직관에 반한다. 먼저 표현의 자유나 사상·양심의 자유 등 우리가 통상적으로 '인권'으로 상정하는 것은 살인의 자유나 강도의 자유와 같은 등위로 논해져야 되는 것이 아니다. 표준적인 사회계약론에 따르면 사람들은 천부 인권을 더 좋게 보전하여 공동생활의 편의를 향수하기 위하여 국가를 설립한 것이었으나 그 때 사람들이 더 좋게 보전하려고 한 자연권에 살인의 자유나 강도의 자유가 산입되었다고는 생각하기 어렵다. 원래 타자와 공존 가능한 존재로 인간을 생각하는 한, 타자에게 위해를 줄 자유는 그러한 인간의 속성에 포함될 수는 없을 것이다.[11]

또한 '인권'을 원래 무제약이라고 하는 이 사고방식은 공공의 복지를 명목으로 하는 국가에 의한 규제도 무제약으로 할 위험을 가지고 있다. 타자에게 제멋대로 위해를 주려고 하는 생래적이고 사악한 존재로 인간을 상정하는 한, 평화로운 사회생활을 성립시키고 유지해야 할 국가의 행동범위가 무제한으로 미치게 되는 것도 신기하지 않다. 그 결과로 모든 인권은 원래 공공의 복지 관점에서의 제약을 내재하는 '일응(一応)의 자유'에 불과하다는 결론이 도출된다. 사회에 완전히 흡수되지 않는 형식으로 '개인을 존중'하기 위해서는 공공의 복지 관점에서도 제약되어서는 안 되는 '인권'을 보장할 필요가 있지

않는가라는 문제는 이러한 관점에서 놓치게 된다.[12]

(3) '국가권력의 한계'와 '개인의 인권의 한계'

일원적 내재제약설을 대표로 하는 종래 학설의 대부분은 암묵적으로 개인에게는 무한정의 행동의 자유가 있다고 가정하고 그 행동의 자유를 왜 국가권력이 제약할 수 있는가라는 문제에 대답하려고 하였다. 그 대답을 추상적인 형식으로 부여하는 것이 '공공의 복지'라는 개념이고 학설은 그 개념의 내용을 분석하려고 해왔다. 국가의 법령이 개인의 행동의 자유를 제약하고 의무화하는 것을 통해서 그 목적을 달성하는 것인 이상, 공공의 복지에 관한 여러 학설은 원래 국가권력 일반의 정당성 근거를 문제로 하는 것이었다고 할 수 있다.[13] 일원적 내재제약설 입장에서 보면 사람들이 국가의 권위에 복종해야 할 이유는 상호적으로 충돌하는 타자의 인권과의 조정에 있다고 대답하는 게 된다.

그러나 국가에 의하여 제약되지 않는 이상, 원래 개인에게 무한정의 자유가 있다는 전제가 타당하지 않고 나아가 공공의 복지라는 이름하에 포괄되는 국가의 행동의 정당성 근거가 개개인의 인권에 한정되지 않는다고 하면, 국가권력의 정당성의 한계와 개인의 인권의 한계와는 자동적으로 일치하지 않으며 양자는 각각 독립적으로 검토되게 된다. 아래에서는 각 문제를 '공공의 복지'(제2절)와 '인권의 한계(제3절)'에서 다룬다.

2. 공공의 복지

(1) 권위의 정당화 근거

국가라는 권위의 정당성, 다시 말하면 사람들은 왜 국가의 법령을 존중하여야 하느냐의 문제를 생각함에 있어, 조셉 라즈(Joseph Raz) 교수의 권위(authority)에 관한 분석이 참고할 만하다. 그는 일반적으로 권위라는 것이 사람들의 실천적 추론(practical reasoning)에서 기능하는 특수한 역할 검토를 통해 권위가 복종을 요구할 수 있는 경우에 반드시 갖추어야 하는 여러 조건을 제시한다. 그 중 두 개까지는 많은 사람들의 찬동을 얻을 수 있을 조건이다.[14]

첫째는 권위가 명령하는 대로 행동해야 되는 것은 권위에 따를 것을 명령받았는지 여부와 상관없이 그렇게 행동해야 할 독립된 이유가 있기 때문이다. 수신인에게는 권위가 명한 행동이기 때문이라는 이유 이전에 그렇게 행동해야 할 이유가 있다는 것이다. 라즈는 권위가 이러한 성격을 가지고 있다는 주장을 '의존 테제*(dependence thesis)'이라고 부른다. 권위의 명령의 구속력은 명령의 존재와는 독립적으로 수신인에게 타당한 이유의 존재에 '의존'하고 있기 때문이다.[15]

둘째는 그러한 독립 이유의 존재가 있음에도 불구하고 여전히 권위의 존재에 의의가 있는 것은 각인이 각각 독자적으로 그에게 타당한 이유에 합치한 행동을 하려고 하는 것보다도 오히려 권위의 명령에 복종하는 것이 그 독립 이유에 더 좋게 합치한 행동을 할 수 있기 때문이다. 라즈는 이것이 권위의 통상적인 정당화 근거이기 때문에 이 주장을 '통상 정당화 테제(normal justification thesis)'라고 부른다.[16]

일반적으로 권위라고 불리는 존재가 이러한 성격을 가지고 있는 것, 그리고 이러한 성격을 가지고 있으므로 권위에 복종해야 하는 것은 별로 이론 없이 승인될 것이다. 영어 회화 교사 말대로 표현하고 발음해야 하는 것은 교사의 지시에 따르는 것으로 학생이 독자적

---

* 테제(these)는 '하나의 계기'를 뜻하는 헤겔철학의 용어로 마르크스주의에서는 일정한 전략, 전술 단계에서 혁명 운동의 방향, 형태, 슬로건 등을 결정하는 방침을 뜻하는 것으로 쓰인다.

으로 연습하는 것보다도 효율적으로 올바른 영어 회화를 습득할 수 있기 때문이고 게다가 학생으로서는 교사의 지시이기 때문에 복종한다는 이유 이전에 올바른 영어 회화를 습득해야 할 독립적인 이유(예를 들면 해외여행을 해야 된다 등)가 있기 때문이다. 우리가 TV의 기상예보나 법률문제에 관한 변호사의 조언에 따라 행동하는 것도 같은 사정 때문이다. 국가가 전형적인 권위의 한 종류인 이상 만일 국법에 복종해야 할 정당한 이유가 있다면 마땅히 국법에 복종하는 것으로 사람들이 원래해야 할 행동을 더욱 잘 할 수 있다는 이유일 것이다.[17]

안드레이 마모어(Andrei Marmor)박사는 라즈 교수의 논의를 발전시키고 국가의 명령에 복종하는 것이 각인이 독자적으로 생각해서 행동하는 것보다 원래 해야 할 행동을 더욱 잘 할 수 있는 다음의 두 가지 유형을 들고 있다.[18] 첫째는 아이가 어떻게 행동하는지에 대해서 부모가 더 잘 알고 있는 것처럼 사람들이 직면하는 문제에 대해서 국가가 사인보다도 좋은 지식을 가지는 경우가 있다. 문제의 전문성·기술성을 이유로 행정기관의 판단이 존중받아야 될 경우가 그 예다. 물론 많은 문제에 대해서 국가가 사인보다도 좋은 지식·경험을 가지고 있다고 생각할 이유는 명확하지 않다. 좋은 지식을 가지고 있다고 한다면 먼저 그 지식이 어떻게 그것이 좋은지를 주장 입증해야 하고 그것이 제시되지 않음에도 불구하고 추상적으로 전문적·기술적 지식의 존재가 주장되어 있다는 것을 이유로 권위를 인정하는 것은 신중해야 한다.

둘째는 국가가 특히 좋은 지식을 가지지는 않지만 국가가 일반인보다도 문제를 해결하기 위해서 더욱 적절한 입장에 있는 경우가 있다. 전형적으로는 다음에서 말하는 조정문제와 공공재 공급 문제를 들 수 있다.

(2) 조정문제

라즈는 조정문제(coordination problem)를 대다수의 사람이 할 것 같은 행동을 하려고 하는 상황으로 파악한다.[19] 엄밀한 정의라고 할 수는 없으나 분석의 출발점으로는 충분하다.

세상에는 아무거나 괜찮지만 무엇인가로 정해지지 않으면 안 되는 사항이 많다. 자동차는 길의 오른 쪽을 가야 되는지 왼 쪽을 가야 되는지, 유효한 계약을 체결하기 위해서는 서면이나 증인이 필요한지 아닌지, 가연성 쓰레기를 버리는 날은 월·수·금요일인지 화·목·토요일인지, 이러한 사항은 사람마다 다소의 편의성의 차이는 있으나 무엇이 올바른지 보다도 뭔가에 정해져 있다는 것 자체와 그것에 대다수 사람들이 복종한다는 것이 중요한 것이다.

조정문제 상황에서 각 당사자는 복수 선택지에 직면한다. 각 당사자의 이득은 다른 당사자 선택에도 의존하고 있으며 당사자는 서로 다른 당사자의 행동을 제어할 수 없다. 당사자가 만족하는 것은 모든 당사자가 일치하여 어떤 선택을 하는 경우이지만 그러한 선택은 한 가지로 한정되어 있지 않으므로 각 당사자는 다른 당사자의 행동을 예상하면서 각자 행동을 조정하려고 한다.

차가 통행하는 쪽이나 계약 방식, 쓰레기를 버리는 요일 등, 어떤 종류의 조정문제 상황은 반복·계속해서 발생한다. 이러한 상황은 사회의 자생적인 관습(convention)으로도 또한 국가의 권위에 복종하는 것으로도 해결할 수 있다. 이 종류의 조정문제에 직면한 사람들은 모두 뭔가 선택지를 지정하는 관습이나 법령에 일치해서 복종하는 것에서 이익을 찾아낸다. 데이비드 흄은 사유재산제도 자체가 반복·계속하는 조정문제를 해결하기 위해서 나타난 제도라고 지적하고 있다.[20] 무엇이 누구에게 귀속하는지에 대해서 선험적(a priori)으로 정당하다고 할 수 있는 유일한 규칙 체계가 존재하는 것이 아니다. 다만 사람들이 자기 생활을 유지하여 재산을 상호적으로 교환하고, 사회 생활의 편의를 향수하기 위해서는 나머지 모든 사람들이 어떤 규칙의 체계를 준수하는 것을 조건으로 자신도 그것을 지킨다는 선택이 필요하게 된다. 여기서도 가능한 규칙의 선택지는 복수이나 그 중의 뭔가 하나에 대다수 사람들이 복종하는 것이 모든 사람의 이익에 적합하다. 그리고 일본이든 프랑스이든 어떤 사회에 소속한 이상은 그 사회의 재산제도에 따라서 살아가는 것이 각인에게 최선의 이익이 된다.

국가의 법령에 의한 해결은 기존의 관습이 존재하지 않는 새로운 조정문제 상황이 발생한 경우에 적절하다. 지금까지 자동차가 존재하지 않았던 사회에 새롭게 차가 도입된 경우가 그 예다. 또한 가령 관습이 존재하였다고 하더라도 그것이 법령으로 명확히 공지된다면 사람들의 행동의 지침으로 더욱 효율적으로 기능할 수 있다.

조정문제를 해결할 경우 국가는 대부분 사인보다도 좋은 지식이 있다고 주장할 필요는 없다. 국가는 국가로 존재하여 실제상 대부분 사람들이 복종된다는 것 자체에 의하여 일반 개인이나 단체보다도 눈에 띄는(salient) 존재이며 따라서 조정문제를 더욱 효과적으로 해결할 수 있는 입장에 있다. 한번 국가가 법령에 의하여 특정한 선택지를 지정하면 대다수 사람들은 각자 이익을 이유로 그 법령에 복종하려고 할 것이다.[21]

(3) 공공재의 공급

공공재의 공급이 문제가 되는 상황은 이른바 수인(囚人)의 딜레마 상황의 한 종류다.[22] 수인의 딜레마 상황에서는 각 당사자가 각각 독립적으로 각자에 대한 최선의 이익을 향해서 행동하면 오히려 전체적으로는 최선의 결과로 도달할 수 없다. 그러나 각 당사자가 협조해서 전체의 이익을 증대하려고 해도 너무나 당사자의 수가 많다는 것 등의 사정으로부터 상호적인 의사소통과 협조는 어렵다.

경찰, 소방, 방위 등의 전형적인 공공재는 통상적인 사적재(私的財)와 달리 소비의 배제성·경합성이 기능하지 않으므로 시장에서는 소비자가 자기 선호를 성실하게 나타내지 않고, 그렇기 때문에 적절한 공급이 이루어지지 않는다. 경찰이나 소방과 같은 서비스를 시장에서 대가와 교환으로 공급하려고 하면 그 서비스는 대가를 지불하지 않는 사람들에게도 일반적으로 미치게 되므로 자기 효용의 최대화를 요구하는 '합리적'인 개인은 모두 다 무인승차자로서 가능한 한 서비스에 무임승차하려고 할 것이다. 그리고 모든 사람이 이러한 행동을 하면 공공재를 대가에 따라서 제공하는 사업은 유지할 수 없게 되고 결국 시장을 통해서 공공재가 공급되지 않는 상태에 이르게 된다. 그 결과 아무도 그 공공재를 적절하게 입수할 수 없게 되며 모든 사람이 불이익을 입게 된다.

이런 경우 다수인의 사적(私的)인 주도권에 수반하는 사회적 협조의 곤란을 해결하기 위해서는 국가를 통해서 공공재를 공급하는 것이 적절하다. 공급의 비용은 모든 사람으로부터 공평하고 강제적으로 징수되며, 공급 범위나 양은 민주적인 절차를 통해서 결정된다. 이 경우도 국가는 원래 공공재의 공급 방법에 대하여 좋은 지식을 가진다고 주장할 필요는 없다. 사회에서의 수인의 딜레마 상황을 해결하는 점에서 국가가 사적인 개인이나 단체보다도 적절한 입장에 있다고 주장하는 것만으로 충분하다. 공공재의 공급에 관해서 사인은 각자가 자기 최선의 이익을 목표로 행동하는 것보다도 국가의 지지에 복종하는 것이 전체로는 더욱 좋은 이익을 획득할 수 있다.

이 문제와 관련해서 유의해야 할 것은 헌법상 보장된 권리 중에 사회 이익을 증대시키는 공공재로서의 성격을 가지고 있고, 그 성격을 가지고 있으므로 보장되는 권리가 있다는 것이다. 전형적인 예로는 표현의 자유를 들 수 있다. 표현의 자유가 널리 인정되고 사회에 다양한 정보가 침투해 정치를 이성적으로 판단할 수 있는 시민이 육성되며 비판이나 논의가 활발해져서 민주정치가 활성화되고 또한 다양한 인생관, 가치관이 제공되는 것으로 사람들 사이에 관용의 정신이 성장하는 것 등, 중요하고 사회전체에 미치는 이익이 실현된다. 즉 자유로운 표현활동의 이익은 표현자 개인뿐만이 아니라 사회전체에 미치는 것이며 대부분의 사람은 그것에 대해서 대가를 지불하지는 않는다. 따라서 혹시 표현의 자유의 보장범위 결정을 시장에 위임하여 각인이 얼마나 표현활동을 할 수 있는지를 각인의 지불의사(willingness to pay)에 따라 결정하려고 한다면 사회전체로서는 과소한 표현활동밖에 인정되지 않을 우려가 높다(예를 들면 표현의 자유를 일반적으로 금지한 뒤에 표현활동을 면허제하에 두고, 면허를 입찰제로 배분하는 제도를 생각하라). 이와 같은 것은 영업의 자유와 같은 경제활동의 자유에 대해서도 동일하다.

이러한 종류의 헌법상 권리가 같은 공공재이면서 의회나 정부의 그때그때 결정이 아니라 헌법으로 보장되고 사법권으로 옹호될 이유는 무엇인가. 공공재 중에는 경찰·소방 서비스의 제공이나 도로·다리의 건설 등, 일상적인 생활상의 필요나 편의에 보답하기 위해서 시의(時宜)에 따라 촉진되고 제공되어야 되는 것과 사회생활의 더욱 근저에 있으며 사회에 사는 사람들의 삶이나 사고방식의 기초를 형성하는 것이 있다. 라즈 교수가 지적하듯이 민주적인 정치체제나 그 불가결한 구성요소인 표현의 자유, 언론 보도의 자유 등은 후자에 해당한다. 그리고 이러한 가치나 이익에 대해서는 이를 헌법상의 가치라고 인정하고 그때그때 의회다수파에 의해 쉽게 변경되는 것을 허용하지 않고 정치과정에서 독립한 법원에 그 옹호를 위임한다는 제도상의 고안이 입헌주의 여러 국가에서 통상적으로 이루어져 있다.[23] 표현의 자유나 영업의 자유에 헌법상의 지위가 인정되며 더욱 극진하게 또는 더욱 희박하게 보장되는 근거는 각각 자유권의 공공재로서의 가치에 의한 것이 크다.[24]

(4) 국가 권위의 내재적 한계

국가 권위의 근거가 지금까지 말한 것처럼 뛰어난 지식 또는 조정문제나 수인의 딜레마 상황을 더 좋게 해결할 수 있는 능력에 있다고 한다면 그것에 따라 국가가 정당하게 사적 영역에 개입할 수 있는 한도가 내재적으로 정해진다.

첫째는 국가가 뛰어난 지식을 가진다는 이유로 권위를 요구하고 있는 경우에는 법령의 근거가 되는 타당한 지식이 주장되지 않는 한, 그것에 복종할 필요는 없어진다. 둘째는 법령이 조정문제 해결에 실패하여 그것과 다른 해결이 자생적 관습에 의하여 초래되는 경우에 사람들은 오히려 후자에 복종해야 하며 국법에 복종할 이유는 없다. 셋째는 국가가 공공재의 적절한 공급을 하지 않고 오히려 사회 전체의 이익 저하가 예상될 경우, 예를 들면 언론 보도의 자유를 필요 이상으로 제약하고 있는 경우에도 그 법령에 복종할 필요는 없다.

이상과 같은 경우에는 국가는 사회전체의 이익, 즉 공공의 복지에 공헌하지 않고 오히려 그것을 저하시킨다. 따라서 법원은 그러한 법령의 적용을 거부하여야 한다. 실제로 경제적 자유의 제약 입법에 대해서 위헌판단이 내려진 예를 보면 일본 최고재판소는 오히려 문제가 된 법령이 정부가 주장하는 적절한 지식·경험에 의거한 것이 아니라 오히려 사회전체의 이익 저하로 이어진다고 판단하는 것으로 보인다.[25] 그 전제가 된 것은 국가가 제3절에서 설명하는 것 같은 협의의 인권을 침해하지 않는 경우에도 공공의 복지에 위반하여 개인의 행동의 자유를 속박해서는 안 된다는 판단일 것이다. 국가는 공공의 복지에 따라야 정당히 행동할 수 있으며 그러한 타당한 근거 없이 개인 행동의 자유를 속박하는 것은 개인의 인권 침해이기 전에 국가권력의 내재적 제약을 일탈하고 있다. 즉 이러한 사건에서 재산권이나 직업선택의 자유 등의 헌법 각 조항은 실제로 공공의 복지를 유지하기 위한 근거로 이용된다. 정부가 재산권이나 직업선택의 자유를 법률로 제약할 수 있는 것은 각 조항이 명시하듯이 어디까지나 그것이 '공공의 복지'에 적합한 한도 내에서다. 법원은 이러한 '인권 조항'을 국가권력의 경계선으로 이용하고 있으며 그 경계를 지키는 것이 공공의 복지 실현에 이바지한다는 판단을 가지고 있다고 볼 수 있다. 남은 문제는 국가가 타당한 전문적 지식을 바탕으로 행동하여 적절하게 조정문제를 해결하며 공공재를 제공하고 있음에도 불구하고 여전히 국가 법령에 복종하지 않는 것이 정당화될 상황이 있을까에 대해서다. 국가 권위의 내재적 한계, 즉 공공의 복지를 촉진하는지의 여부의 판단이 개인의 인권을 침해하는지의 여부의 판단과 합치한다면 그러한 상황은 있을 수 없을 것이다. 종전의 통설 입장에서 보면 두 가지 판단은 행복에도 일치할 것이다. 따라서 '공공의 복지'의 한계는 동시에 인권의 한계였다. 그러나 그러한 사고방식은 1.(2)에서 설명하였듯이 상식에도 직관에도 반한다.

본장 이하에서는 국가 권위를 외재적으로 제약하는 것으로 개인의 인권이 존재한다는 주장을 한다. 사람들이 직면하는 실천적 문제 중에는 더욱 좋은 지식이나 타자와의 협조가 아니라 오히려 각자가 스스로 생각하고 결정하여, 스스로 그것을 하는 것 자체가 의미 있다. 이 종류의 문제에 대해서 국가가 전문적 지식이나 사회적 조정의 필요성 등을 핑계로 개입한다면 개인의 인권을 침해하게 된다.[26]

3. 인권의 한계

(1) 개인의 자율

혹시 인권보장의 근거가 통설이 주장하듯이 결국은 사회전체의 이익으로 환원된다면 공공의 복지와는 독립적으로 인권이란 무엇인가 생각할 의미는 거의 없다. 자기 인생의 가치가 사회공공의 이익과 완전히 융합하여 동일화하고 있는 예외적인 사람을 제외하고 많은 사람들에게 인생의 의미는 각각 인생을 스스로 구상하고, 선택하여 스스로 삶의 의미를 비로소 부여하게 될 것이다. 그 경우 공공의 복지로 환원할 수 없는 부분을 헌법에 의한 권리보장에서 볼 필요가 있다. 적어도 일정한 사항에 대해서는 가령 공공의 복지에 위반하는 경우에도 개인의 자율적인 결정권을 인권의 행사로 보장해야 한다. 다시 말하자면 인권에 공공의 복지라는 근거에 의거한 국가의 권위요구를 뒤집는 '트럼프'로서의 의의를 인정해야 한다.[27]

다만 개인 자율을 근거로 인정되는 마지막 수단으로서의 권리 내용과 사정에 대해서는 신중한 고려가 필요하다. 적어도 개인이 자율적으로 선택한 것이라는 이유만으로 사회전체의 이익에 반해서까지 구체적인 행동의 자유가 보장된다고 하기는 어렵다. 개인이 자기가 선택한 목표 실현을 위하여 행동하려고 할 때 다른 사람들은 반드시 그것을 원조해야 할 의무나 그것으로부터 생기는 코스트를 수인(受忍)해야 할 의무를 지는 것이 아니다. 예를 들면 이웃집 사람이 베토벤의 피아노 소나타를 모두 치고 싶다는 결의를 하고 그것을 실행하였다고 하더라도 개인적으로 그(그녀)를 원조해야 된다든가 어떤 이유가 있어도 그것을 방해해서는 안 된다고 할 수는 없다. 이러한 행위는 그것이 자율적으로 선택되었어도 선택한 사람에게만 가치가 있

는 행위일 뿐, 누구에게나 가치가 있는 행위라고 할 수는 없다.[28]

개인의 자율적 선택은 일반적으로 그것에 근거한 개별 구체적인 행동의 자유의 기초일 수는 없다. 그 사람 자신에만 의미 있는 행동에 대하여 사회전체적인 누구에게도 공통된 가치를 뒤집는 '트럼프'로서의 의의를 인정하기는 어렵다. 게다가 자신이 결정한 것에 대하여 모두 그것을 실행할 자유를 인정한다면 그러한 광범위하고 무내용·무한정한 자유는 사회생활의 모든 국면에서 충돌을 반복할 것이다. 그렇기 때문에 실정법규에 의하여 그러한 충돌을 조정하고 해결하는 것이 필요하다. 즉 구체적 행동의 자유를 널리 인정하는 일반적인 자유는 넓은 입법에 의한 제약을 전제로 비로소 성립된다. 이러한 넓은 제약을 존립의 전제로 하는 자유는 '트럼프'로서의 권리일 수는 없다.

'트럼프'로서 기능하는 것이 인정되는 권리이기 위해서는 어떤 개인이라도 그 사람이 자율적으로 살려고 한다면 다수자의 의사에 반해서라도 보장받고 싶은 그러한 권리이어야 한다. 그러한 권리가 혹시 있다면 개인 인격의 근원적인 평등성이야말로 이러한 권리의 핵심일 것이다. 타인의 권리나 이익을 침해하고 있기 때문이라는 '결과'에 주목한 이유가 아니라 자신이 선택한 삶이나 사고방식이 근본적으로 틀리기 때문이라는 이유로 부정되고 간섭당할 때 그러한 권리가 침해받고 있다고 할 수 있다. 이러한 제약은 그 사람을 나머지 개인과 동등의, 자신의 선택에 의거하여 자신의 인생을 이성적으로 구성하고 행동할 수 있는 인간으로 간주하고 있지 않다는 것을 의미한다.

예를 들면 음란물은 도덕적으로 타락한 것이기에 그 출판을 금지한다는 것은 정당하고 그 때문에 그 출판을 금지하는 것이 정당하다는 이유는 음란물 독자의 도덕적인 자율성 부정 위에 성립되어 있으며 여기서 말하는 '트럼프'로서의 권리를 침해하게 된다. 또한 마르크스주의는 틀린 이론이기 때문에 마르크스주의 학설 발표는 금지할수 있다는 이유부여도 마찬가지로 개인의 자율적인 판단을 정부가선취(先取)하려고 하는 것이다. 이러한 종류의 법률은 개인의 근원적인 평등성을 부정하고 있다. 개인은 각각 자신의 사고방식에 따라서자유롭게 그 삶을 결정하여 스스로 살아가야 하는 존재이므로 이 점에 관한 한 어떤 차별도 인정될 수는 없다.

이리하여 개인의 자율에 의거한 '트럼프'로서의 권리는 개개인의구체적인 행동의 자유를 직접 보장한다기보다는 오히려 특정한 이유에 의거하여 정부가 행동하는 것 자체를 금지하는 것이라고 생각할수 있다. 이러한 의미에서의 '트럼프'로서의 권리는 모든 문제에 대하여 사회의 추세에 순응해서 살려고 하는 사람들에게, 또한 실제로사회 다수파와 같은 사고방식을 가지는 사람에게는 가치가 없는 권리일 것이다. 그것은 소수자에게만 의미 있는 권리일 것이다.[29]

(2) '트럼프'로서의 인권과 공공의 복지에 근거한 권리

'인권'이라는 말은 다양한 의미로 사용되며 현재에는 헌법상 보장된 권리를 모두 인권이라고 하는 용법이 일반적이다. 그러나 개인이생래적으로 국가 성립 이전의 자연상태에서도 향유하였을 권리라는인권의 원래 의의에 입각해서 말하면 개인의 자율을 근거로 하는'트럼프'로서의 권리만을 인권이라고 부르는 것이 더욱 적절하다.

앞에서도 언급하였으나 헌법상 권리 중에는 공공재로서의 성격때문에 보장되어야 할 권리도 있다. 또한 판례를 보면 가끔 공공의복지에 적합한지 여부의 관점에서 헌법상 권리가 침해되는지 여부가판정되었다고 할 수 있다. '공공의 복지' 관점에서 판단을 뒤집는 '트럼프'로서의 성격을 가지는 권리가 존재한다는 것 자체는 '공공의 복지'를 근거로 하는 권리의 존재를 부정해야 한다는 것을 의미하지 않는다. 오히려 헌법상 보장된 권리는 '트럼프'로서의 인권과 공공의 복지에 의거한 두 가지 종류의 권리가 있다는 것을 인식하여야 한다.

이른바 '영업의 자유' 논쟁을 제기한 오카다(岡田与好)교수의 논의 핵심에는 헌법상 보장된 경제적 자유는 기본적 인권으로서의 개인적 자유의 불가결의 일부를 형성하는 부분과, 공공의 복지 관점에서 보는 정책적 선택의 결과로 보장되고 때로는 사회 구성원에게 강제되는 부분으로 구성된다는 주장이 있었다.[30] 본장 틀에서 보면 전자는 '트럼프'로서의 인권이며, 후자는 공공재로서의 헌법상 권리다. 이러한 복합적인 성격은 경제적 자유만이 아니라 표현의 자유와 같은 전형적인 정신적 자유권에 대해서도 볼 수 있다. 예를 들면 매스미디어에 인정되는 보도의 자유는 매스미디어가 법인이고 개인은 아니라는 이유만 보아도 개인의 자율을 근거로 하는 '트럼프'로서의 인권은 있을 수 없다. 언론 보도의 자유는 그것이 민주적 정치과정의 유지에 공헌하여 생활에 필요하고 다양한 정보를 공급한다는 등의 사회 전체의 이익을 이유로 극진하게 보장되어야 될 권리이며 혹시 그 같은 이유가 방송제도의 규제에도 보이는 것처럼 자유의 제약을 요청할 때는 정당히 제약되어야 될 권리다. 공공의 복지라는 개념은 어떤 헌법상의 자유를 제약하는 근거가 되는 한편에서 그 자유를 더욱 두텁게 보장할 이유도 된다.

일본에서는 '법인의 인권'이라는 개념하에 정치활동의 자유도 포함한 헌법상의 권리를 법인에 인정하려고 하는 논의가 유력하였다. 헌법상의 권리를 가지는 복합적 성격에서 보면 법인에 인정하는 것이 허용된 것은 그 중에서 개인의 자율을 보장하려고 한 관점으로부터 오히려 강대한 사회적 권력인 법인으로부터의 자유를 개인에게 인정

하는 수단으로 '인권규정의 사인간 효력'이 중시되게 된다.[31]

(3) '인권규정'의 '사인(私人)간 효력'

사인간에서의 '인권규정'의 효력 문제는 '법의 지배'의 사정(射程) 문제로 이해할 수 있다. 여기서 말하는 '법의 지배'란 근대 입헌주의의 요청을 포괄적으로 가리키는 것이 아니다. 그것은 법이 공시되고 명확한 것, 불가능한 행동을 요구하지 않는 것, 사후입법이 금지되는 것, 과도하게 불안정하지 않는 것, 법이 상호적으로 충돌하지 않는 것, 개별법이 일반적 추상적 법으로 정립되는 것, 독립한 법원에 의한 공평한 적법성 심사로 접근이 보장되는 것 등, 한 국가의 법질서에서 법이 법으로 기능하기 위한 요청, 다시 말하면 사람이 법에 복종하기 위한 최소한의 조건이 정리되어 있다는 요청이다.[32]

이 요청은 사인에 대하여 행동의 귀결에 관해서 예측 가능성 보장하고 있다. 그것이 보장되어서 비로소 사람의 자의에 의해서가 아니라 법에 의한 지배가 이루어져 있다고 할 수 있다. 예측 가능성을 보장할 수 없는 통치는 공정(fair)하다고 할 수는 없다. 그리고 사인에 대하여 행동의 예측 가능성을 보장하는 것은 결과적으로 사회의 후생 최대화에 공헌하고 개인의 자율적인 삶을 보장하는 것에 이바지한다. 예측 가능성이 보장된 사인은 각자 효용의 최대화를 목표로 한 계산과 그것에 의거한 행동이 가능해지며, 그것은 결국 사회전체의 후생 최대화가 된다. 또한 자기 행동이 어떠한 법적인 결과를 도출하는지 알게 되어서야 비로소 개인은 자율적인 인생의 선택이 가능하게 된다.

인권규정의 사인간 효력 문제란 이러한 법의 지배의 요청을 충족한 기존의 법질서를 전제로 하여 성립되는 사인의 행동에 국가가 '인권' 조항 위반을 이유로 특별하게 개입하고 법률행위의 효력을 부정하는 것이 타당한지 여부의 문제이다.[33] 헌법상의 권리조항은 사법상의 여러 규정과 달리 법적 결론을 all-or-nothing으로 결정하는 명확한 내용을 가지지 않는다. 그것은 일정한 방향으로 법적 결론을 도출하는 지침으로 기능하고 다른 방향으로 기능하는 나머지 지침과 충돌할 수 있다. 각각 지침에 부여해야 할 중요성은 개별구체적 사정에 따라서 비로소 정해지므로 어떤 지침을 고려한 결과를 사안을 떠나서 추상적으로 예측할 수는 없다. 드워킨 교수의 용법을 사용한다면 헌법상의 권리는 준칙(rule)이 아니라 원리(principle)에 불과하다.[34] 원리는 준칙과 같은 의미로 '적용'되는 것이 아니라 구체적인 사안에 따라서 '고려'되는 것이다. 헌법상 권리의 중요성과 사정(射程)은 명확한 결론을 가리키는 형식적인 룰 집합에는 환원될 수 없다.[35]

사법(私法)행위의 효력을 판정할 때 헌법상 권리조항에 반하는지 여부라는 고려를 가한다면 사인의 예측가능성은 어느 정도 저하될 것이다. 물론 앞에서 말한 것 같은 좁은 의미의 법의 지배 요청은 그것을 완전한 형식으로 충족하는 것은 원래 불가능하다는 것에 주의할 필요가 있다. 헌법조항의 사인간 효력이 문제가 되는 사건에서는 그 타당한 해결에 대하여 전문 법률가들도 결론이 대립할 수 있는 사안이며 예측되어야 할 법적 결과 자체가 원래 논쟁의 대상이 된다. 또한 법의 지배의 요청은 법체계가 충족하여야 할 유일한 요청이 아니라 마찬가지로 법체계가 충족되어야 할 다른 요청과 충돌할 수 있다. 헌법상의 권리가 법체계 전체에서 존중되어야 하는 것은 그러한 다른 요청의 하나다.[36]

혹시 기존의 법질서를 전제로 하는 사인의 행동에 국가가 '인권' 조항 위반을 이유로 특별히(ad hoc) 개입하여 법률행위의 효력을 부정하는 것을 기본적으로 긍정한다면 그것을 헌법규정의 직접적인 '적용' 결과로 설명하는지 아니면 일본민법 제90조를 비롯한 사법상의 일반조항의 해석적용 문제로 처리하는지는 그렇게 중요하지 않다. 헌법규정이 직접적으로 고려할 수 있다는 것이 명시되고 예고되면, 사인은 그것을 전제로 효용계산을 하고 선택할 뿐이다. 헌법조항과 마찬가지로 원리를 정함에 불과한 일본 민법 제90조의 문제로 처리될 경우와 비교하여 법의 명확성과 예측 가능성에 대하여 그 정도 차이가 있다고 생각하기 어렵다. 따라서 판례·통설이 '간접적용설'을 취한다면37) 굳이 그것에 의의를 주장할 필요는 없다.

헌법규정의 사인간 효력이 문제가 될 경우, 통상적으로 한 쪽 당사자는 강대한 사회적 권력을 가지는 주식회사, 대학, 노동조합 등의 법인이다. 이러한 경우 개인 선택의 자유를 보장한다는 관점에서 법인(法人)에 대한 법의 지배의 보호를 관철할 필요는 없다. 법의 지배에 의한 법인의 보호가 더 요청된다면 사회적 상호작용을 조정하고 사회의 후생의 최대화를 도모한다는 공리주의적 관점에서 설명되어야 한다.

이에 대하여 법인과 대립하고 있는 당사자의 권리가 개인의 자율을 근거로 하는 '트럼프'로서의 인권이라면 직접적용이든 간접적용이든 그 인권을 보장해야 한다는 결론이 도출될 것이다. 이러한 의미에서 인권은 국가 성립 이전 자연상태에서도 누구에 관해서도 주장할 수 있는 권리이며 대국가 방어권으로 머물지는 않는다. 당연히 사회적 권리인 법인에 관해서도 주장할 수 있을 것이다.

다른 한편, 문제가 되어 있는 개인의 권리가 일반적인 행동의 자유이거나 공공재로서 헌법으로 특히 보장되어 있는 것 같은 권리라면 대립하는 법인의 이익관의 비교형량이 필요하게 된다. '트럼프'로서의 인권이 문제가 되는지의 여부는 3.의 (1)에서 말한 바와 같이 어떤 이유에 의거하여 사인의 자유의 판단이 제약되는지에 따라 판단되어야 될 부분이 크다. 물론 그 판단은 과연 당해 법인의 설립·

운영의 목적이라는 관점에서 문제가 되는 자유의 제약이 합리적으로 설명할 수 있는지 여부의 판단과 중복하는 것이 많을 것이다. 후자의 대답이 부정적이라면 사회적 권력에 의하여 개인의 근원적인 평등성이 부정된다는 추측이 성립한다고 생각한다.[38]

4. 일본헌법 제12조, 제13조의 구조

(1) 헌법 제12조*의 의미

이상과 같은 사고방식에서 보면 헌법 제12조 및 제13조는 무엇을 요구하는 것으로 생각할 수 있을까?

일본 헌법 제12조는 '이 헌법이 국민에게 보장하는 자유 및 권리'에 대해서 국민은 "항상 공공의 복지를 위하여 이를 이용하는 책임을 진다"라고 한다. 여기서 말하는 '국민의 자유 및 권리'가 앞에서 말한 개인의 자율을 보장하기 위한 자유나 권리를 의미하고 있다고 생각할 수는 없다. 개인의 자율을 보장할 권리의 범위가 항상 공공의 복지에 의하여 지배되고 확정된다는 사고방식은 헌법 제13조 전단에서 말하는 '개인의 존중' 원리와 정면충돌한다. 이 원리와 정합할 수 있게 제12조를 해석하려고 한다면 거기서 말하는 '국민의 자유 및 권리'는 인류 보편의 인권이 아니라 '이 헌법이 국민에게 보장하는 자유 및 권리'라고 해석해야 한다.[39] 인류보편의 그리고 개인의 존중 원리로부터 당연히 도출되는 '인권'에 더하여 헌법이 특히 '국민'에 대하여 일정한 '자유 및 권리'를 보장하는 이유는 그것이 인권의 더욱 유효한 보장에 이바지하기 때문이고 그 보장이 뭔가 공공의

---

* 일본 헌법 제12조 이 헌법이 국민에게 보장하는 자유와 권리는 국민의 부단한 노력에 따라 이를 보호해야 한다. 또한 국민은 이를 남용해서는 아니 되기 때문에 항상 공공 복지를 위해 이를 이용할 책임을 진다.

복지 실현에 이바지하기 때문이라는 수단적인 권리로 보장한다는 이유로 귀착(歸着)할 것이다.

헌법 제12조가 말하는 것은 이러한 헌법이 특히 국민에게 부여한 자유 및 권리가 그 보장의 근거로부터 공공의 복지에 반할 수 없다는 것을 명확하게 한 것이라고 해석할 수 있다. 반대로 말하면 항상 공공의 복지를 위하여 이용되어야 될 권리·자유를 이 헌법이 특히 인권에 더하여 국민에게 부여하고 있다는 취지를 제시하게 된다. 이러한 권리·자유로서는 언론에 부여된 보도의 자유나 영리목적의 법인에 부여된 영업의 자유를 예로 들 수 있을 것이다. 법인은 자연인과 달리 '트럼프'로서의 인권을 향유할 이유는 없다. 법인이 향유할 수 있는 것은 공공의 복지를 근거로 하여 특히 헌법에 의하여 부여된 권리뿐이다.

(2) 헌법 제13조*의 의미

다른 한편, 헌법 제13조 후단은 '생명, 자유 및 행복추구에 대한 국민의 권리'에 대한 '입법 기타 국정 위'에서의 존중에 관하여 '공공의 복지에 반하지 않는 한'이라는 조건을 두고 있다. 앞의 논의와 정합적으로 이 조항을 이해할 하나의 길은 이 조항이 '입법 기타 국정'만에 관한 지침을 둔 것이며 법원에 의한 재판의 기준을 부여하려고 하는 것은 아니라는 것이다. 입법, 행정 등 국정을 담당하는 정치부문의 국가기관이 제1차적으로는 공공의 복지 실현을 위하여 노력하여야 하고 그것에 적합한 조직과 결정방법을 취하는 것은 일반적으로 받아들여진 견해일 것이다. 그렇다면 제13조는 그러한 제1차적

---

* 일본 헌법 제 13조 모든 국민은 개인으로서 존중된다. 생명, 자유 및 행복 추구에 대한 국민의 권리는 공공의 복지에 반하지 않는 한 입법 기타의 국정에서 최대의 존중을 필요로 한다.

임무에 더하여 동시에 그 임무에 반하지 않는 한도 내에서 생명, 자유 및 행복추구에 대한 국민의 권리 일반에 대해서도 이를 최대한 존중하여야 하는 것을 정치부문에 대해서 요청하는 것으로 생각된다. 앞에서 본 것 같은 개인의 자율을 보장하는 인권을 공공의 복지 요구에 저항해서라도 보호해야 할 임무는 정치부문보다는 사법기관에 위임하여야 한다. 개개의 당사자 청구에 응하여 절차를 시작하고 개별적인 사정이나 이유를 하나하나 감안하여 사건마다 해결을 내리는 사법기관이야말로 이러한 임무를 적절하게 할 수 있다. 물론 이러한 해석은 13조 후단에서 재판 규범성을 인정하려고 하는 통설 입장과 충돌한다는 난점이 있다.[40]

더욱 설득력이 있다고 생각되는 다른 하나의 해석으로 '입법 기타 국정'은 사법도 포함하지만 '생명, 자유 및 행복추구에 대한 국민의 권리'는 개인의 자율을 보장하기 위한 인권이 아니라 이른바 일반적인 행동의 자유를 가리키고 있다는 사고방식이 있을 수 있다. 앞에서 말했듯이(1의 (2) 및 3의 (1)), 이러한 일반적인 자유는 상호적으로 광범위하게 충돌할 가능성이 있기 때문에 법원을 포함한 국정상의 기관은 이 충돌을 조정하여 대립과 마찰을 최소화하기 위한 지침을 사회생활의 룰로 확립할 필요가 있다. 시장의 거래 룰이나 도로·공원 등의 공공 장소 이용을 조정하는 룰이 그 전형이다. 일반적인 자유는 이러한 룰 확립에 의하여 비로소 그 효용을 발휘하여 사람들에게 정당한 기대와 행복추구의 기회를 부여할 수 있다. 이러한 사고방식에서 보면 일반적 자유에 관한 국정상의 규율이 공공의 복지와 양립하는 것은 명확하다. 그리고 헌법이 이러한 일반적인 자유를 특히 국민에 대하여 인정한 목적은 헌법상의 권리에 대하여 널리 해당할 수 있도록[앞에서 서술한 2절의 (4)] 국가권력의 활동범위를 공공의 복지와 적합한 범위 내에 억제하는 것에 있다고 해석할 수 있다.

헌법은 국가권력이 공공의 복지가 허용하는 범위 내에서만 할 수 있도록 국민에 대하여 일반적 자유를 부여하고 국가권력 측에 이 자유의 제약을 정당화해야 할 책임을 부과한 것이라고 생각할 수 있다.

이 둘째 해석에 따른다면 제13조 전단과 제13조 후단은 각각 다른 권리에 대해서 규정을 두고 있기에 이루어진다. 첫째, 둘째 어느 해석이든 사생활의 권리 등 개인의 자율 핵심에 관한 권리는 제13조 후단이 아니라 제13조 전단에 의하여 보장된다고 보게 된다.[41] 게다가 제13조 전단은 개인의 자율을 보장하는 '트럼프'로서의 권리의 존재를 일반적으로 선언한 원칙적 조문으로 받아들여야 한다. 다른 한편 제13조 후단은 국가권력이 공공의 복지에 적합한 범위 내에서만 행사되어야 한다고 일반적으로 정한 규정으로 이해할 수 있다.

5. 맺음말

본장 내용을 요약하면 다음과 같다.

첫째는 공공의 복지를 상호적으로 충돌하는 인권을 조정하는 실질적 공평의 원리로 이해하는 지배적 견해에 대해서는, 공공의 복지의 이해라고 하거나 인권의 이해라고 하여도 중대한 의문을 제기할 수 있다.

둘째는 국가권력의 정당성 근거로 공공의 복지를 파악한 경우 그것을 실질적으로 지지하는 것은 국가의 전문적·기술적 지식의 존재나 조정문제 및 수인의 딜레마 상황을 적절하게 해결할 수 있는 국가의 능력이라고 생각할 수 있다. 국가권력의 정당성은 이러한 실질적 이유의 타당성에 의하여 내재적으로 한계가 있다.

셋째는 개인의 자율을 근거로 하는 인권은 공공의 복지에 의거한 국법의 권위를 뒤집는 '트럼프'로 기능한다. 헌법상의 권리는 이 '트럼프'로서의 인권과 공공재로 보장되는 권리로부터 복합적으로 구성된다.

넷째는 헌법 12조 및 13조는 어느 쪽이나 본장의 논의와 정합적으로 이를 이해할 수 있다. 이 경우 12조는 공공의 복지를 근거로 특히 국민에게 헌법상 인정된 여러 권리는 그 성격상 공공의 복지에 따라서 행사되어야 한다고 제시하는 한편, 제13조 전단은 개인의 '트럼프'로서의 인권을 보장하는 것으로 해석된다. 게다가 제13조 후단은 국가권력의 행사를 공공의 복지에 적합한 경우로 한정하기 때문에 일반적인 행동의 자유가 국민에게 인정된다는 취지를 규정한 것이라고 이해할 수 있다.

□ 참고

1) 芦部信喜 『憲法学 Ⅱ』(有斐閣, 1994) 188-200頁.

2) 美濃部達吉 『日本国憲法原論』(有斐閣, 1948)166および196頁. 柳瀬良幹 『憲法と地方自治』(有信堂, 1954) 160頁.

3) 芦部·前掲註1, 88-90頁参照.

4) 法学協会 『註解日本国憲法(上)』(有斐閣, 1953) 293-98頁. 鵜飼信成 『憲法』(岩波書店, 1956) 72-76頁.

5) 芦部·前掲註 1, 192-194頁参照.

6) 宮沢俊義 『憲法 Ⅱ 〔新版〕』(有斐閣, 1974) 228-39頁. 芦部·前掲註1, 195-96頁.

7) 芦部·前掲註1, 198-200頁. 浜田純一 「基本権の限界」杉原泰雄編 『憲法学の基礎概念 Ⅱ』(勁草書房, 1983). 2중 기준의 정당화 근거에는 다양한 논의가 있다. 이 점에 대해서는 長谷部恭男 『権力への懐疑』(日本評論社, 1991) 第5章을 参照. 판례도 적어도 일반론으로는 2중 기준을 받아들이고 있다. 예를 들면 "헌법은 국가의 책무로 적극적인 사회경제정책의 실시를 예정하고 있다고 할 수 있으며 개인의 경제활동의 자유에 관한 한 개인의 정신적 자유 등에 관한 경우와 달리 앞의 사회경제정책 실시의 한 수단으로 이에 일정한 합리적 규제조치를 강구하는 것은 원래 헌법이 예정하고 허용하는 것"이라고 하는 최고재판소의 도매상조정특별조치법판결(小売商業調整特別措置法判決)(最大判昭和47年11月22日刑集26巻9号586頁)이 있다.

8) 미야자와(宮沢) 교수에 따르면 "각인의 인권의 향유 및 그 주장에 대하여 뭔가의 제약이 요청된다면 그것은 항상 남의 인권과의 관계에서이어야 한다. 인간 사회에서 어떤 사람의 인권에 대하여 규제를 요구할 권리가 있는 것으로는 남의 인권 이외에 있을 수 없기 때문이다." 宮沢·前掲註6, 229頁.

9) 이 점에 대해서는 長谷部·前掲註7, 第6章3을 参照. 공공의 복지가 상호적으로 충돌하는 복수 인권으로 환원한다는 통설의 사고 모델은 실은 일본 헌법 제3장이 가지는 어떤 특징에 상응하는 것이다. 헌법 제3장의 인권선언에서 게재되는 '권리' 중에는 "건강하고 문화적인 최소한도 생활을 영위할 권리", "능력에 따라서 평등하게 교육을 받을 권리" 또는 "근로의 권리"처럼 권리라기보다는 오히려 국정(國政)이 그 실현을 목표로 하여야 하고, 사회 전체로서의 복지후생의 목표를 가리키고 있다고 생각하는 것이 많다. 이러한 목표가 헌법 조문에 제시된다는 것은 입법권이나 행정권의 재량을 제약하는 재판상의 규범이 될 가능성을 함의하지만 이것은 원래는 공공 복지의 일환으로 생각되어야 할 것이다. 따라서 적어도 헌법 제3장의 인권선언의 1부는 공공 복지의 1부를 구성하고 있다고 할

수 있다(이 점에 대해서는 세계인권선언에 관한 존 피니스 교수의 분석을 참조하기 바란다. J. Finnis, Natural Law and Natural Rights(Oxford University Press, 1980), pp. 214-25).

다만 거기서 바로 인권선언에 게재되는 권리는 모두가 공공 복지의 일환임에 틀림없다든가, 전체적으로의 공공 복지에 의하여 모든 권리 행사가 제약된다는 결론이 도출되는 것이 아니다. 국가가 실현해야 할 공공 복지에는 명확히 개인 권리에는 환원할 수 없는 것이 포함되어 있으며 제2절에서 가리키듯이 그것을 실현하는 것은 국가의 권위 정당성의 기초를 만드는 국가의 제1의적인 임무라고 생각할 수 있다. 공공 복지라는 개념은 농담이 아니다. 사회에서의 일정한 위생수준의 유지나 관용한 정신이 침투되는 것, 타자가 성적 충동에 의하여 행동하거나 폭력을 행사하지 않을 것이라고 기대할 수 있는 생활환경, 어느 정도까지 계약이 지켜지고 재산이 침해될 위험도 작다는 예측이 성립하는 상황, 맹렬한 소음이나 더러운 공기에 노출되지 않고 생활할 수 있는 환경, 이것은 모두 다 개개인의 권리에는 환원할 수 없는 사회의 모든 구성원에게 마찬가지로 향수될 수 있는 공공재이며, 다시 말하면 공공 복지이다.

10) 山本桂一 「公共の福祉」『日本国憲法体系8巻』(有斐閣, 1965)의 분석을 보기 바란다. 또한 樋口陽一 『憲法〔改定版〕』(創文社, 1998) 192-95頁도 참조하기 바란다. 양자가 지적하듯이 판례는 일관적으로 헌법 13조의 의한 공공 복지의 제약은 모든 것을 할 수 있는 일반적인 행동의 자유를 먼저 전제로 하고 있다는 입장을 취하였다. 예를 들면 식량긴급조치령 제11조의 합헌성에 관한 사건에서 최고재판소는 "신헌법하의 언론의 자유라고 하더라도 국민이 무제약하게 제멋대로 허용되는 것이 아니며 항상 공공의 복지에 의하여 조정되어야 된다."라고 한다(最大判昭和24年5月18日刑集3巻6号839頁). 또한 内野正幸 『憲法解釈の論理と体系』(日本評論社, 1991) 325-26頁는 명확히 공공 복지에 의한 제약이 일반적인 행동의 자유를 전제로 하고 있다는 입장을 취해야 한다고 한다. 우치노(内野)씨가 그 이유로 내세우는 것은 그렇게 생각하지 않는 한 국가가 뭔가의 정당화를 필요로 하지 않고 개인의 자유를 제약할 수 있는 범위가 확대된다는 점이다. 그러나 이 문제는 2의 (4)에서 말하는 것처럼 국가는 공공 복지가 요청하는 범위 내에서밖에 행동할 수 없다고 생각하는 것으로 해결할 수 있다.

11) 주10에서 기재한 야마모토(山本)와 히구치(樋口) 교수의 분석을 보기 바란다. 프랑스 인권선언 제2조는 "모든 정치적 결합의 목적은 생래적이고 불가양의 인권 보장에 있다"라고 한다. 또한 존 로크의 정부이론(Two Treaties of Government, 2nd ed. by P. Laslett(Cambridge, 1967)에 따르면 "사람이 그 생래적인 자유를 포기하여 시민사회의 구속을 받게 되는 유일한 방법은 타인과 합의하여 하나의 공동사회에 가입하여 결합하는 것이지만, 그 목적은 각각 자기에게 고유의 것(properties)을 안전하게 향유하고 사회 밖의 사람에 대하여 더 큰 안전성을 유지

하는 것을 통해서 상호적으로 쾌적하고 평화로운 생활을 보내는 것에 있다"(Bk. II, ch. VIII, para. 95). 그 때 사람들은 자연권으로 "자기 자신의 생명을 끊거나 타인의 생명이나 재산(property)을 빼앗는 것 같은 절대적이고 제멋대로의 권력을 자기 자신이나 타인에 대해서도 가지지 않기" 때문에 사람들로부터 그 권리를 위임받는 입법권에도 그러한 권리는 포함되지 않으며, 그 사정(射程)은 "사회의 공공선(public good of the Society)에 한정된다(Bk. II, ch. XI, para. 135).

통설의 모델에 합치하는 것은 오히려 홉스가 그리는 자연상태이다. 만인이 만인과 싸우는 자연상태에서는 "모든 사람이 모든 것에 대하여 서로의 신체에 대해서조차 권리를 가지기" 때문에 어떤 권리도 안전하게 확보할 수는 없다(Thomas Hobbes, Leviathan, ch. 14).

12) 이것은 홉스의 결론이기도 한다. 사람들이 전쟁상태를 벗어나기 위해서는 그 권리를 모두 포기하고 주권자에게 복종하여야 한다. 그 때 국민에게는 주권자에 의하여 행동을 규제되지 않는 한도 내의 자유가 남는다(ibid, chs. 17 & 21). 일반적인 행동의 자유론 극복의 시도로 오쿠다이라 야스히로(奧平康弘) 교수의 표현의 자유에 대한 검토가 있다(『なぜ「表現の自由」か』(東京大学出版会, 1988)第1章). 그것은 왜 표현의 자유를 극진하게 보장할 이유가 있는지 그 근거를 찾고 그것에 따라서 보장의 범위와 정도를 재검토하려고 하는 것이며, 일반적인 행동의 자유의 일환으로 표현의 자유를 파악하고 그 제약의 근거를 검토하려고 하는 종래의 고찰방법과는 출발점을 달리한다. 또한 교수의 논의는 표현의 자유의 근거로 사회전체의 이익에 속하는 것과 개인의 자율을 이유로 하는 것의 두 가지가 있다는 것을 제시하고 있으며(同書 59頁), 그 점에서도 시사점이 많다. 이 점에 대해서는 앞의 3의 (2) 참조.

13) 국법은 사람들에게 명령하고 의무화하는 것 이외에도 사람에게 권리 자유를 보장하여, 의무를 해제하여, 또는 권한을 부여할 때가 있다. 그러나 권리 자유의 보장이란 그것을 침해하지 않도록 다른 주체를 의무화하는 것이며 권한의 부여란 부여된 사람의 명령에 복종하도록 다른 주체를 의무화하는 것이다. 또한 의무의 해제가 일반적인 의무화를 전제로 하는 것은 자명하다. 이리하여 국가의 권력적인 활동은 모두 의무화의 작용에 환원(還元)할 수 있다.

14) J. Raz, Authority and Justification, Philosophy and Public Affairs, vol. 14(1985), pp. 3ff.

15) J. Raz, supra note 14, p. 14. 의존 테제란 권위에 의하여 명령받는지의 여부에 따라 수신인이 해야 할 행동에 아무 변화가 생기지 않는다는 것을 의미하는 것이 아니다. 다음의 통상 정당화 테제에서 보면 권위의 존재는 수신인이 해야 할 행동에 명확히 변화를 초래하고, 주16에서 말하는 제3의 테제가 주장하듯이 권위의 명령이 종전의 이유에 대체한다고 생각한다면 가령 권위의 명령이 틀렸다고

하더라도 수신인은 그 명령에 복종해야 할 이유가 있다는 것이다. 이 점에 대해서는 J. Raz, pp. 15-18 above 참조.

16) J. Raz, supra note 14, pp. 18-19. 라즈는 이것 이외에 권위가 있는 행동을 명하고 있다는 것 자체가 그 행동을 하는 이유가 되며, 그 이유는 명령 이전에 독자적으로 존재하였다는 이유로 대체된다고 하는 더욱 논의를 초래하는 테제(These)도 제시하고 있다. 예를 들면 법원의 판결은 청구의 사실상 및 법률상의 당부를 바탕으로 내려지지만 한번 판결이 확정되면 원래 청구의 당부와 상관없이 당사자는 판결에 따라서 행동할 의무를 지게 된다. 이 때 하트처럼(H.L.A. Hart, Essays on Bentham(Oxford University Press, 1982), p. 253), 권위에 복종하는 사람은 권위와 독립적으로 행동의 적부에 대하여 판단하는 것 자체를 차단한다는 강한 주장을 할 필요는 없으며, 판단의 당부와 상관없이 행동이 권위의 명령에 적합한 것만으로 충분하다.(cf. J. Raz, pp. 7-8 above), 이 셋째 테제에 대해서는 여러 가지 비판과 논의가 있으나(cf. J. Raz, pp. 25-27 above), 현재 문맥에서는 우리는 이 테제에 찬동할 필요도 또한 그것을 검토할 필요도 없다. 또한 長谷部·前揭註 7, 第2章4-B는 하트 및 예전의 라즈가 취한 강한 주장에 따라서 셋째 테제를 논하고 있다.

17) 물론 이것 이외에 국가에 복종해야 할 이유가 없다고 할 수는 없다. 그러나 그러한 이유가 있다고 하더라도 그것은 예외적이고, 국가로서는 그 존재를 증명할 무거운 주장·입증의 책임을 지게 될 것이다.

18) A. Marmor, Interpretation and Legal Theory(Oxford University Press, 1992), pp. 123, 177-78.

19) J. Raz, Morality of Freedom(Oxford University Press, 1986), p. 49. 또한 조정문제에 대해서는 長谷部·前揭註7, 第2章2-C 및 第3章 3-A 參照.

20) D. Hume, A Treatise on Human Nature, ed. L. A. Selby-Bigge, 2nd ed. revised by P. H. Nidditch(Clarendon Press, 1978), bk. III, pt. II, sec. ii.

21) 2의 (3)에서 말하는 수인의 딜레마 상황도 포함한 넓은 의미에서 조정문제라는 개념을 사용하는 예도 있다. 예를 들면 존 피니스는 조정문제라는 개념을 원래 그것이 유래하는 게임 이론적인 좁은 의미로 사용하는 것이 아니라 당사자의 이익이 반드시 일치되지 않는 상황도 또한 개별적인 당사자의 이익이 아니라 사회전체의 이익이 사람들에 의하여 추구되어 있는 상황을 포함한 넓은 의미로 사용해야 한다고 하며, 그러한 조정문제 상황을 해결하는 것이 법의 권위를 설명하고 정당화한다고 주장한다. 장기적으로 보면 사람들의 입장은 상호적으로 바뀌기 때문에 이해가 대립하는 상황에 대해서도 그 해결이 가리켜지는 것이 중요하다는 것이 그 이유다(J. Finnis, supra note 9, p. 255; J. Finnis, Law as Co-ordination, Ratio Juris, vol. 2, no. 1(1989)). 그러나 이렇게 조정문제의 의미내용

을 희박화하면 그 정당화의 힘에 대해서도 의심스러워진다.

현실 세계에서는 조정문제와 수인의 딜레마 상황은 상호적으로 복잡한 형식으로 발생하며 사람에 따라 어떤 문제를 조정문제로 보는지 수인의 딜레마로 보는지는 달라질 수 있다. 또한 많은 사회문제는 '애인의 다툼(Battle of the Sexes' game)' (예를 들면 데이트하는 2명의 애인 중에서 여자는 권투를 남자는 배구를 각각 좋아하지만 각자 혼자서 좋아하는 것을 보러 가는 것보다는 함께 데이트하는 것을 선호한다는 상황)에서 제시하는 것처럼 대립하는 사람들이 사회적인 협력을 포기하지는 않지만 합의를 자기가 좋아하는 방향으로 바꾸고 싶다고 생각하는 것으로 생기는 것이며, 어떤 사람에게 순수한 조정문제 상황이 생기는 것은 오히려 드물다고 생각할 수 있다. 그러나 이념형으로 조정문제와 수인의 딜레마 상황을 구별하고 논하는 것은 사회적인 협조 방법을 이해하기 위해서 의의가 있다고 생각할 수 있다. 이상의 점에 대해서는 G. Postema, Bentham on the Public Character of Law, Utilitas, vol. 1, no. 1(1989), pp. 49-56 참조.

22) 수인의 딜레마와 권위의 관계에 대해서는 E. Ullman-Margalit, The Emergence of Norms(Oxford University Press, 1977), ch. II 및 L. Green, The Authority of the Senate(Oxford University Press, 1988), ch. 5 참조.

23) J. Raz, Ethics in the Public Domain(Oxford University Press, 1994), pp. 40-43, 152-54.

24) 이상의 점에 대해서는 長谷部恭男『テレビの憲法理論』(弘文堂, 1992)第1章-2(3) 參照.

25) 약사법에 의한 약국 배치규제의 비합리성을 이유로 위헌 판단한 판결(最大判昭和50年4月30日民集29卷4号572頁) 및 산림법의 공유림분할제한조항의 비합리성을 근거로 위헌 판결한 판결(最大判昭和62年4月22日民集41卷3号408頁)이 대표적인 예다.

26) 물론 국가의 권위를 외재적으로 제약하는 이유는 개인의 인권 이외에도 존재할 수 있다. 예를 들면 반란군에 의하여 제압되었기 때문에 국가의 권위가 미치지 않게 된 지역의 주민은 국가보다도 오히려 반란군의 명령에 복종해야 할 이유가 있을 것이다. 외국 군대에 의하여 점령된 지역의 주민에 대해서도 마찬가지다.

27) '트럼프'로서의 권리라는 개념은 로널드 드워킨 교수에 의하여 알려진 것이다. R. Dworkin, Taking Rights Seriously(Harvard University Press, 1978), chs. 18 & 19를 참조. 사회전체의 이익 또는 공공의 복지는 확실히 사람이 어떻게 행동해야 되는지를 생각함에 있어서 큰 비중을 점해야 할 요소다. 그러나 그것은 사람의 삶을 전면적으로 지배하는 요소가 아니다. 사람에게는 각각 자기가 관여한 인생의 목표, 자기가 관여한 친구, 부부, 어버이와 자식 관계처럼 원래 사회전체 이익에는 충분히 포함되지 않는 행동의 자유가 있다. 문제가 되는 사회전체의 이익이

극히 긴급하고 심각한 것이라고 할 수 없는 한 그러한 개인적인 이유를 근거로 사회전체의 이익에 대항하는 것도 인정되어야 될 것이다. 물론 이러한 대립이 생긴 경우에 개인적 사정을 희생으로 하여 사회공공을 위하여 진력하는 것은 숭고한 것이긴 하지만 모든 사람에 대하여 개인 레벨의 사정임에도 불구하고 항상 사회전체의 이익 요구에만 따라서 사는 것을 요구하는 것은 비인간적일 것이다(cf. Th. Nagel, The View From Nowhere(Oxford University Press, 1986), pp. 200-04).

28) cf, Th. Nagel, supra note 27, pp. 166-71.

29) 이상의 점에 대해서는 長谷部·前揭註24, 第1章-2(4)를 참조하기 바란다. 개인의 자유를 제약하려고 할 때 정부가 제시하는 정당화 이유에 충분한 근거가 없을 경우에는 정부는 실제로는 여기서 문제가 될 것 같은 소수파의 사상이나 삶에 대한 편견으로부터 입법을 하는 개연성이 높다고 할 수 있다. 따라서 실제 위헌 입법심사의 장면에서는 당해 입법에 공공의 복지 관점에서의 충분한 기초가 있는지 여부의 판단과 당해 입법이 '트럼프'로서의 권리를 침해하고 있는지 여부의 판단과는 밀접하게 관련된 경우가 많을 것이다. 그러나 이러한 관련은 개념상의 논의적인 관련성이 아니라 사실상의 관련성이다.

30) 岡田与好『経済的自由主義』(東京大学出版会, 1987) 13頁. 다른 표현을 한다면 "사람이 '자기가 종사해야 할 직업을 결정할 자유'를 가진다는 것과, 결정할 때 특정한 '그 직업을 할 자유'가 보장되어 있다는 것은 별개 사항이며, 전자의 자유는 논리 필연적으로 후자의 자유를 포함하는 것이 아니다. 오히려 반대로 전자의 자유는 후자의 자유의 범위와 정도에 따라 실질적으로 제약될 수밖에 없다."라는 것이다.(岡田与好『独占と営業の自由』(木鐸社, 1975) 34頁).

31) 법인이 자연인과 마찬가지로 정치적 행위를 할 자유를 가진다고 한 이른바 八幡製鉄事件最高裁判決(最大判昭和45年6月24日民集24卷6号625頁)가 '법인의 인권'이 승인된 현저한 예이다. 물론 이 판결은 "헌법 제3장에서 정하는 국민의 권리 및 의무의 각 조항은 성질상 가능한 한 내국 법인에도 적용되는 것"이라고 함에 그치고, 법인에 '인권'이 있다고 명확히 선언하는 것이 아니다. 여기서 말한 논점에 대해서는 樋口·前揭註10, 176-78頁 및 224-26頁 参照. 법인에 부여되는 헌법상의 권리가 개인의 자율을 근거로 하는 권리를 포함하지 않는 점에 대해서는 長谷部·前揭註24, 第1章-3 및 4를 참조. 필자의 견해에 대해서는 樋口陽一『近代国民国家の憲法構造』(東京大学出版会, 1994) 137頁註2의 비판이 있다.

또한 木下智史「団体の憲法上の権利享有についての一考察」神戸学院法学22卷1号는 미국 판례에서도 단체는 개인이 집합한 것이라는 단체관이 강하고 기본적으로는 단체 구성원의 이익에 적합한 한도 내에서 당해 단체의 헌법상 권리 향유가 인정되었다고 지적한다.

32) 여기서 말한 '법의 지배'의 개념에 대해서는 長谷部恭男「法の支配が意味しない こと」小林直樹教授古稀祝賀論集『憲法学の展望』(有斐閣, 1994) [後, 長谷部恭男 『比較不能な価値の迷路』(前掲註32)所収]를 보기 바란다.

33) 사인간에서 '인권' 침해를 근거로 하는 금지 또는 손해배상이 문제가 될 경우에 는 인격권 및 민법 709조를 비롯한 실정 사법상의 불법행위법제로 보호된 이익 이 침해되는지 여부가 문제가 되며, 그것에 관해서는 본문에서 말한 바와 같은 ──── ────. ── ──── ──── ── ────── ──── ── 기능을 수행하는 사인의 사실행위를 국가행위(state action)이라고 간주하고 헌법 규정을 직접 적용하여야 한다는 논의(芦部・前掲註1, 314頁以下)는 헌법상 권리 가 침해될 때는 물권적 청구권 유사의 구제가 바로 부여된다는 전제를 취하고 있는 것으로 보인다. 사인의 사실행위에 대하여 이러한 종류의 구제가 부여된다 는 논의는 게다가 현재 일본 실정법제에서의 국가의 사실행위에 의한 인권침해 에 대해서는 당연히 이러한 종류의 구제가 있다는 전제를 취하였을 것이다.

34) Cf. R. Dworkin, supra note 27, pp. 22-28, 71-80. 또한 長谷部恭男「厳格憲法解釈論 の本質と精神」同『比較不能な価値の迷路』(前掲註32)도 참조.

35) Cf. T. R. S. Allan, Law, Liberty, and Justice(Oxford University Press, 1993), ch. 6. 물 론 H.L.A. Hart, The Concept of Law(Oxford University Press, 2nd ed., 1994), pp. 259-63가 지적하듯이 준칙과 원리의 상위는 명확한 것이 아니라 정도의 차이라 고 볼 여지가 있다.

36) 長谷部・前出註32, 122-24頁.

37) 간접적용설을 취하는 판례로는 이른바 三菱樹脂事件最高裁判決가 있다(最大判 昭和48年12月12日民集27巻11号1536頁). 간접적용설을 취하는 대표적인 학설로는 芦部信喜『現代人権論』第1部(1974)이 있다. 또한 사인간 적용에 관한 최근의 상세 한 연구로 棟居快行『人権論の新構成』(1992)第1章이 있다.

38) 前出註29 参照.

39) 이것은 小嶋和司・大石眞『憲法概観〔第4版〕』(有斐閣, 1993) 63-64頁에서 시사 되어 있는 해석이다. 이 해석에서 보면 12조가 말하는 '이 헌법이 국민에게 보장 하는 자유 및 권리'와 헌법 11조가 말하는 '기본적 인권'은 동일일 수는 없다(앞 의 책). 또한 土井真一「憲法解釈における憲法制定者意思の意義」法学論叢131巻1・ 3・5・6号는 11조가 말하는 '기본적 인권'과는 자연권을 의미하여 기본적인 인권 이라고 생각되는 것을 모두 포함한다는 취지로 한다는 것이 일본국 헌법 기초 자의 견해이었다고 지적한다.

40) 芦部・前掲註1, 338-41頁. 佐藤幸治『憲法〔第3版〕』(青林書院, 1995) 403頁 등. 이에 대하여 이토 마사미(伊藤正己)『憲法[第3版]』(弘文堂, 1995) 228-331頁는 13

조 후단이 정하는 행복추구권은 일반적으로 그것만으로는 구체적인 인권을 나타내지 않는다고 한다.

41) 이른바 '宴の後' 사건에서 도쿄지방법원은 '사생활을 분별없이 공개되지 않는다는 법적 보장 또는 권리'로서의 프라이버시권을 "근대법의 기본이념의 하나이며, 또한 일본국 헌법이 입각하는 개인의 존엄이라는 사상"으로부터 도출한다 (東京地判昭和39年9月28日判時385号12頁). 물론 "개인의 인격적 생존에 불가결한 이익을 내용으로 하는 권리"가 13조 후단으로 보장된다고 하면서 그것에 대해서는 필요 불가결한 이익을 실현하기 위한 수단으로 엄밀하게 설계되어 있는지 여부라는 엄격한 심사기준이 타당하다는 견해에 따르면 결과적으로는 필자의 견해와 일치하게 된다.

▚▞▞▚ 제 6 장 ▚▞▞▚

| 아시베 노부요시(芦部信喜) 교수의 인권론 |

- 방송제도론을 단서로 하며

방송제도론 및 이와 관련된 '트럼프로서의 인권론'을 통해서 아시베 노부요시(芦部信喜)* 교수의 인권론 일부를 엿보는 것이 본장의 목적이다. 필자는 방송제도론에 대해서 몇 개 논문을 발표하였으나 이 분야에 관심을 가지게 된 것은 아시베 교수가 좌장이 된 방송문제총합연구회(재단법인 방송문화기금위탁연구)에 사무국원으로 참가를 하여 하마다 준이치(浜田純一) 교수와 함께 연구회의 보고서안 기초에 관여한 인연때문이다.1) 아시베 교수는 전통적인 인권론의 여러 주제뿐만이 아니라 과학기술을 진전시키는 첨단의 헌법문제에도 적극적으로 관심을 가졌다. 당 연구회의 좌장을 한 것도 그러한 관심의 발로라고 볼 수 있다.

그러나 아시베 교수는 이 연구회 보고서의 골격을 구성한 방송의 규율근거론(規律根據論)에 대하여 일정한 이해를 제시하였으면서도 최

---

* 아시베 노부요시(芦部信喜: 1923-1999)는 도쿄대학의 헌법학교수로 근무, 평화헌법 수호입장의 헌법학자단체인 일본전국헌법연구회의 대표를 역임하고 나카소네 정권 주관의 아스쿠니 참배 간담회에서 아스쿠니 참배는 헌법에 반한다는 소수의견을 제기하였다. 기본적 인권의 제약에 관한 위헌심사기준론으로서 이중 기준론을 주장하는 등 일본헌법학계에 인권론과 통치구조에 걸쳐 큰 영향을 끼쳤다.

종적으로는 그것을 충분히 설득력이 있는 것으로 생각하지는 않았다.[2] 그 이유는 보고서의 규율근거론 배경을 형성한 대중매체(mass media)의 자유론 및 '트럼프로서의 인권'과 '공익에 의거한 헌법상의 권리'를 구분하는 논의가 아시베 교수에게는 받아들이기 어려웠다는 점이 추측된다. 교수가 이러한 결론에 이르게 된 것에 대해서는 "일치점보다는 차이점을 강조하려고 하는" 필자의 나쁜 버릇에 큰 책임이 있다고 생각한다.[3] 아래에서 말하는 바와 같이 아시베 교수의 인권론을 전체(全體)로 고찰할 때 '트럼프로서의 인권론'과 조화하는 형식으로 그것을 이해하는 것은 어렵다고 할 수는 없기 때문이다.

본장은 너무 늦은 변명의 시도라고 할 수 있다.

1. '보고서'의 논의

방송문제총합연구회보고서[이하 '보고서'라고 표기함]에서 제시한 방송규율에 관한 논의는 아래와 같다.[4]

방송에 관한 전통적인 규율근거론은 '주파수대의 희소성'과 '방송의 특수한 사회적 영향력'이지만 전송 통로 수(數)의 극적인 증가와 미디어의 다양화에 의하여 적어도 사실상 문제로 전송로가 희소하다거나, 방송 미디어의 영향력이 다른 미디어에 비하여 일률적으로 특수하다고도 하기 어려워졌다.* 또한 원래 어떤 재(財) 이용을 공적기관이 규율할 수 있다는 결론을 도출하는 것은 어렵고 '방송의 특수한 사회적 영향력'도 충분히 설득력이 있는 형식으로 근거되는 것은 아니다. 그렇기 때문에 방송고유의 규율을 폐지하여 인쇄매체(print media)와 마찬가지로 표현의 자유를 인정하고, 더불어 시장원리를 도입하는 것으로 시청자의 효용 최대화와 시청자 및 방송사업자의 자

---

* 현재 일본의 경우 TV와 유선무선 방송의 채널이 다채널화 되어 있다.

율(자유로운 결정)을 보장하려고 하는 다양한 구상이 전국에서 제창되었다.

그러나 시청자의 효용 최대화라는 목적에 입각하면 방송서비스가 가지는 극단적인 공공재적 성격 때문에 종전의 광고와 수신료를 주된 재원으로 하는 방송제도의 변경은 오히려 시청자의 효용 저하를 초래할 개연성이 높다. 또한 시청자의 자기결정이라는 관점에서 보아도 현재 다원적 민주주의사회에서 사회생활을 하는 데 있어 누구나 필요로 하는 '기본적 정보'를 사회전체에 공평한 입장에서 가능한 싸게 제공하는 것은 극히 중요하고 종래 형태의 규율아래서 방송서비스는 이러한 역할을 했었다는 것이 지적된다.

다만 사회전체에 생활 기본이 되는 정보를 전달하는 점에서는 총합편성의 일간지도 마찬가지의 역할을 할 수 있다. 그럼에도 불구하고 방송만을 규율 대상으로 하고 신문에 충분한 표현의 자유를 보장하는 점에 대해서는 이른바 부분규제론을 원용(援用)할 수 있다고 보고서는 지적한다. 즉 현대사회에서 대중매체(mass media)가 가지는 정보의 병목(bottleneck)현상에 주목한다면 가령 방송 미디어와 신문 사이에 희소성이나 사회적 영향력 등의 점에서 거의 차이가 없다고 하더라도 방송에만 규율을 가하고 다른 한편에서 자유로운 신문을 확보하는 것에는 충분한 이유가 있다. 그렇게 하는 것으로 방송에는 사회에 다양한 견해를 공평하게 전할 의무가 과해지는 한편에 그러한 규제 권한이 정부에 의하여 남용될 위험은 자유로운 신문이 이것을 억제할 수 있다. 결국 언론 전체로는 규제된 방송과 자유로운 신문을 병존시키는 것으로 사회전체에 다양하고 다원적인 정보를 공평하게 보낼 수 있다.

2. 아시베 교수의 방송제도론

연구회 좌장인 아시베 교수는 전절에서의 '보고서' 논의를 긍정하지 않았다.[5] 아시베 교수는 어디까지나 방송의 규율근거를 방송 미디어와 그 이외 미디어의 실체적인 차이에서 찾아내려고 하였다. 희소성은 전체적으로 완화되었으나 '기간(基幹)적인 대역(帶域)'의 주파수 대에 대해서는 희소성이 없어지지 않았다는 지적,[6] 광고료를 주로 하는 재원 구조를 보면 전파 미디어에서는 프로그램 편성이 '대중에 인기가 있는 통속적인 것으로 획일화될 경향'이 있으며 그것에 대응하기 위해서는 프로그램 내용규제가 필요하다는 지적,[7] 그리고 '기본적 정보'의 공평한 제공이라는 '보고서' 논의는 재원 구조에 의거한 규율근거론과 같은 취지로 볼 수 있다는 지적[8]은 모두 아시베 교수가 방송과 인쇄매체(print media) 사이에 충분한 실체적 차이가 없는 한 양자의 취급 차이를 정당화할 수도 없다고 전제한 것을 알 수 있는 것이다.

부분규제론에 대하여 교수가 제기하는 의문도 이 이론이 실은 방송과 신문 사이에 뭔가 실체적 차이가 있다는 것을 전제로 하는 것이 아닐까라는 의심이 집약된 것으로 생각한다.[9] 그 이외의 규제가 초래할 수 있는 부정적인 효과의 지적[10]은 방송에 대한 규제 일반에 해당하는 것이며 부분규제론에만 해당하는 의문이 아니다. 그리고 방송과 신문 사이에 취급 차이를 정당화하는 실체적 차이가 있다면 이제 부분규제론은 불필요하다. '보고서'도 앞의 절에서 말한 바와 같이 '기본적 정보'의 공평한 제공이라는 역할만으로는 방송과 신문의 취급 차이를 설명할 수 없다고 생각하였으므로 부분규제론을 원용한다는 논리의 흐름이다. 어디까지나 실체상의 차이를 찾아내려고한 아시베 교수와는 근본적으로 다른 시점이 취해져 있다.

그러나 아시베 교수가 '보고서' 논의를 승인할 수 없던 이유는 더욱 깊은 곳에 있다고 생각한다. 그것은 '보고서' 논의가 전제로 하는 "표현의 자유를 '마지막 수단'으로서 개인의 인권과 사회전체의 이익에 의거한 정책 결정에 의하여 뒤집어지는 권리의 두 가지로 나눠서 파악하는 사고방식"에 대한 '이론'의 전제 지적에 의하여 이미 시사되었으며,11) 유저(遺著)인 『종교 · 인권 · 헌법학(宗教 · 人権 · 憲法学)』에 수록된 이하의 코멘트에서도 입증된다.

이러한 최근의 논의* 중에서 주목되는 하나의 문제는 인권의 개념에 대하여 저와 같은 사고방식과 달리 "일반적인 사람의 권리라는 인권이라는 정식(定式)을 가지는 의미의 중요성을 중시하고, 인권이라는 호칭을 한정적으로 사용하는 것으로 '트럼프로서의 인권'을 확보하려고 하는 입장"의 인권론이 주목받고 있다는 것이다. 다만 나는 철학적 내지 이념적인 의의는 극히 크다는 것을 인정하면서도 인권이라는 호칭을 개인이 생래적으로 국가 성립전 자연상태에서도 향유하였을 권리라는 인권 원래 의미로 한정해서 파악하는 것이 국제인권규약 등에서 강조된 인권이나 20세기 여러 나라 헌법에서 선언된 인권 관념과 어떻게 접합하는 것인가, 또한 실정헌법 해석론에 어떠한 유효하고 구체적 의미를 가지는지 의문을 가질 수밖에 없는 것이 있다. 그것에 대해서는 출판되지 않은 『주석헌법(注釈憲法)』第2巻(有斐閣)에서 수록된 제11장 주석에서 언급되어 있다.12)

'트럼프로서의 인권론'이 방송의 규율근거론에 관한 것은 다음과 같은 문맥에서다. '보고서' 논의에서 보면 방송 미디어는 그 사회적 기능 등의 실체에서 신문과 명확한 차이는 없음에도 불구하고 그렇게 하는 것이 다양하고 다원적인 정보의 공평한 제공에 이바지한다

---

* '인권론의 기본에 대한 문제'에 관한 논의를 가리킨다(하세베 교수 註).

는 이유로 표현의 자유의 제약을 받는다. 다시 말하면 사회전체의 이익(공익)의 이유로 그 표현의 자유가 제약된 것이다. 이러한 규제가 허용되는 것은 방송 미디어가 보유하는 표현의 자유, 더 넓게 말하면 대중매체의 표현의 자유가 그 자체, 공익을 근거로 헌법상 보장되기 때문이라는 것이 '보고서'의 입장이다.

개인의 언론의 자유는 개인의 자율성의 직접적인 발로다. 개인의 언론의 자유에 대하여 부분규제론을 운운하는 것은 불가능하다. 타자와 실체적인 차이가 없음에도 불구하고 특정한 사람들에 대하여 자기가 생각하는 것뿐만이 아니라 소수파를 포함한 사회전체의 의견 동향도 고려하여 공평한 관점에서 발언하도록 규제를 가한다면 헌법위반을 벗어날 수 없다. 그러나 방송사업자를 포함한 대중매체의 표현의 자유는 대중매체가 '개인'이 아닌 이상 이러한 인권으로서의 표현의 자유일 수는 없다. 또한 대중매체에 속하는 기자나 사진가, 뉴스 리더 등이 통상적인 개인보다도 광범위하고 강력한 인권을 가지지도 않는다. 그러한 사태는 개인의 인격 평등에 반한다.

실제로 대중매체는 통상적인 개인에 비하면 훨씬 강력한 표현수단을 보유하고 그것을 활용할 수 있다. 이러한 대중매체의 자유는 사회전체의 이익, 더 구체적으로는 민주적 정치과정의 유지, 시청자의 효용 최대화, 관용한 사회의 함양과 재생산 등의 이익에 의거하여 '정책'적으로 보장된 자유이며 그 같은 근거가 자유의 제약을 요구할 경우나 다른 더 중요한 사회적 이익, 예를 들면 기본적 정보의 공평한 제공 확보라는 이익과 충돌할 경우에는 뒤집어져야 될 이익이다.

이것은 대중매체가 개인의 근원적인 평등성을 확보하기 위하여 개인에게만 인정되는 '트럼프로서의 인권'을 향유할 수 없다는 것을 제시하고 있다. '트럼프로서의 인권'은 공익을 이유로 하는 의회나 정부의 '정책'적 결정에 대해서 그것을 뒤집는 '마지막 수단'으로 기능한다. 대중매체는 개인이 아니고, 개인의 근원적 평등성이 보장될 이유는 없다. 따라서 그 자유는 자기 근거가 되는 '공익'을 뛰어넘는 '공익'을 이유로 제약될 수 있다.

이에 대하여 아시베 교수는 앞의 인용에서 제시하였듯이 '트럼프로서의 인권론'을 인정하지 않았다. 그런 이상 그것을 전제로 하는 '대중매체의 자유'론을 받아들일 수 없으며 '대중매체론'을 전제로 하여 비로소 허용할 수 있는 부분규제론도 당연히 받아들일 수 없다. 법인인 대중매체도 개인과 같은 자격으로 표현의 자유를 향수할 수 있다면 방송사업자와 신문사 사이에 취급 차이를 정당화할 수 있을 만큼 실체상 차이가 없는 이상, 방송사업자에도 신문사와 같은 충분한 표현의 자유를 보장하여야 한다는 것이 자연스러운 결론이다. 아시베 교수는 방송에 대한 규제를 위헌 또는 방송에의 규제를 정당화할 수 있는 뭔가 실체적인 차이가 존재한다고 주장할 수밖에 없는 것이다. 교수가 선택한 것은 후자의 길이었다.

3. '트럼프로의 인권'론의 위험성

'트럼프로서의 인권론'에 대한 아시베 교수의 비판의 전모, 그리고 그것이 교수의 인권론 전체에서 어떤 위치를 점하는지를 확정하기 위해서는 전게 문장에서 인용된 교수의 유고 「헌법 제11조」의 공간 (公刊)을 기다릴 필요가 있다.13) 아래에서는 아시베 교수의 비판의 배경에 있다고 생각하는 몇 가지 논점에 코멘트를 하는 것으로 교수의 인권론과 '트럼프로서의 인권론'을 조화적으로 이해하도록 노력한다.

'트럼프로서의 인권론'에 대한 교수의 비판은 이 논의가 가지는 위헌성에 의거하는 것과 이 논의의 유용성에 대한 논의로 구별할 수 있다.

이 논의가 초래하는 위험성으로 이따금 지적되는 것은 대중매체가 가지는 자유를, '공익'을 근거하는 '정책'적 자유에 불과하다는 것은 그를 경시하는 것이 아닌가라는 우려이다.[14] 베트남 비밀문서사건 등, 대중매체가 표현의 자유를 무기로 국가권력에 과감하게 대항한 사건을 주된 소재로 하면서 현대 인권론의 해명을 한 아시베 교수에게는 대중매체가 개인과 동등한 입장에서 표현의 자유를 향수한다는 사고방식은 부자연스럽지는 않다.[15]

이 우려에 대하여 필자는 이미 대답한 적이 있다.[16] 대중매체의 자유를 포함한 표현의 자유가 경제적 자유권을 비롯한 일반적인 자유에 대하여 우월적 지위를 점하는 이유로 아시베 교수를 포함하는 종전의 지배적 견해는 주로 표현의 자유가 민주적 정치적 과정의 불가결의 구성요소를 형성한다는 사정을 내세운다.[17] 민주적 정치과정이 건전하게 유지되는 한 가령 경제적 자유권에 대한 부당한 제약이 이루어졌다고 하더라도 여론에 의한 비판이나 국민대표의 선출 절차를 통해서 잘못한 제도를 개선하는 것은 가능하다. 하지만 표현의 자유가 손상된 경우 민주적 정치과정을 통해서 그것을 시정하는 것은 불가능하기 때문에 민주적 정치과정에서 독립한 법원에 의한 개입이 필요하다는 이론이다. 이 지배적 견해에서 보면 표현의 자유가 우월적 지위를 점하는 것은 그것이 민주적 정치과정의 유지라는 극히 중요한 '공익'에 이바지하기 때문이다. 따라서 이러한 견해를 전제로 하는 한 대중매체의 자유가 '공익'을 근거로 하는 헌법상의 권리라는 것은 그 자체로 대중매체의 자유 경시를 도출하는 것으로 되지 않을 것이다. 그것이 대중매체의 경시를 도출한다면 대중매체의 자유의 근거가 되는 '공익'이 그렇게 중시할 만하지 않은 것이라는 경우에 한정될 것이다.

물론 대중매체의 자유가 '정책'적 고려에 의거한 권리라는 표현에 대해서는 조금 더 상세한 설명을 했어야 할지도 모른다. '정책(policy)'이라는 영어의 어감에서 보면 이 표현은 대중매체의 자유가 입법부의 정책적 고려에 의하여 보장되는지의 여부, 보장한다고 하더라도 어느 정도까지 보장해야 하는지가 정해진다는 의미로 해석될 우려가 있었다.

필자가 사용한 '정책'이라는 용어는 로널드 드워킨에 의한 '원리(principle)'와 '정책(policy)'의 구별에 시사(示唆)를 받은 것이다. 드워킨에 따르면 '정책'이라는 경제성장, 국방 등 사회전체의 공통 목표를 설정하는 기준이며, 이에 대하여 '원리'란 공정, 정의 등 뭔가의 도덕적인 이유에 의거하여 개인 혹은 단체의 권리를 설정하였기 때문에 보호받아야 할 기준이다.[18] 문제가 되는 공익이 민주적 정치과정 유지와 같이 극히 중요하고 그때그때의 정치적 다수파의 의도로 좌우되어야 되는 것이 아니라면 그에 따라서 극진한 사법의 보호가 필요하게 된다. 이 종류의 공익은 헌법 레벨의 '정책'적 결정에 의하여 통상적인 정치과정과는 분리된다. 이러한 사고방식에서 보면 "20세기 여러 나라 헌법에서 선언된" 새로운 권리나 "국제인권규약 등에서 주장된" 권리처럼 국가의 적극적 급부를 요구하는 권리에 대해서도 재판규범성을 잃는 것으로 하거나 바로 입법부의 광범위한 재량에 위임해서는 아니 되는 것이다.[19]

4. '트럼프로서의 인권론'의 무용성

오히려 '트럼프로서의 인권론'에 관한 비판으로 주목해야 하는 것은 그 '철학적 내지 이념적인 의의'가 어떻든 '실정헌법의 해석론'에 있어서 유용성이 부족하지 않을까라는 논점이다. 이 비판의 이론적 배경을 보는 것으로 아시베 교수의 헌법이론의 심층(深層)도 볼 수 있다.

개인이 "국가 성립 이전의 자연상태에서도 향유하였을 권리"라는 관념은 공공의 복지에 관한 일원적 내재제약설을 비판하는 문맥에서 필자가 비유적으로 사용한 것이다.[20] 일원적 내재제약설은 가끔 지적당하듯이[21] '인권'을 암묵적으로 '일반적인 행동의 자유'와 동일시하고 있으며, 그렇기 때문에 '살인의 자유'나 '강도의 자유'까지 천부인권으로 보유하지만 이러한 무제한의 자유를 각인이 좋아하는 바에 따라서 행사하면 사회생활이 이루어지지 않으므로 공공의 복지 관점에서 그것이 제약되기에 이루어진다는 순서를 거친다. 그러나 표준적인 사회계약에 따르면 사람들은 천부의 인권을 더 좋게 보전하여 사회생활의 편의를 향수하기 위하여 국가를 설립하였으나 그때 사람들이 더 좋게 보전하려 한 자연권에 '살인의 자유'나 '강도의 자유'가 산입되었다고 생각하기 어렵다.

자연권 중에 "타인의 생명이나 재산을 빼앗는 것과 같은 절대적이고 제멋대로 한 권력"은 포함되지 않는다고 한 존 로크는 물론,[22] 자연상태에 있어서는 각인이 그 자기보존을 위하여 자기판단으로 어떤 일도 할 수 있으며, 그 결과 "모두는 모두에 대하여 서로의 신체에 대해서도 권리를 가진다."라고 말한 토마스 홉스도 그러한 "만인에 대한 만인의 투쟁"을 종결시켰으며, 서로 위해를 가할 권리를 포기하는 것으로 국가를 설립하고 지상의 평화를 확보하려고 한 이상,[23] 국가 아래에서 보장되어야 될 권리 중에 '살인의 자유'나 '강도의 자유'는 포함될 수 없을 것이다.

이러한 논의에 대한 아시베 교수의 대답은 앞에서 말한 바와 같이 현대 인권상황과의 관련에서 자연상태나 사회계약이라는 개념을 이용하여 '인권'을 구상하는 것에 어떤 실천적 의미가 있는지를 따지는 것이었다. 이것은 일원적 내재제약설에의 비판에 대하여 논리 일관성을 문제로 하지 않게 '살인의 자유'나 '강도의 자유'는 헌법상의 권리에는 포함되지 않는 것으로 하면 된다는 임시적인 결론을 편의상 짜 넣는 것으로 이 문제의 헌법학설사(憲法學說史)상의 의의(意義)에 눈감으려 하는 범용함과 아시베 교수는 무관하다는 것을 제시하고 있다.

그렇다면 자연상태 및 사회계약이라는 도구로 인권 관념을 검토하고 그것에 대응하여 정당한 국가권력 한계를 계획하는 것에 어떤 의의를 찾아낼 수 있을까? 다른 논문에서 언급하였듯이,[24] 현재 존재하는 국가가 실제로 그 지배하에 있는 사람들 모두의 자발적인 의사의 합치에 의하여 성립한 것을 논증할 수 있는 가능성은 없고, 다른 한편에서는 각각 제도 및 조건을 구비한 국가 아래서의 삶은 그렇지 않는 삶보다도 좋다(고 생각하기 때문에 자연상태에서 사는 사람들은 사회계약을 맺고 국가를 설립할 것이다)라는 사회계약의 귀결에 착안하는 논의에서는 괄호 내의 문장을 제거해도 당해 국가형태의 정당성 정도는 전혀 변화하지 않을 것이다. 즉, 사회계약은 '역사적 사실'로 제시하는 것은 어렵고 설명을 위한 '의제(fiction)'로 사용될 때는 없어도 넘어갈 수 있다. 그 한도 내에서 자연상태나 사회계약 등의 개념을 사용하는 논의의 의의에 의문을 제시하는 아시베 교수의 지적은 적절하다.

그러나 의제가 불필요하다고 하더라도 그것이 의제로 이야기되는 논의 실질까지 부정되는 것은 아니다. 근세 유럽에서 나타난 자연권론은 근저적으로 다른 문화에 속하는 사람들이 공평하게 공존하기 위한 최소한 베이스라인을 찾아내기 위해서 구상된 것이었다. 유럽에서의 종교전쟁 그리고 유럽과 그 이외의 세계, 특히 농경문화 전의 여러 민족과의 만남은 심각한 문화의 대립(相剋)을 초래하였다. 거기서 어떻게 다른 가치를 가지는 사람이라도 사람으로서 사는 이상 받아들여야 되는 최소한 규범이 있는 것이 아닌가, 그 규범을 계기로 다른 문화의 공존이 가능해지지 않을까가 탐구되었다.[25] 그럼에도 불구하고 근저적으로 다른 가치관, 세계관을 가지는 사람들이 사회생활의 편의를 공평하게 나누고 협동할 수 있는 틀을 어떻게 구축할지라는 문제는 현대 자유민주주의(liberal democracy)에 사는 우리에게도 마찬가지로 부과되어 있다.

문제는 '트럼프로서의 인권'과 '일반적인 행동의 자유'의 어느 쪽이 다양한 가치관이 경합하는 사회의 베이스 라인으로 적절한가에 대해서다. 언뜻 보기에는 단지 사람이 하고 싶다고 생각하는 것을 널리 보호하는 것에 특별한 논거는 불필요하고 '마지막 수단'으로서의 권리가 그것과는 별개로 존재한다는 주장보다도 널리 받아들이기 쉬운 것처럼 보일지도 모른다. 그러나 이 감각은 겉보기만 그러하다. 사람이 하고 싶은 것, 즉 각인의 선호에는 모두 똑같이 가치가 있으며 따라서 그것을 동등하게 보호해야 한다는 주장은 그 자체가 특수한 입장(選考 功利主義)에 관여하고 있으므로 누구나 쉽게 받아들일 수 있는 것은 아니다.

격렬한 가치 대립 중에서 사회전체 이익에 대하여 이성적으로 심의하고 결정하는 장소인 공공 공간을 나누고 그것과 정반대로 각자가 선택하여 구상하는 가치관·세계관에 따라 자율적으로 사는 공간을 보장하는 것으로 안정된 자유민주주의(liberal democracy)를 구축하기 위해서는 두 개의 생활공간을 나누는 주요한 경계표지로 '트럼프로서의 인권'을 보장하는 것이 최소한 필요하게 된다. 이 권리는 귀결주의적으로 '산출'되는 사회전체의 이익(공공의 복지)에 의하여 개인의 자율적인 삶이 압박받지 않도록 보호 역할을 한다. 다양한 가치관이 대립하여 경합하는 세계에서는 '정책'적 결정에 대한 이러한 제어가 필요하다.

아시베 교수 스스로가 가끔 개별적 이익형량을 비판하는 문맥에서 공익 계산에 개인의 이익 등이 흡수될 위험성을 지적하여 정부가 주장하는 '공익'이 표현의 자유 등 대립하는 헌법상의 권리를 제약할 수 있는 근거가 되는 사정을 정부가 적절하게 주장·입증하고 있는지를 정사(精査)해야 한다고 한다.[26] 전면적인 귀결주의에 대하여 개인 삶의 자율을 지키기 위하여 뭔가 제어가 필요하다는 전제가 취해졌다면 '트럼프로서의 인권론'과 아시베 교수의 인권론의 실질적인 차이는 작다. 나머지는 '인권'이라는 용어의 '호칭' 문제, 즉 말의 정의에 관한 '입법론'적 타당성이 남을 뿐이다.

다만 개별적 이익형량에 대한 교수의 비판은 이 접근방법이 정부가 주장하는 '공익'과 특정사인의 '이익'을 형량을 하는 데 그치는 것에 대하여 정부가 주장하는 '공익'과 표현의 자유 등 대립하는 헌법상의 '공익'을 적절하게 형량할 수 있는 심사기준을 채용해야 한다는 것이며 '트럼프로서의 인권론'과는 여전히 큰 차이가 있다는 반론이 있을지도 모른다. 그러나 아마 그렇지 않을 것이다. 교수는 헌법 제13조가 보장하는 행복추구권에 관한 논점에서 '일반적 행동자유설'에 찬동하지 않는다는 취지를 명확하게 했기 때문이다.[27] 거기서 개인의 인격적 생존에 불가결한 이익을 내용으로 하는 권리는 그 이외의 이익에 의거한 행동의 자유에 비하면 특별한 보호를 받을 만하다고 지적되고 있다. 이러한 구별은 각 권리의 근거가 되는 '공익'의 중요성에 의거해서 이루어지는 것이라기보다는 개인의 근원적인 평등성을 확보하기 위하여 그것을 '공익'에 의거하는 정책적 고려로부터 격리시키고 보호하려고 하는 '트럼프로서의 인권'이라는 사고방식과 친화적이다. 그리고 개인의 인격적 생존에 불가결한 권리를 보장할 필요성을 근거로 하는 일반적 행위자유설의 부정은 논리적으로 일관시키면 '일반적인 행동의 자유'의 존재를 전제로 하는 일원적 내재제약론의 부정에 도달할 것이다. 한편 '일반적인 행동의 자유'를 승인하면서 다른 한편에서 '일반적인 행동의 자유'를 행복추구권의 보호범위로부터 일부러 배제하는 것에 어떤 의미가 있을까.

다만 아시베 교수가 '트럼프로서의 인권론'에 대해서 가지고 있던 최대의 염려는 '철학적 내지 이념적 의의'일지 몰라도 그러한 논의를 하는 것에 어떤 해석론상의 의의가 있을까하는 의문이다. 우선 필자가 할 수 있는 대답은 아래와 같다.

'트럼프로서의 인권론'은 LRA의 기준*이나 오브라이언 테스트(O'brien Test)**와 달리 곧바로 구체적인 사건을 어떻게 처리하는지의 지침을 부여하는 것이 아니다. 아시베 교수가 개척한 헌법소송론의 공적은 국가행위의 합헌성을 판단하기 위한 '척도'를 넓은 문제영역에 대하여 제공한 점에 있다고 한다.[28] '척도'로 법관에 의한 헌법판단을 어떻게 사용해야 되는지에 대해서 고민하여야 하는 심사기준에서는 심사기준의 사용은 효과적이지 않다. 그러나 '척도'의 단순한 적용이 명확히 부당한 결과를 초래하거나 어떤 심사기준을 적용해야 할지가 애매한 하드 케이스(Hard Case)에서는 심사기준 뒤의 그 정당성을 지탱하는 심층까지 거슬러 올라가서 사안 해결의 길을 찾아낼 필요가 있다. 원래 개별적 형량이 아니라 미리 정해진 심사기준에 복종해야 한다는 것을 논증하기 위해서는 그것이 뭔가의 결론을 확실히 도출한다는 것만으로는 부족하고 적어도 대다수의 경우에는 적절한 결론을 도출하는 것을 제시할 필요가 있을 것이다. 즉 심사기준론은 어

---

* LRA의 기준이란 표현의 자유에 대한 제한은 그 우월적 지위에 따라 보다 덜 제한적인 가능한 다른 수단(Less Restrictive Alternative: LRA)을 채택해야 한다는 위헌심사 기준.
** 오브라이언 테스트(O'brien Test)는 표현의 자유에 포함되는 상징적 표현을 규제하는 입법의 합헌성은 ① 입법목적이 중요한 공공적 이익을 촉진하는 것일 것, ② 표현의 자유의 억제와 직접 관계가 없을 것, ③ 규제수단이 표현의 자유에 미치는 부수적 효과(간접적 영향)는 입법목적을 촉진하지만 반드시 필요한 한도를 넘지 않을 것, 이러한 세 가지 요건으로 구성한 위헌심사 기준.

떤 경우에 어떤 심사기준을 적용해야 할지를 논하는 '표층'의 기술론뿐만이 아니라 심사기준 뒤에 있고 그 정당성을 지지하는 '심층'의 이론을 필요로 한다.[29]

'트럼프로서의 인권론'은 개인의 인격적 생존에 불가결한 이익을 왜 특별하게 보호할 필요가 있는지를 자유주의 현대사회에서 가치 분열상황과 관련시키는 것으로 논증하려고 한다. 또한 표현활동 규제 중에서 왜 표현 내용에 의거하는 규제, 특히 관점(viewpoint)에 의거하는 규제가 엄격한 위헌심사에 복종해야 되는지를 '트럼프로서의 인권'을 침해하는 개연성을 근거로 설명하려고 한다.[30] 이 종류의 설명에 얼마나 설득력이 있는지는 논의의 여지가 있으나 적어도 이 종류의 심층 논의에 해석론상의 의의가 전혀 없다고는 할 수 없을 것이다.

심층의 논의는 그것만으로는 구체적 사건을 누구나 쉽게 해결할 수 있는 '척도'를 제공하는 것은 아니다. '트럼프로서의 인권론'을 배경으로 하는 부분규제론도 그것 자체로는 대중매체의 어떤 부분을 규제해야 할지 확실한 대답을 부여하지는 못한다. 다른 한편, 희소성이나 사회적 영향력에 착목하는 논의는 개별의 미디어를 다른 미디어와 비교하여 어느 정도까지 규제해야 될지를 정하는 '척도'로는 아주 편리하다. 그러나 그것은 쓰기 편한 '척도'임에 불과하며, 그것 자체의 정당성은 박약하다. 희소성을 정보의 보틀넥성*과 관련시키거나 사회적 영향력을 '기본적 정보'를 제공하는 역할과 관련시키는 것으로 비로소 이러한 '척도'의 정당화 근거가 명확해진다는 것이 '보고서'의 취지였다. 아시베 교수의 논의 심층을 탐구하여 심층과 표층의 조화를 시도하려고 하는 필자의 의도

---

* 보틀넥(bottle neck)성은 병목성. 병의 목부분처럼 넓은 길이가 갑자기 좁아짐으로써 발생하는 정체성.

가 성공하였는지의 여부는 몰라도 주관적으로는 변함이 없다.[31]

□ 참고

1) 『放送問題総合研究会報告書-メディアの多様化・融合化時代の放送制度』(放送文化基金, 1988).

2) 芦部信喜 『宗教・人権・憲法学』(有斐閣, 1999) 186頁.

3) 1999년 3월에 도쿄대학에서 개최된 '영일(英日)정보정책 심포지엄'에서 토론자인 Tony Proseer교수가 심포지엄에서의 필기의 기세에 대해서 말한 코멘트다.

4) '보고서'의 약칭은 長谷部恭男 『テレビの憲法理論』(弘文堂, 1992)第2章 第2節 이하에서 소개된다. 또한 浜田純一 「憲法とコミュニケーション秩序」 法学教室222号84頁 이하(1999)는 관련하는 논점을 정리하는 최신문헌이다.

5) 芦部信喜 『憲法学Ⅲ』(有斐閣, 1998) 303頁以下, 前掲 『宗教・人権・憲法学』186頁.

6) 芦部・前掲 『憲法学Ⅲ』305頁. 芦部信喜 『人権と議会政』(有斐閣, 1996) 76頁도 참조.

7) 芦部・前掲 『憲法学Ⅲ』307頁. 前掲 『人権と議会政』(有斐閣, 1996) 77頁도 참조.

8) 芦部・前掲 『憲法学Ⅲ』311頁.

9) 芦部・前掲 『憲法学Ⅲ』308-09頁.

10) 芦部・前掲 『憲法学Ⅲ』309頁.

11) 芦部・前掲 『憲法学Ⅲ』310頁.

12) 芦部・前掲 『宗教・人権・憲法学』240頁. 인용주를 생략하였다.

13) 필자는 아시베 교수의 후의에 의하여 초고를 볼 수 있었다.

14) 伊藤正己 「表現の自由の優越的地位」天野勝文他編 『岐路に立つ日本のジャーナリズム』(日本評論社, 1996) 12-13頁도 거의 같은 취지로 걱정했다.

15) 芦部信喜 『現代人権論』(有斐閣, 1974)第X章.

16) 長谷部恭男 『憲法学のフロンティア』(岩波書店, 1999)第8章 註5.

17) 芦部信喜 『憲法学Ⅱ』(有斐閣, 1994) 218頁, 同 『憲法[第三版]』(岩波書店, 2002)175-76頁.

18) R. Dworkin, Taking Rights Seriously(Harvard University Press, 1978), ch. 4.

19) 이 점에 대해서는 長谷部恭男 「国家権力の限界と人権」樋口陽一編 『講座憲法学3 —権利の保障(1)』(日本評論社, 1994)66頁註9(本書第5章註9)에서 언급한 적이 있다.

20) 예를 들면 前掲拙稿 「国家権力の限界と人権」 58頁(本書第5章) 参照.

21) 山本桂一 「公共の福祉」 『日本国憲法体系8巻』(有斐閣, 1965). 樋口陽一 『憲法[改訂版]』(創文社, 1998) 194-95頁参照.

22) Two Treaties of Government, Bk. II, ch. XI, para. 135.

23) Leviathan, ch. XIV.

24) 長谷部恭男『比較不能な価値の迷路』(東京大学出版会, 2000) 1-3頁.

25) 長谷部・前掲『憲法のフロンティア』第1章参照.

26) 예를 들면 芦部・前掲『現代人権論』176-177頁.

27) 芦部・前掲『憲法学Ⅱ』338-44頁. 同前掲『憲法[第3版]』115-16頁.

28) 安念潤司 「憲法と憲法学」 樋口陽一編 『ホーンブック憲法[改定版]』(北樹出版, 2000)75-76頁.

29) 헌법소송론의 '표층'과 '심층'의 구별에 대해서는 長谷部恭男『権力への懐疑』(日本評論社, 1991) 102-03頁参照.

30) 長谷部・前掲『憲法学のフロンティア』第1章註5参照.

31) 물론 세계나 인생의 의미에 대하여 근저적으로 상반된 사고방식을 가지는 사람들의 공존의 단서로는 표층레벨의 구체적인 '척도'가 적절하다는 입장도 있을 수 있다. 심층으로 내려가면 내려갈수록 다양한 가치 대립과 충돌할 위험성이 높아질지도 모르기 때문이다. 특정한 구체적인 '척도'에 대하여 합의가 조달된다면 그 기초 만들기에 대해서는 열린 채로 하는 것이 다른 입장 사람들을 동등하게 존중할 수 있게 될 것이다(cf. Cass Sunstein, One Case at a Time(Harvard University Press, 1999), pp. 11-14, 50-51). 특정한 심층이론에 대한 관여를 회피한 아시베 교수의 판단은(前掲『憲法学Ⅱ』225頁 註5), 이러한 배려에 의한 것이었을지도 모른다.

▼▼▼▼ 제 7 장 ▼▼▼▼
| '공공의 복지'와 '트럼프'로서의 인권 |

1. 들어가며

법률학은 법률가 공동체 내부에서의 공통언어의 구축 및 재생산에 관련된다. 따라서 신설(新說) 제시의 시도는, 법률학이 직면하는 문제의 해결에 종래의 학설이 실패하고, 그 때문에 신설의 제시가 필요불가결한 경우에 한하여 이것을 행해야 한다. 적절한 신설은(실정법의 해석학설에 한정하여), 문제의 해결에 있어, 종래 법리의 구체적 결론이나 각종 법원(法源)의 총교체를 요구해서는 아니 되고, 오히려 그 대부분을 계승함과 동시에 그것에 대한 새로운 관점을 제시하는 것으로 전체의 양상(相貌)을 보다 설득력을 가지는 방향으로 전환하지 않으면 안 된다.

필자는 신설(新說)을 제시한 적은 거의 없지만,[1] 신설과 같은 것으로 공공의 복지와 헌법상의 권리와의 관계에 관한 시론(試論)이 있다. 종래 헌법학의 설명이었던 미야자와 도시요시(宮沢俊義)교수의 일원적 내재제약설이 공공의 복지를 인권상호의 모순충돌을 조정하는 원리로서 파악한 것에 대하여, 공공의 복지와 헌법상의 권리를 독립된 관점으로서 포착한 다음에, 또 공공의 복지에 의해서는 그 제약이 정당화하지 않을 수 없는 '트럼프'로서의 인권의 존재를 제창한 것이다. 졸론(拙論)은 법철학자의 이노우에 다쯔오(井上達夫)교수나 헌법학의 선배인 오쿠다이라 야수히로(奧平康弘), 히구치 요이치(樋口陽一) 두 교수의 시사에 힘입은 것이 크고, 과연 필자의 논의라고 말할 수 있을지 없을지 의심스럽지만, 최근 이 졸론에 대해 몇 가지 비판을 받는 일이 생겼다. 졸론도, 단순히 허공을 향하여 화살을 쏜 것으로 그치지는 않았던 것이었다. 본장은, 이 귀중한 학은(學恩)에 사의를 표함과 동시에, 필자의 회답(回答)을 시도해 본다.

2. 다카하시 가즈유키(高橋和之) 교수의 비판

다카하시 가즈유키 교수는 필자의 "모든 국민을 '개인으로서 존중' 하는 의미"(「すべての国民を 『個人として尊重する意味』)라고 하는 논고의 주장에 대하여 비판을 하고 있다.[2] 정부의 활동근거가 되는 공공의 이익과 헌법상의 이익을 독립된 관념으로서 파악해야 할 것이라는 다카하시 교수의 논문은 졸론과 크게 겹치는 것으로서, 양자의 거리가 결코 어느 정도 있는지 의심하는 점도 있지만,[3] 필자의 이해를 얻은 한에서는, 교수의 비판은 이하와 같은 것이다.

(1) 하세베는 미야자와 설에 대하여 두 개의 비판을 전개한다. 첫째로, 미야자와 설은 인권을 제약하는 근거가 되는 것은 반드시 다른 인권이 아니면 안 된다고 하는 전제로부터 출발하지만, 이것은 정부가 반드시 개개인의 인권에는 환원할 수 없는 사회전체의 이익으로서의 공공의 복지의 실현을 그 임무로 하고 있다고 하는 명백한

사실을 애매하게 하는 것만이 아니라, 실제로 있는 인권이 제약되고 있는 이상, 그 제약근거가 되고 있는 것도 인권이라고 하는 잘못된 사고를 이끌 위험이 있다.

둘째로, 미야자와 설은, 암묵 가운데에 인권을 일반적인 행동의 자유와 동일시하고, 대체로 사람은 스스로가 좋아하는 것은 무엇이든, 그것을 달성할 수 있는 천부의 인권을 가지고 있으며, 따라서 사람은 재산권이나 사상·양심의 자유, 표현의 자유를 가지고 있는 것뿐만이 아니라, 살인의 자유나 타인을 감금·폭행할 자유 등을 인권으로서 향유한다고 생각하고 있어, 그렇기 때문에 살인이나 강도의 금지가 인권 간의 충돌사례가 되지만 이러한 사고방식은 우리의 직관에 반한다.

이런 가운데, 첫 번째 점은 수긍할 수 있지만, 두 번째 점에 대해서 미야자와는 '인권'을 일반적인 행동의 자유와 동일시하고 있다고는 할 수 없다. 미야자와는 국민의 국법에 대한 관계를 분석하는 가운데서, "국민이 국법에 대하여 무관계인 관계에 서는 경우"와 "헌법상, 국민의 이익에까지 어느 종류의 국법의 정립(처분을 포함)이 금지되는 경우"를 구별하고 있어, '단순한 자유'에 그치는 전자를, '자유권'인 후자와 구별하고 있다. '단순한 자유'는 미야자와에 의하면 단순한 국법의 부존재의 반사에 지나지 않는 것으로서, 그 국법에 의한 제한에 헌법상의 제약은 없다. 우리들이 산책을 하거나 독서를 하거나 하는 것도, 이 국법의 부존재의 반사이다. 살인행위나 강도행위도 자유권의 보호대상이 아니라, 그것을 금지하는 국법이 존재하지 않으면 그것도 자유라고 하는 의미에서의 '단순한 자유'에 그친다. 즉, 미야자와는 살인이나 강도의 금지를 인권 간의 충돌사례로는 생각하고 있지 않았던 것이 된다.

(2) 공공의 복지를 뒤집는 것으로서 하세베는 "트럼프로서의 인권"

을 제시하고, "당신이 살아가는 방식은 근본적으로 틀려있다."라고
하는 이유에 근거하여, 국가권력이 행동한 경우에는, 트럼프로서의
인권이 침해되는 것이 된다고 주장한다. 그러나 국가권력은 진면목
을 보면 그러한 이유를 들어 관문(関所)을 돌파할 정도로 순진하지
않다. 따라서 앞에서 서술했던 이유는 겉모습에 지나지 않고, 진정한
이유는 금지된 이유에 환원해야 하는 것이 아닌지를 심사할 방법이
필요하게 되는 것은 아닐까?

(3) 하세베는 '트럼프로서의 인권'과 다른 종류의 권리로서 '공공의
복지에 근거하는 권리'를 제시하지만, 무릇 공공의 복지에 근거지어
진 권리라면, 공공의 복지를 내세우는 것에 의해, 어떠한 제약도 정
당화 될 수 있게 되지 않을까?

3. 자유권과 '단순한 자유'

다카하시 교수의 비판 속에서, 첫 번째 점은 미야자와 교수 자신
이 얼마나 문제를 정리하려고 하고 있었는가라고 하는 점에서는 타
당한 설명인 것처럼 보인다. 다카하시 교수가 원용하는 미야자와의
'인권'의 개념에 관한 설명은,4) 공공의 복지에 관한 설명5)과는 독립
하여, 상호연관을 명백하게 하는 것이 없는 이상, 미야자와 자신은
'살인의 자유'나, '강도의 자유'를 '단순한 자유'로서 명시하고 있는 것
은 아니기 때문에, 미야자와 자신의 정리가 다카하시 교수가 묘사한
대로였었는지 아닌지는 명확하지는 않지만, 살인이나 강도를 제한하
는 것에 대해 어떠한 헌법상의 제약도 존재하지 않는다고 미야자와
가 생각했을 가능성이 있다. 다만, 다카하시 교수가 묘사한 정리가
그것으로서 결코 설득적인지 아닌지는 별개의 문제이다.

미야자와 교수는, 국법의 부존재의 단순한 반사로서 '산책의 자유'

나 '여행의 자유'가 있다고 한다.[6] 그러나 이들 자유를 제한하는 것에 대해서 어떠한 헌법상의 제약도 존재하지 않는다고 하면, 산책이나 보행을 법에 의해서 전면적으로 금지하는(혹은 정당업무행위나 정당방위 등 특수한 조각사유가 입증된 때만 허용된다) 것에 대해서도, 헌법상의 제약은 존재하지 않는 것이 된다. 이것은 역시 우리들의 직관에 반한다.

산책의 자유나 여행의 자유, 나아가서 코끝을 긁을 자유나, 물구나무서기를 할 자유도 어쩌면 국법에서 무관계한 단순한 자유인 것처럼 보이지만, 실제로는 각각 국법의 존재를 전제로 하고 있다. 예를들면, 필자는 산책이나 물구나무를 다카하시 교수가 폭력으로서 방해하도록 한다면, 필자는 그를 폭행죄로 고소하거나 불법행위로서 소송하거나 하는 것이(이론적으로는) 가능하다. 즉, 이들 자유도 국법과 완전히 관계가 없는 것은 아니고, 일반적인 자유로서 국법체계에 의해서 보호되고 있다. 한편, 살인이나 강도는 그러한 일반적인 자유로서 국법체계에 의해 보호받고 있지는 않다. 전자와 후자와는 국법과의 관계에 있어서 크게 다를 터이다.[7]

자유권과 '단순한 자유'가 얼마나 구별될 수 있는지에 대해서도 의문이 있다. 헌법상의 권리의 항목에 기재된 것이 자유권으로 그것외에는 '단순한 자유'라고 하는 구분론은, 포괄적 기본권의 존재를 인정하자마자 깨어진다.[8] 자유권인지 아닌지에 관한 미야자와의 구분이 국법에 의해 보호받아야 할 자유인가 아닌가의 구분도 일치하지 않는 것은 지금 서술한 대로이다.

한편, 미야자와 교수가 '단순한 자유'의 제한에 대해서는 인권의 충돌사례라고 생각하지 않았다고 하면, 인권상호의 모순충돌을 조정하는 원리여야 할 '공공의 복지'에 의거하는 일 없이, 국법에 의해 제한하는 것이 가능한 자유가 존재하는 것이 된다. 즉, 국가는 공공의 복지를 근거로 하는 일 없이 자의적인 행동을 할 수 있는 영역을 국민과의 관계에 있어서 가지는 것을 의미한다. 이것은 이것으로 대단히 부당한 주장이다. 전통적으로 국가의 행동의 근거로 되어온 '공공의 복지' 이외에 국가의 행동범위를 한정하는 다른 근거를 준비한다고 하는 길도 있지만, 미야자와 교수가 그러한 길을 따라간 흔적은 발견되지 않는다. '공공의 복지'를 인권상호의 모순충돌을 조정하는 원리로 한 다음에, 법적으로 보호되어야 마땅할 국민의 행동을 국가가 자의적으로 제한하지 않도록 하는 남은 길은, '단순한 자유'도 모두 헌법에 의해 보호될 권리 속에 산입하는 것일 것이다. 그리고 '단순한 자유' 속에 살인이나 강도도 포함되어있다고 한다면, 그것들도 함께 헌법에 의해 보호되는 권리에 산입하지 않을 수 없다.

　필자가 미야자와 교수에게 귀속한 논의를 그 자신이 취하지 않았을 가능성은 다카하시 교수가 지적하고 있는 대로 부정할 수 없다. 하지만 다카하시 교수가 묘사한 논의를 미야자와가 취했을 경우의 수많은 귀결은 우리들의 직관에 반하는 것으로서, 헌법상의 권리 및 공공의 복지의 존재방식을 적절하게 그리고 있다고는 생각하기 힘들다. 적어도 같은 정도로 설득력이 빈곤한 두 가지의 뼈대의 가운데, 필자가 돌려보낸 것 같은 뼈대를 인권의 개념에 관한 그 자신의 정리와의 관계를 강하게 의식하는 일 없이, 미야자와가 채용하고 있을 가능성도 같은 정도로는 있을 것으로 생각된다.[9]

4. 표면화 한 이유와 진정한 이유

　다카하시 교수의 비판 가운데, 두 번째 점은 필자도 동의가 가능한 것이다. 어느 개인을 다른 개인과 동등한 존재로서 간주하지 않은 것 같은 이유에 근거하여 국가가 행동하지 않도록 제약을 설치하는 것이, 필자가 말하는 '트럼프로서의 인권'의 역할이다. 하지만 국가가 그러한 이유를 정면에서 드는 것은 생각하기 힘들다. 다른 것보다 그럴듯한 이유를 들어 행동하는 것이 통상적일 것이다. 하지만 그러한 위장공작을 억제하는 노력은 종래도 이런저런 형태로 행해지고 있다.

표현의 자유의 영역에서는, 표현의 내용에 근거한 규제, 그중에서도 유난히 특정한 시점(viewpoint)에 주목한 규제는 그 이외의 규제보다도 엄격한 심사대상으로 되어 있다. 이러한 규제가 표면상의 입법원리는 어찌되었든, 특정한 사고방식을 억압하거나, 조장하거나 할 목적으로, 즉 "당신의 사고방식은 틀려있어"라고 하는 이유에 근거하여 행해질 개연성이 높다고 생각되기 때문이다. 따라서 그러한 규제에 관해서는 표면화한 입법목적과 채용되어 있는 입법수단과의 적합성을 엄밀하게 요구하여, 혹시 양자가 엄밀히 적합하지 않을 경우에는 숨겨진 부당한 입법목적의 존재가 추측가능하기 때문에, 위헌으로서 입법부에 돌려보내는 절차가 취해진다.

마찬가지의 심사수법은 평등의 영역에서, 인권, 민족 등 '의심스러운' 특정한 표식에 근거하여 법적취급에 구별이 설치되어 있을 경우에 대해서도 보인다. 이러한 구별이 되는 경우에도, 예를 들면 특정한 인종의 차별이 정면으로부터 입법목적으로서 의심되는 일은 생각하기 어렵다. 오히려, 다른 것보다 그럴듯한 입법목적이 주장되는 것이 통상적이다. 그러나 이러한 법적 취급의 구별은, 모든 개인을 동등한 존재로서 취급하지 않는 차별적인 의도를 숨기고 있을 개연성이 높다고 생각되기 때문에, 역시 입법목적과 입법수단과의 적합성이 엄밀히 요구되어, 그 테스트에 합격하지 않는 법률은 입법부로 돌려보내지게 된다.[10] 즉, 지배적 학설이나 판례에서 받아들여져 온 위헌심사 기준론의 적어도 일부는, '트럼프로서의 인권'이 존재하는 것, 즉 모든 개인은 다른 개인과 동등한 존재로서 거두어져야 할 권리를 갖고 있는 것을 전제로 한 다음에, 그러한 권리를 침해하는 국가행위가 행해지고 있을 의심이 높은 영역이나 유형을 미리 특정하고, 그것에 입각한 엄밀한 심사기준을 채용해야 할 것을 제창하는 것으로 이해하는 것이 가능하다.[11] 결국, '트럼프로서의 인권론'은 이러한 종래 법리의 대부분이 주어졌을 때, 그 배후에 있을 수 있는 정당화 이유와 크게 겹치는 것으로, 별반 신기한 설이라고는 이야기하기 어렵다.

왜, 개인에게 다른 개인과 동등한 존재로서 거두어져야 할 권리를 보장할 필요가 있는가라고 다시 묻는 것에 대해서는, 입헌주의에 관한 필자의 이해로서 회답하는 것이 된다. 이 점에 대해서는 제5절에서 다시 설명하겠다.

5. 공공의 복지에 근거한 권리

다카하시 교수의 비판 가운데, 세 번째 점에 대해서는 교수 자신이 지적하신 대로 종래의 통설적 틀로서 파악된 경우와, 졸론의 틀로 파악된 경우에서 구체적인 결론에 큰 차이가 발생하는 것은 아니라고 생각된다.[12] 구체적인 결론은 구체적인 헌법심사기준에 의해 결정되는 경우가 많고, 필자는 이 점에서 종래의 법리의 대규모의 변혁을 주장하는 것은 아니기 때문이다. 공공의 복지에 근거하여 보장되는 권리라고 하더라도, 그 구체적인 공공의 복지가 민주적 정치과정의 유지(維持) 등, 극히 중요한 것이라면 그 권리를 감축(縮減)하기 위해서는 역시 그것에 걸맞은 중요한 입법목적과 그것과 충분히 적합한 입법수단이 요구되는 것이 된다.

다카하시 교수는 그렇더라도 공공의 복지에 적합한 한에서 보장되는 권리라고 하는 견해에서는 '사고상·심리상의 임팩트'에 있어서 상당한 차이가 있다고 하지만, 그렇다면 필자가 노린 대로라고 하는 것이 된다. 매스미디어의 표현의 자유나 고등연구교육기관에 인정된 학문의 자유는, 공공의 복지에 적합한 한에서 보장되는 헌법상의 권리이며, 개인에게 인정되는 인권이라는 것은 근본적으로 성격을 달리하는 것으로, 매스미디어나 대학은 이러한 공공의 복지에 대응하는 사회적 책무를 자각하면서 그 자유를 행사해야 할 것이라고 하는 '사고상·심리상의 임팩트'를 부여하는 것이, 졸론이 노린 한 가지였다.13)

6. 이치카와 마사토(市川正人) 교수, 아오야기 고이치(靑柳幸一) 교수의 비판

'트럼프로서의 인권'이라고 하는 관념에 대해서는 그것이 구체적인 행동의 자유를 넓혀 보장하는 것은 아니기 때문에, 개인의 자율을 보장한다고 하는 필자의 의도에 어울리지 않는 것으로 되어있지 않은지, 그것은 관념적인 권리에 그치는 것은 아닌지의 비판을 이치카와 마사토 교수, 아오야기 고이치 교수에게 받고 있다.14)

'트럼프로서의 인권'이, 공공의 복지를 근거로 하는 국가 활동을 오버 룰 하는 것인 이상, 상호에게 충돌하는 구체적 행동의 자유를 넓히고, 그러한 보호의 대상으로 하는 것은 비현실적이다. 각인이 각각 자신이 하고 싶다고 생각하는 것을 그대로 사회전체의 이익을 뒤집으면서까지 보장한다고 하는 논의는, 종래의 헌법법리가 취해온 결론과 모순되는 것뿐만이 아니라, 우리들의 직관에도 반한다. 이러한 점에서의 필자의 사고의 경위는, 다카하시 교수가 묘사한 그대로이다.15)

한편, 아오야기 교수는 구체적 행동의 자유를 제한하는 이유가 되는 "사회전체로서의, 누구나에게 있어서도 공통의 가치"를 판정하는 것이 가능한가 하는 의문을 제기하고 있다.16) 이 문제에 이 장에서 충분히 회답하는 것이 가능하다고는 생각하지 않지만, 필자의 논의의 틀을 소묘(素描)한다면 이하대로이다.17)

이 세상에는 인생의 의미나 우주의 의미라고 하는 근본적인 레벨에서 비교불능인 가치가 충만해있다. 입헌주의의 프로젝트는 그러한 가치관의 다원성을 전제로 하면서, 사람들이 평화롭게 사회생활을 보내고, 그 비용과 편익을 나눠 갖는 틀을 구축하는 것을 목적으로 한다. 그러기 위해서 한 가지의 수단은 생활영역을 공(公)의 부분과 사(私)의 부분으로 구별하여 자르는 것이다. 사의 영역에서는 각자 그 본래의 가치관에 따라서 살 권리를 보장받고, 한편, 공의 영역에서는 사람들은 시민으로서의 의장(衣裝)을 걸치고, 가치관의 차이에 관계하지 않는 사회전체의 이익의 실현을 목표로 하여 이성적인 심의·결정에 참가한다. 공적인 영역에서의 개개의 결정이 틀릴 수도 있으나, 사회전체의 이익을 목표로 한 공개된 이성적 심의는 장기적으로 보면 객관적인 답으로의 접근을 가능하게 한다.18)

이 프로젝트는 각각의 위험에 노출된다. 사람은 본래 자신이 진리라고 생각하는 근원적인 가치관에 근거하여 사적 영역만이 아니라 공적 영역에서도 살려고 할 것이다. 진리인 이상, 자신만이 아니라 타인도 모두 그것에 따라야 할 것이라고 생각할 수 있는 것이 자연스럽다. 그러나 가치관이 다원적인 이상, 이러한 자연의 본성에 따라 사람들이 살려고 한다면 평화롭고 공평한 사회생활은 유지될 수 없다. 공사의 영역의 구별은 평상시에 특정한 가치관이 공적 영역을 점거하려고 하는 위험에 노출된다. 또한, 특수한 경제적 이익을 실현시키려고 하는 운동이 '정당한 이익'의 옷을 입고서 공적 심의의 장에 나타날 수도 있을 것이다.

사법심사의 역할은 공사의 영역의 구별을 유지하는 것과 동시에, 이러한 각각의 침식의 위험으로부터 공적 영역에서의 이성적인 심의·결정의 과정을 지키는 것에 있다. 필자가 말하는 '트럼프로서의 인권', 즉 출생이나 가치관에 의해 차별되는 일이 없다고 하는 보장을 모든 구성원에게 인정하는 것은, 공사의 구별을 무너뜨리려는 경향에 제동을 걸으려고 하는 시도의 일환이다. 사법심사의 노력에 의해서 공적 장에서의 이성적인 심의·결정의 과정이 지켜지고 있는 한, 그 결론으로서 나타난 구체적 행동의 테두리 짓기가 사회전체의 공익을 적확(的確)하게 지시하는 것인지 아닌지를 심사하는 것은 사법심사의 역할의 범위 밖이다. 법원은 우선은 공적 과정의 아래에서 대답을 주어진 것으로서 행동할 수밖에 없다. 이 과정이 장기적으로 보아 객관적인 공익에의 접근을 가능하게 한다고 하는 신념이 존재하지 않는다고 한다면, 우리들의 민주주의 정치관, 사법심사관은 그리고 그것에 근거한 헌법법리의 구체적 결론도 현재와는 크게 다른 것으로 되어 있을 터이다.

물론 그러한 다른 민주정관, 사법심사관을 전개하는 것도 이론상으로는 가능하다. 하지만 필자로서는 그러한 새로운 학설이 종래의 법학이 해결할 수 없었던 문제를 근본적으로 해결하는 것으로, 게다가 당해 학설에 관해서 법률가 공동내부의 합의를 조달할 수 있을 전망이 있는 경우에 한해 그것을 제창해야 할 것이라고 생각한다.

□ 보 충

1. '단순한 자유'와 '자유권'

본장 제3절에서는, 살인이나 강도에 대해서 그것을 금지하는 국법
이 존재하지 않으면 그것도 자유라고 하는 의미에서의 '단순한 자유'
라고 미야자와가 생각했던 가능성은 부정할 수 없다고 하는 전제로
부터 출발하고 있다. 그러나 이 전제가 설득력을 결한 것이라는 것
또한 부정할 수 없다.

본문에서는 2개의 점으로 나눠서, 그 설득력의 빈곤함을 지적했다.
하나는 산책이나 여행은 국가 내지 법질서와 무관계한, 금지되어 있
지 않은 '단순한 자유'처럼 보일지도 모르지만, 실은 그것도 법질서
에 의해 일반적으로 보호되고 있는 행동이며, 이것에 대하여 살인이
나 강도가 법질서에 의해 보호되는 것은 있을 수 없는 것은 아니냐
는 점이다. 둘째로 지적한 것은 '자유권'과 '단순한 자유'와의 구분이
일본국 헌법하에 있어서 수미일관(首尾一貫)한 구분으로서 성립할 수
있는지에 대해서 의문이 있다고 하는 점이다.

이 두 점의 지적은 지금도 유지될 수 있다고 필자는 생각하고 있
지만, 한편으로 '단순한 자유'와 '자유권'과의 구분이 가령 성립된다고
해서, 그것이 어떠한 근거에 기반하고, 어떠한 의미를 가진 구분일
수 있는지에 대해서는 따로 논하는 것이 가능하다. 이 구분은 법철
학의 세계에서 논의되어 온 '약한 허용(weak permission)'과 '강한 허용
(strong permission)'의 구분과 관련하고 있다.

미야자와는 '단순한 자유'에 대해서 말할 때, 그것이 옐리네크라고
하는 "국가에 있어서 법적으로 무관계한 신민의 행위(für den Staat re-
chtlich irrelevanten Handlungen der Subjizierten)"와 동일한 것이라고 한다(宮沢
俊義 『憲法 II [新版再版]』(有斐閣, 1974) 91頁). 그것은 「국법 금지」의 '부존

재의 반사」로서의 '자유'이다. 산책이나 여행에 대해서는 그것을 금지하는 법도, 명령하는 법도 존재하지 않고, 국가에 있어서 법적인 무관계인 행위라고 하는 의미에서, 이들 행위는 자유라고 하는 것이 된다. 만일을 위해서 지적한다면, 살인이나 강도가 이러한 의미에 있어서 국가에서 '법적으로 무관계한' 행위인 법질서는 아마도 상식적으로는 존재하지 않는다.

이러한 의미에서의 자유로운 행위는, '약한 의미에서 허용된' 행위로서 분석되어, '강한 의미에서 허용된' 행위와 비교되어 왔다. 후자는 그것을 허용 혹은 보호하는 법규범을 배후에 파악해 두고 있는 행위이다(Georg Henrik von Wright, *Norm and Action: A Logical Enquiry*(Routledge & Kegan Paul, 1963), p. 86; cf. Robert Alexy, A Theory of Constitutional Rights, translated by Julian Rivers(Oxford University Press, 2002), pp. 144-49).

그런데, '약한 의미에서의 허용'과 '강한 의미에서의 허용'의 구분은, 첫째로, 당해 법질서에 '법적으로 명령 내지 금지되어 있지 않은 행위는, 이것을 하는 것도 하지 않는 것도 자유이다'라고 하는 법규범이 존재하지 않는 것을 전제로 하고 있다. 이러한 법규범이 실정법으로서 존재하는 법질서에 있어서는, 일견한바 '약한 의미에서 허용된 행위'는 전부, 동시에 '강한 의미에서 허용된 행위'가 된다(von Wright, *op. cit.,* pp.87-88). '약한 의미에서 허용된' 행위는 '법적으로 무관계한 행위'이며 법의 흠결에 대응하는 행위이다. 상술의 법규범이 실정법으로서 존재하는 법질서에 있어서는, 법적인 금지나 명령의 대상으로 되어 있지 않은 행위는, 이 법규범에 의하여 허용되어 있고, 법의 흠결은 존재하지 않는다. '법적으로 무관계인 행위'는, 당해 법질서에는 존재하지 않는 것이 된다. 가령, 미야자와가 일본국 헌법 하에 있어서도 이 구분이 성립할 수 있다고 생각하면, 미야자와는 일본국 헌법하에 있어서도, 법적인 금지나 명령의 부재가 법적으로 보호되는 자유의 존재를 의미하는 것은 생각하지 않았던 것이 된다.

둘째로, 미야자와는 '약한 의미에서 허용된 행위'에 대응하는 '단순한 자유'가, '자유권'과는 다르다고 지적하고 있다(前揭書 91면). 그가 말하는 '자유권'이라는 것은, 언론의 자유나 신앙의 자유처럼, 국민의 이익을 위해서 국민의 자유를 제한하는 것이 헌법상, 금지되고 있는 경우의 국민의 지위를 가리키고 있다. 미야자와는 이런 의미의 '자유권'과 '단순한 자유'와의 차이로서, "전자에 있어서는, 그 자유를 제한하는 것이 헌법상(국민의 이익에까지) 금지되고 있는 것에 대해서, 후자에 있어서는 거기에 어떠한 헌법상의 제한이 없이, 그 의미에서 옐리네크의 표현으로 말하자면 법과 무관한 것(rechtlich irrelevant)이며, 따라서 국법과 무관계한 관계인 것에 있다"라고 한다(同書, 같은 면).

일견하여 명백하지만 여기에서의 미야자와에 의한 '단순한 자유'와 '자유권'과의 구분은, '약한 의미에서 허용된 행위'와 '강한 의미에서 허용된 행위'와의 구분과는 일치하고 있지 않다. 어느 법질서하에서 산책이나 여행이 법적으로 보호되고 있는 동시에, 그것이 헌법상의 '자유권'으로서는 보호되지 않는다고 하는 사태는 충분히 생각할 수 있다. 이러한 법질서에 있어서는, 산책이나 여행은 옐리네크의 말로 표현하자면 법과 유관한 것(rechtlich relevant)이며, 국가가 법적으로 관심을 가지는 행위이지만, 그것을 국가가 제한하는 것에 대해서 헌법상의 제한은 없다. 미야자와는 '법적으로 무관계인 행위'와 그 금지 · 명령에 대해서 '헌법상의 제한이 없는 행위'를 동일시하고 있는 것 같지만, 그것에는 혼란이 있다. '법적으로 무관계인 행위'는 전부 국가에 의한 간섭에 대해서 '헌법상의 제한이 없는 행위'인 것이지만, '헌법상의 제한이 없는 행위'의 전부가 '법적으로 무관계인 행위'인 것은 아니다.

2. 헌법상의 자유권과 「배제적 허용」

그런데, 어느 행위를 할지 말지가 헌법상의 자유권으로서 보호되고 있는 때, 보호된 범위 내의 선택에 대한 국가의 간섭은 헌법에 의해 금지된다. 이런 일은, 보호의 대상인 행위의 주체(agent)에게 있어서는 '단순한 자유'인 경우와 어떤 차이도 없이, 스스로의 실천적 판단에 근거하여 행위의 내용을 결정한다면 좋을 것이다. 행위주체가 행하는 실천적 판단의 존재방식에 대해서도, 어떠한 차이도 발생하지 않는다. 단지, 헌법상의 보호가 있기 때문에, 실천적인 판단의 내용에 대해서도 그것에 기반한 행위에 대해서도 국가는 간섭하지 않을 수 없는 것뿐이라는 입장이다.

제2의 입장은, 헌법에 의한 보호는 행위주체의 실천적 판단의 존재방식을 변화시킨다고 하는 것이다. 조셉 라즈는 행위주체가 감안해야 할 실천적 이유의 가운데에 '배제적 허용(exclusionary permission)'이라고 하는 메타 레벨의 이유가 있다고 지적한다(Joseph Raz, *Practical Reason and Norms*, 2nd ed.(Princeton University Press, 1990), pp. 90-91). 행위주체는 통상, 1차 레벨에서의 다양한 실천적 이유를 형량하는 것으로, 어떠한 행위를 취해야 할지를 판단한다. 하지만, 실천적 이유의 가운데에는 적어도 일정한 범위에 있어서 1차 레벨의 이유를 고려하지 않도록 지시하는 이유도 있다. 예를 들면 회사의 상사가 부하에게 업무명령을 발하는 때, 상사는 그 명령을 부하가 감안하는 다양한 실천적 이유를 늘어놓는 또 하나의 이유로서 말하는 것이 아니라, 당해 명령과 충돌하는 다른 실천적 이유를 감안하지 않도록 배제하는 메타 레벨의 이유로서도 받아들이도록 의도하고 있는 것이다. 그 결과, 통상이라면 다양한 실천적 이유를 감안한 다음에, 업무명령과 다른 행위를 취해야 할 경우라도, 부하는 역시 그 명령에 따라서 행동해야 할 것이 된다. 라즈는 이러한 이유를 '배제적 이유(exclusionary reason)'라고 부르며, 통상의 실천적 이유와 구별하고 있다(*ibid.*, pp. 35-48).

이것에 대하여 '배제적 허용'은, 1차 레벨의 실천적 이유의 안에, 일정범위의 것을 고려하지 않는 것을 '허용'하는 메타 레벨의 이유이다. 이 결과 통상이라면 실천적 형량의 결과, 어느 결론을 취해야 할 것이 되는 경우에 있어서도, 그것에 반하는 결론을 취하는 것도 정당화될 수 있는 것이 된다. 라즈가 '배제적 허용'의 예로서 들고 있는 것은 '의무를 뛰어넘는 행위(supererogation)'이다(*ibid.*, pp. 91-95). 난민구제를 위한 기부를 하는 것은, 칭찬(稱贊)받아야 할 행위이지만, 그것을 하지 않는다고 하여 비난받을 경우는 드물다. 칭찬받아야 할 행위라면, 결론으로서 그래야 할 이유가 있을 터인데, 그것을 하지 않는다고 비난받지 않는 것은 왜인가라고 말하자면, '의무를 뛰어넘은 행위'가 되는 일정유형의 행위에 대해서는 그러한 행위를 취해야 할 실천적 이유를 감안하지 않는 것(그 결과, 그 행동을 취하지 않는 것)도 허용되고 있기 때문이라고 하는 것이 라즈의 설명이다.

그런데 헌법상의 자유권은 행위주체에 대해서, 일정범위의 행동을 취할지 말지의 자유를 보호하고 있다. 이것은 직접적으로는 국가기관에 의한 간섭의 금지이지만, 행위주체에 있어서는 가령 국가기관이 보호되는 범위 내의 행위에 제한을 가하는 것 같은 경우에 있어서도 그 제한을 실천적 이유로서 감안하지 않는 것을 허용하는 '배제적 허용'으로서 기능할 터이다(물론 감안하는 것도 허용되고 있다). 그리고 국가기관이 보호되는 범위 내에서 간섭하려고 하는 경우, 전제국가가 아닌 한은, 그것을 정당화하는 실천적 이유가 준비되어 있을 터이기 때문에(예를 들면 길의 미관의 보호를 이유로 하는 전단지를 뿌리는 것을 금지하는 것 같은), 헌법상의 자유권은 그러한 통상의 실천적 이유를 감안하지 않는 것도 허용하고 있는 것이 된다. 결국, 통상의 실천적 형량의 결과로서는, 당해 행위를 취해야만 하는 것은 아니지만 군이 그러한 행동을 취하는 것이 허용되는 것도 될 수 있다.

즉, 언론의 자유, 신앙의 자유, 재산권 등을 헌법상의 권리로서 보장하는 것은 사람들의 실천적 판단의 존재방식을 변화시키는 것을 의미하고 있다. 듣는 쪽이 화를 낼만한 얘기를 군이 하거나, 주위의 사람들이 혐오하는 신앙을 감싸거나, 고가의 자신이 소유품을 홧김에 파괴하거나 하는 것도, 헌법에 의해 허용되고 정당화된다.

물론, 헌법상 보호의 사정(射程)은 한정되어 있고, 국가기관의 간섭도 그 이유의 긴요성이나 태양(態樣)에 의해 결론으로서도 정당화 될 수 있다. 그렇더라도, 보호될 범위에 있어서 보호의 존재가 행위주체의 실천적 형량의 존재방식을 변화시키는 것, 그리고 때로는 결론까지도 변화시키는 것은 부정할 수 없다. 그렇다고 한다면, 헌법상의 보호의 사정을 생각하는 것에서는, 그것이 행위주체의 실천적 형량의 존재방식에 어떠한 영향을 주는지를 감안할 필요가 있다고 말할 수 있을 것이다.

□ 참고

1) 拙書『憲法』(新世社, 1996; 〔第3版〕 2004)는 "독자의 설을 전면으로 내세우고 있지 않다"라고 평하고 있지만(君塚正臣, 「[紹介]松井茂記著『日本国憲法』関西大学法学論集50巻1号(2000)), 필자는 전면으로 내세워야 할 것을 가지고 있지 않다.

2) 「すべての国民を『個人として尊重』する意味」塩野宏先生古稀祝賀『行政法の発展と変革』(有斐閣, 2001) 292頁 以下.

3) '공공의 복지'를 인권상호의 충돌의 조정원리라고 하는 역할로부터 해방하는 점에서도, 공공의 복지를 국가의 활동의 정당화 근거로 포착하는 점에서도, 다카하시 교수와 졸론과의 사이에 차이가 있다고는 생각하기 어렵다. 국가의 정당성을 조정문제의 해결이나 공공재의 제공 등으로 분류하는 필자의 정리는, 국가의 활동 정당화 근거로서의 공공의 복지를, 법철학의 식견에 입각하여 정리하며 고친 것에 지나지 않는다.

4) 宮沢俊義『憲法Ⅱ[新版]』(有斐閣, 1971) 88頁 以下. 이 부분의 설명은 게오르크 옐리네크의 국가에 있어서 국민의 법적 지위에 관한 논의를 서술하고 있다.

5) 宮沢『憲法Ⅱ[新版]』218頁 以下.

6) 宮沢『憲法Ⅱ[新版]』91頁.

7) 국법과 무관계하게 보이는 행동의 자유가, 민·형사법상의 일반적인 보호(protective perimeter)하에 있는 점에 대해서는 H.L.A. Hart, Essays on Bentham(Clarendon Press, 1982), pp. 171-73 참조. 독일의 근대공법학이 사법상의 개념 틀을 빌리면서, 정치학, 역사학, 논리학 등 관련하는 다른 학문분야로부터의 독립을 도모한 때, 그 열쇠(鍵)가 된 것은, 의사의 자유라고 하는 조정(措定)이었다(Olivier Jouanjan, Carl-Friedrich Gerber et la constitution d'une science du droit public allemande, dans La science juridique française et la science juridique allemande de 1870 à 1918, sous la direction d'Oliver Beaud et de Patrick Wachsmann(Presses universitaires de Stransbourg, 1997), pp. 34-37; Yann Thomas, Mommsen et l'Isolierung du droit, préface à la Theodore Mommsen, Le droit public romain, réimpr. de 1892 (Boccard, 1984), pp. 32-34). 칸트가 서술하고 있는 것처럼(『人倫の形而上学』法論への序説.§B), 법이라는 것은, 여러 개인이 자유로운 의사의 가능성을 가지는 것을 전제로 하면서, 그것이 서로에게 양립하기 위한 외적 여러 조건을 정하는 것이다. 그러기 위해서, 결정된 의사의 내용이 윤리적으로 정당한지 아닌지, 당해의사가 어떠한 역사적·사회적 조건에 기인하는 것인지, 그것이 정책적으로 봐서 타당한지 아닌지 어떤 문제와 떼어놓은 형태로, 법적 문제가 성립하는 것이 된다. 다수의 사람들에 의한 산책이나 여행이나 독서는, 그리고 옐리네크가 든 음주나 종교의 변경도, 의사의 자유로운 가능성으로서 법이 정하는 외적 조건의 하에 당연히 양립가능

성일 것이다. 하지만 살인이나 강도에 대해서는, 그렇게는 할 수 없다. 石川健治 「人権論の視座転換」ジュリスト1222号6頁 註20에서의 본 논쟁에 관한 코멘트를 참조.

8) 宮沢·前掲『憲法Ⅱ[新版]』215-126面 参照. 옐리네크는 자유(Freiheit)라고 하는 소 극적 지위로는, 소송을 통해서 그것을 제한하는 국가행위를 다툴 청구권을 부여 받는 일이 있으며, 그 가능성이 있는 한에서 단순한 객관법의 반사적 지위와 구별된다고 한다(Georg Jellineck, System der subjektiven öffentlichen Rechte, 2nd ed.(J. C. B. Mohr, 1919), pp. 105-06; 宮沢俊義 『憲法Ⅱ[新版]』95頁 參照). 또한, '인권의 개념'에 관한 설명에 있어서 미야자와가 옐리네크와 나란히 인용하는 한스 켈젠 은 국법에 의해서 금지되어 있지 않다고 하는 의미에서의 자유와 구별되는 '자 유권'이 법적 의의를 가지는 것은, 그것이 헌법전에 의해 법률에 의한 침해로부 터도 보호되고 있는 경우에 한정된다고 서술한다(ケルゼン 『一般国家学』清宮四 郎訳(岩波書店, 1971) 260頁).

9) 宮沢俊義 『憲法論集』(有斐閣, 1978) 367頁은, "인권의 대립충돌을 법적으로 수습 (收拾)하는 원리"로서의 공공의 복지에 대해서 서술하는 문맥에서, "몽둥이 논 리"를 취하는 사람들은, "자신의 인권의 존재를 알고 '상대방'의 '다른 사람'의 인권의 존재를 모르기" 때문에, "자신의 주장을 폭력으로 통하는 것에 조금도 주저함을 느끼지 않는다."라고 한다. 결국, 폭력을 휘두르는 것도 '인권'으로서 포착되고 있다.

10) 경제생활규제의 영역에서, 일본의 최고재판소 판례가 채용하는 목적별의 2종의 기준론도, 숨겨진 특수이익수지목적을 명백하게 한다고 하는 시점으로부터 설 명하는 것이 가능한 것은, 拙書 『比較不能な価値の迷路』(東京大学出版会, 2000) 107頁 이하에서 논하였다.

11) 이 점은, 拙書 『権力への懐疑』(日本評論社, 1991) 128頁, 『憲法学のフロンティア』 (岩波書店, 1999) 16頁 註5, 『比較不能な価値の迷路』85-96頁 및 103頁 등에서 서술 한 적이 있다. 최근의 관련된 문헌으로서, 예를 들면 Cass Sunstein, Designing Democracy(Oxford University Press, 2001), p. 176 참조.

12) 高橋·前掲297頁.

13) 다카하시 교수는, 오카다 도코요시(岡田与好) 교수가 영업의 자유론에 대해서, 그것을 공공의 복지에 근거하는 권리로서 파악한 졸론에 의문을 드러내고 있지 만(300쪽 주43), 이 점은 아마도 필자가 말하는 '공공의 복지' '인권' 및 오카다 교 수가 말하는 '공서(公序)'라고 하는 개념의 파악방법의 차이에 의한 것일 것이다. 필자는 '인권'과 '헌법상의 권리'를 별도의 개념으로서 사용하고 있다 (拙書 『憲 法[第3版]』 104頁).

14) 市川正人 「最近の『二重の基準論』論争をめぐって」 立命館大学政策科学3巻3号15

頁以下(1996), 青柳幸一 「『個人の尊重』規定の規範性」 青柳幸一他編 『未来志向の 憲法論』(信山社, 2001) 67頁 以下.

15) 高橋·前掲 295-96頁. 또한, 拙書『比較不能な価値の迷路』100-04頁도 참조. 트럼 프로서의 자기결정권이 문제가 된 최근의 사례로서, 여호와의 증인 수혈거부사 건(最判平成12年2月29日民集54卷2号 582頁)이 있다.

16) 青柳·前掲70頁.

17) 拙書『憲法学のフロンティア』第1章, 拙稿 「討議民主主義とその敵対者たち」 法 学協会雑誌118卷12号1891頁 以下(2001)[본서 **제12장**]참조.

18) 마쓰이 시게노리(松井茂記) 교수는, 이 졸론에 대해서, 가치가 비교불능이라면 무엇이 옳은 정치상인지도 모를 터라고 비평을 가하고 있지만(「왜 입헌주의는 정당화 되는가 · 下」法律時報73卷8号64頁(2001)), 이것은 가치의 다원성이라고 하 는 논점과 교수자신이 참여하는 가치상대주의를 혼동한 비평이라고 생각한다. 가치상대주의의 입장에서 보자면 무엇이 옳은지는 전혀 비판할 수 없게 되어, 따라서 마쓰이 교수가 제창하는 정치상이나 헌법이론이 옳은지 아닌지도 판단 할 수 없게 되지만, 가치의 다원성을 전제 사실로 인정한 다음에 어떠한 틀이 평화롭고 공평한 사회생활을 가능하게 하는가 하는 관점에서 여러 가지 정치상 이나 헌법이론을 평가하는 것은 당연히 가능하다. 다만, 비교불능성은 다른 레 벨로, 즉 자신이 참여하는 관점으로만 타인의 말(言說)을 이해할 수밖에 없다고 하는 사태를 묘사하기 위해 사용하는 것도 가능하다. 이러한 레벨의 비교불능성 은 가치의 다원성을 가치상대주의의 관점에서밖에 이해할 수 없는가라고 보는 마쓰이 교수의 주장자체에 의해서 실증(實證)되고 있는 것같이 생각된다.

▐▞▞▞▞ 제8장 ▞▞▞▞
| '외국인의 인권'에 관한 각서 |

- 보편성과 특수성의 사이

⟨그림 4⟩ 미국과 캐나다의 국경

1. 안넨(安念) 교수의 패러독스

권리와 의무에는 사람 일반에 대하여 보편적으로 타당한 것과 특별한 관계에 있는 사람들 사이에서만 타당한 것이 있다. "너는, 사람을 죽이지 마라"라는 말에서 제시하는 의무는 보편적인 의무의 예이다. 반면 친족 간의 부양의무, 교사가 학생에 대해서 지는 교육상의 배려의무, 스승의 고희(古稀)축하논집에 그 지도를 받은 사람이 논문을 헌정(獻呈)할 의무는 상대방과 자신의 특수한 관계 때문에 지는 의무의 예이다. 데렉 파피트(Derec Parfit)의 지적에 따르면, 우리가 일상적으로 상기하여 수행하는 의무의 대부분은 우리가 특정한 관계에 있는 사람들, 즉 아이, 부모, 친구, 은인, 학생, 환자, 의뢰인, 동료, 동포시민 등에 대한 의무로 구성된다.[1] 일상적인 도덕관에서 보면 이러한 특정한 관계에 있는 사람들에 대하여 우리가 지는 의무는 모르는 사람들에 대해서 우리가 지는 보편적인 의무보다 우선된다.

　본장에서 취급하는 것은 이 중에서 동포 시민(fellow-citizens)에 대한 의무에 관하여, 즉 우리가 같은 나라 사람에 대해서 지는 의무와 외국인에 대해서 지는 의무의 차이에 관해서다. 헌법학에서는 이 문제는 외국인에게 보장될 권리의 범위와 정도라는 형식으로 나타난다. 전통적인 논의방법에 따르면 "참정권처럼 그 성질상 국민에게만 인정되어야 하는 것을 별개로 하여, 원칙적으로" 외국인에 대해서도 헌법상의 권리는 보장된다.[2] 그 전제로는 적어도 사람으로서 당연히 향유하는 인권은 외국인도 당연히 향수할 것이라는 상정이 있다.[3] 헌법상의 권리의 대부분이 사람이라는 이상은 보편적으로 보장될 권리라면 그것을 보관하여 침해를 가하지 않도록 노력하는 것은 보편적인 의무다. 일본인 유권자가 최종적인 발언권을 가지는 형식으로 구축하여 운영하는 권리 보장의 시스템은 외국인에게도 그 보편적인 권리는 보장해야 한다.

　그러나 일본 판례는 반드시 이러한 입장을 관철하지는 않는다. 이른바 맥린(McLean) 사건*의 최고재판소 판결은 "헌법 제3장의 여러 규

---

* 일본에서 미국인인 McLean이 영어교사로서 1년간 일본에 입국하여 활동 중, 베트남 반전, 출입국관리법안 반대, 미·일안보조약 반대 등의 시위와 집회에 참가하였다. 1년 후 일본법무대신은 출국준비기간으로 120일의 갱신을 허가하였으나 이후 갱신을 불허하여, 외국인의 출입국·재류 자격 보장과 재류의 자유에 대한 일본법무대신의

정에 따른 기본적 인권의 보장은 권리의 성질상 일본 국민만을 그 대상으로 하고 있다고 해석되는 것을 제외하고 우리나라에 체류하는 외국인에 대해서도 동등하게 미친다고 해석해야 한다."는 일반론을 서술한 뒤에 "외국인에 대한 헌법의 기본적 인권의 보장은 …… 외국인 체류제도의 틀 내에서 부여됨에 불과하다"고 한다. 그리고 외국인은 "체류기간 중 헌법의 기본적 인권의 보장을 받을 행위를 체류기간 갱신 때 소극적 사정으로 감안되지 않는 것까지의 보장이 부여되는 것으로 해석할 수는 없다." 왜냐하면, 외국인에게는 원칙적으로 입국의 자유가 없으며(즉, 일본은 외국인을 받아들일 의무는 없으며), 따라서 한 번 입국한 외국인에게도 계속 체류할 권리는 없기 때문이다.[4] 외국인에게 원칙적으로 입국의 자유가 없으며 한 번 입국한 외국인에게도 계속 체류할 권리가 없다는 것에 대해서는 학설도 일반적으로는 동의하고 있다.[5]

이러한 전제에서 예를 들어 보면 '위헌의 조건(unconstitutional conditions)'의 법리를 이용하여 외국인의 입국에 정부가 부여할 수 있는 체류조건을 한정하려 하는 것도 거의 의미가 없을 것이다.[6] 가령 입국에 있어서 정부가 부여한 조건이 보편적으로 보장되어야 할 권리를 침해하는 것이므로 위헌이라는 판단이 가능하다고 하더라도 체류기간 갱신 때는 '기본적 인권의 보장을 받을 행위'를 소극적 사정으로 감안하는 것도 허용된다는 것이 판례 결론이며, 그것은 외국인에게 원래 체류의 권리가 없다는 것으로부터 도출되기 때문이다. 기본적 인권이 보장되는 것은 겨우 정부가 인정한 체류기간 중에 그친다. 맥린 사건에서 문제가 된 원고의 활동은 외교를 포함한 일본 정부의 정책을 비판하는 활동이며, 이러한 전형적인 정치적 표현행위 내용에 따라 사인에게 불이익을 주는 행위는 표현의 자유 핵심에 반하는

재량범위, 외국인의 정치활동의 자유의 범위가 일본 재판소에서 다투어진 사건.

행위일 것이다.[7] 그럼에도 불구하고 그것을 체류기간 갱신 때 소극적 사정으로 감안하는 것도 허용된다.

외국인에게 일본에 입국·체류할 권리는 없기에, 입국·체류에 조건을 부과한다는 형식으로 체류외국인의 헌법상의 권리를 자유롭게 제한할 수 있고 가령 그 제한의 효력을 '위헌 조건'으로 무효화 할 수 있다고 하더라도 체류기간을 갱신할 때는 인권으로 보장된 활동을 소극적인 사정으로 감안할 수 있다. 그렇다면 안넨 준지(安念潤司) 교수가 지적하듯이 '외국인의 인권'이라는 문제설정 자체가 원래 "문제설정으로 정당한 것인가"라는 의문이 생길 것이다.[8] 뿐만 아니라 원래 헌법이 보편적인 '인권'을 보장하고 있다고 상정해도 되느냐는 의문도 생길 수 있다. 헌법은 사람인 이상 당연히 보장해야 할 권리를 모든 사람에게 보장하려고 하는 것이 아니라 원래 같은 국민이라는 특정한 사람들의 권리만을 보장하려고 하는 것이며, 그러한 권리의 보장을 어디까지 그 이외의 사람들에게 확장해서 적용하는 것이 가능한가라는 문제가 학설이나 판례에서 논의된 것이 아닐까. 출발점이 이렇게 설정된다면 실은 참정권 등 "권리의 성질상 일본 국민만을 그 대상으로 하고 있다고 해석되는 것"과 그 이외의 외국인에게도 동등하게 보장될 권리의 차이는 정도의 차이에 불과하다.[9]

이하에서는 사람인 이상 보편적으로 인정되는 인권이 국적을 기준으로 보장되거나 보장되지 않는 특수한 권리인 것처럼 취급되는 제도에 과연 정당한 이유가 있는지를 검토한다. 따라서 이하에서 주로 염두에 두는 것은 참정권처럼 전통적으로는 내국인에게만 인정되는 것이 당연하게 여겨지고,[10] 그 뒤에 그 향유주체를 어디까지 확장하는 것이 가능한가가 현재 논의되는 인권이다. 보편적으로 보장되는 권리가 외국인인 것을 이유로 극히 불완전한 형식으로밖에 보장되지 않는 제도의 정당화 근거의 여부는 이론적으로는 더욱 심각한 문제

이다.11)

가령 권리보장 시스템의 구축과 운영에 대하여 최종적 결정권을 가지는 유권자단의 범위가 국적보유자의 범위와 일치하지 않고, 이를 상회하거나(예를 들면 정주(定住) 외국인에게 참정권을 인정할 경우), 밑도는 경우에도 왜 결정권을 가지는 유권자단이 원래 만인에게 보장해야 할 권리의 향유주체를 국적을 기준으로 구별하는 것이 허용되는가라는 문제는 여전히 생길 것이다. 그리고 이 문제는 헌법상의 권리를 향유하는 주체가 정주외국인으로 확장되었다고 하더라도 마찬가지로 생긴다.

2. 상호부조조직으로서의 국가

보편적인 인권을 내국인에게만 보장해야 할 권리인 것처럼 취급하는 것을 정당화하는 하나의 아이디어는 사회계약의 유추(analogy)에 입각한 다음과 같은 것이다.12)

국가란 일종의 상호부조조직이며, 국민은 상호부조의 계약을 맺은 그 구성원이며 일정한 의무를 이행하고 모든 구성원의 이익 증가에 공헌하는 사람만이 그것에 어울린 권리의 보장이 인정된다. 보편적으로 인정되어야 할 인권은 그것 자체로는 추상적 권리에 불과하다. 그 실효적인 보장에는 권리침해에 관한 분쟁을 공정히 재정하여 그것을 효과적으로 집행하는 메커니즘이 필요하다. 게다가 단지 정신활동의 자유나 경제활동의 자유를 추상적으로 향유하는 것뿐만이 아니라 그것을 활용하고 실제로 정신활동이나 경제활동을 하기 위해서는 그것을 가능하게 하는 다양한 사회제도의 정비가 필요하다. 그러한 분쟁의 재정이나 제도정비를 하는 것이 국가의 역할이다. 국가 설립과 유지에는 그것을 지탱하는 사람들의 공헌이 필요하지만 사람들이 그러한 공헌을 하는 것은 적어도 장기적으로 보면 그러한 공헌이 각인의 권리의 실효적인 보장으로 연결되고 각인의 이익에 적합하기 때문이다. 즉, 최종적인 차감계산에서는 모든 구성원이 플러스의 이득을 얻기 때문에 사람들은 국가라는 상호부조조직을 구축하여 그 운영에 협력한다.

국가에 이러한 역할을 기대하고 그것에 따라서 기능하는 이상, 국가가 첫째로 보장하는 의무를 지는 것은 그 구성원, 즉 국민의 권리이다. 사람이 생래적 추상적으로 향유하는 그 권리를 구체적·실효적으로 보장받고 싶다면 어느 국가에 소속하여 그 운영에 협력해야 하고, 자신이 그 구성원이 아닌 국가의 서비스를 향수하려고 하는 것은 도리에 어긋난다. 따라서 보편적인 권리인 인권을 각국이 마치 같은 국민에게만 인정되는 권리인 것처럼 취급하는 것에는 상응한 이유가 있게 된다. 또한 이 사고방식에 따르면 상호부조조직의 운영에 참가할 권리, 즉 참정권도 원칙으로 같은 국민에게만 인정되기에 이루어질 것이다. 게다가 이러한 상정(想定)에서 보면 어떤 국가의 법령에 복종해야 할 의무, 이른바 준법 의무도 부조(扶助) 조직 구성원이 되는 것에 동의한 인간에게만 타당할 것이다.[13]

이러한 논의에는 어느 정도 설득력이 있으나, 이것으로 현재 일본 통설·판례의 입장, 특히 판례 입장이 충분히 설명될 수 있다고 하기 어렵다. 이 논의에서는 정주 외국인처럼 일본인과 거의 차이 없이 납세하여 법령에 따라 의무를 이행하는 사람들에게 왜 그것에 어울리는 권리를 보장하지 않는지 설명하기가 어렵다. 최종적인 차감계산에서 모든 구성원에게 플러스가 되는 사람이라면, 구성원에 입각한 공헌을 요구하는 대신에 그런 사람도 구성원으로 인정하고 참정권과 사회보장을 포함한 구성원에게 부여되어야 될 서비스도 제공하는 것이 자연스러운 사고방식이다.[14] 그리고 참정권이나 사회보장

서비스처럼 전통적으로 국민에게만 인정될 권리라고 하는 것만 인정된다면 표현의 자유처럼 전형적인 자유권도 당연히 보장해야 한다는 논리가 될 것이다. 그러나 판례에 따르면 "공무원을 선정·파면할 권리를 보장한 헌법 제15조 제1항의 규정은 권리의 성질상 일본 국민만을 그 대상으로 하여 위의 규정에 의한 권리의 보장은 일본에 체류하는 외국인에게는 미치지 않는다."[15] 또한 외국인에게도 동등하게 그 보장이 미친다고 생각되는 프라이버시의 권리가 외국인등록법에 의하여 제약되는 것도 외국인에 대한 권리보장이 어디까지나 체류제도의 틀 내에서 인정된다는 판례 입장에서 보면 자연스러운 결론이지만,[16] 사회 구성원의 상호부조조직으로 국가를 파악하는 사고 방식과는 역시 정합적이지 않다. 여기서도 정주외국인 중에서 적어도 일본인과 동등하게 취급하는 것이 모두에게 이익이 될 것 같은 사람들에 대해서는 동등한 권리보장을 부여해야 할 것이다.[17]

다른 한편, 이러한 사고방식에서 보면 생래적으로 중도의 장애를 가지는 사람들처럼 장기적으로 봐서 모든 구성원의 이익에 공헌하는 것을 그다지 기대할 수 없는 사람들에 대해서는 국적과 상관없이 처음부터 공헌을 요구하지 않는 대신에 권리보장의 서비스도 제공하면 안 된다는 결론이 도출될 수도 있으나,[18] 이러한 결론은 우리의 상식에도 반하고 통설·판례의 입장과도 일치하지 않을 것이다.

3. 특별한 관계를 구성하는 '더욱 근저적인 이유'

국가를 상호부조계약을 체결한 사람들의 조직이라고 생각하는 견해처럼 같은 나라 사람의 권리를 특히 보장해야 하는 것은 같은 나라 사람들끼리의 결속을 특별한 것으로 하는 근저적인 이유가 따로 있기 때문이다. 반면, 국적은 그 근저적인 이유가 해당하는 인간을 구분하기 위한 대략적인 척도에 불과하다는 입장에서 보면 국적과 상관없이 그 근저적인 이유에 직접 근거하여 권리·의무를 인정하는가 또는 인정하지 않느냐는 결론으로 이르는 것이 자연스럽다.

이러한 사태는 국민은 동포로 서로 공공선을 실현하기 위하여 특정한 공동체에 참여한 인간이므로 상호적으로 특별한 권리·의무 관계에 있다는 논의처럼 권리보장의무의 보편성을 완전히 부정하는 논의의 경우도 마찬가지다. 국적을 가지고 있음에도 불구하고 선거에도 참가하지 않고 준법정신에도 부족한 사람도 그렇게 드물지 않을 것이다. 이러한 사람들에게 왜 선거권을 부여하거나 행정기관을 통해서 다양한 서비스를 제공해야 하는지 등의 의문이 도출되기에 이른다.[19] 문화, 언어, 종교 등의 특성을 공유하는지의 여부를 권리보장의 기준으로 하는 입장에 대해서도 마찬가지라고 할 수 있다.[20]

다른 구성원에게의 실질적 공헌도, 문화적 동일성, 국가에의 충성심 등의 점에서 얼마나 다양하든 국적보유자는 국적보유자이다. 그러한 국적보유자인지의 여부에 따라 권리보장의 범위와 정도는 특별히 다르다. 무엇이 그것을 정당화하는 것인가.

4. 조정문제를 해결할 표지로서의 국적

패러독스를 해결하는 다른 하나의 안(案)은 공리주의 철학자인 로버트 굿딘(Robert Goodin)교수가 제시하는 다음과 같은 사고방식이다.[21] 우리가 동포시민에 대하여 지는 권리보장의 의무는 원래 모든 사람이 모든 사람에 대하여 지는 보편적 의무에서 유래하는 것이고, 특정한 구성원들 사이에 대해서만 인정되는 것은 아니지만 특히 동 국민 사이에서 그 효과적인 실현을 위하여 편의적으로 인정되는 것이다. 원래는 보편적으로 타당한 의무이지만 그것을 모든 사람이 모든 사람에 대하여 수행하려고 하는 것보다는 특정한 사람만이 특정한 사람에 대해서만 그 의무를 수행하도록 하는 것이 더욱 효과적으로 의무를 수행할 수 있으며, 따라서 권리도 효과적으로 실현되는 상황은 적지 않다. 가령 보편적인 의무라고 하더라도 어떤 사람이 의무를 이행해버리면 다른 사람이 같은 의무를 수행하려고 해도 더 이상 의미가 없으며, 누군가 다른 사람이 어차피 이행할 것이라는 이유로 모든 사람이 방치한다면 이행해야 할 의무를 아무도 이행하지 않는 상황이 된다. 이러한 상황은 일종의 조정문제(coordination problem)이며, 이 문제는 당해 의무를 이행해야 할 사람을 미리 특정시키는 것으로 해결할 수 있다.[22]

예를 들면 해수욕장에서 누군가가 물에 빠져 있을 때, 원래는 그 장소에 있는 모든 사람이 구조의무가 있겠지만 모든 사람이 같이 구조하러 가면 쓸데없이 혼란이 일어나고 오히려 많은 인명을 잃게 될 우려가 있다. 그렇다 하더라도 모두가 구조하지 않아도 된다는 생각을 한다면 어느 누구도 구조하지 않을 우려 또한 있다. 이런 경우 미리 지정된 라이프 세이버가 구조를 하는 것으로 효과적으로 구조활동을 수행할 수 있다. 입원 환자를 누가 진료하느냐는 문제도 마찬가지이고, 환자를 치료할 의무는 모든 의사가 지겠지만 모든 의사가 모든 환자의 진료를 교체로 하는 것보다는 특정한 환자에 대하여 담당 의사를 지정하여 각 환자의 건강회복을 위하여 노력하는 것이 효과적일 것이다.[23]

국적도 비슷한 기능을 한다고 생각할 수 있다.[24] 국가가 제공하는 다양한 서비스, 그리고 그것에 소용될 비용을 분담하는 의무는 원래는 모든 사람이 모든 사람에 대해서 지는 보편적인 권리나 의무의 발로이지만 그것을 효과적으로 실현하기 위해서는 각각이 속하는 국민끼리 인정하는 것이 적어도 제1차적으로는 적절하다. 이 사고방식에서 보면 왜 우리가 선천적인 장애인에 대해서도 동포로 인정할 의무를 지는지 설명할 수 있고, 외국인의 권리를 보장해야 할 책임이 제1차적으로는 당해 외국인이 속하는 국가에 있다는 것도 설명이 가능하다. 이에 대하여 예외적인 예를 들면 정주외국인이 거주하는 국가의 조세를 부담하는 것은 치안의 유지, 외교·방위, 교통망의 정비 등 거주국이 제공하는 서비스를 우연히 향수(享受)하고 있기 때문이라는 특별한 사정으로 설명할 수 있다.

이러한 사고방식에서 보면 국적은 보편적으로 보장되어야 할 권리를 효과적으로 보장하기 위하여 그것을 보장할 의무를 지는 사람을 미리 지정하기 위한, 즉 국제적인 조정문제를 해결하기 위한 표시로 사용하게 된다. 지구상에서 사는 수많은 사람 중에서 어떤 사람들에 대하여 생래적 인권을 보장하여 자유롭게 행복을 추구할 수 있는 환경을 정리할 책무를 제1차적으로 지는 것이 어떤 정부인지를 정하기 위한 편의적인 척도로 국적은 이용된다. 복수 국적을 보유하는 사람이 사실상 극소수인 세상에서는 국적을 이러한 표시로 사용하는 것에는 충분한 이유가 있다. 라이프 세이버의 비유를 연장해서 말하면 광대한 해수욕장을 몇 명의 라이프 세이버가 분담하는 방법과 같이 각각이 특정한 집단을 담당하는 상황과 비슷하다.[25][26]

5. 무엇이 '허용'되는지

필자는 안녠 교수가 제시한 패러독스의 해결책으로는 국적을 조정문제로 해결하기 위한 표시로 파악하는 두 번째 견해가 타당하지 않을까 생각한다. 이 견해에서 보면 같은 국민의 권리보장을 제1로 생각하여 외국인의 권리보장은 체류제도의 틀 내에서만 생각한다는 현재 통설·판례의 태도가 헌법상의 권리보장이 동포 시민끼리라는 특별한 관계에 따른 의무 때문이라는 이유가 아니라 일단 국적을 표시로 하여 권리를 보장할 상대방을 선별하는 것으로 국제사회 전체로는 더욱 효과적이고 보편적으로 보장되어야 할 권리를 각인에게 보장할 수 있다는 이유로 근거를 만들 수 있게 된다.[27]

이러한 사고방식은 참정권처럼 당해 국가의 국민고유의 권리라 여기는 권리에 대해서도 연장하는 것이 가능할 것이다. 자신이 거주하는 사회에서 받는 공공 서비스에 대하여 그 비용을 부담함과 동시에 서비스 내용에 대하여 발언할 책무와 자격은 원래 보편적으로 인정되어야 될 것이기 때문이다. 이러한 견해에서 보면 국적을 표시하여 참정권을 인정하거나 인정하지 않거나 하는 시스템은 역시 보편적으로 적용될 목표를 효과적으로 실현하기 위한 편의적인 시스템이라고 생각해야 할 것이다.

물론 그냥 국제적인 조정문제 상황의 해결책이라고 이해하면 이 원칙에 항상 얽매일 필요가 없다는 것도 분명하다. 정치적 이유로 박해를 받고 있는 등, 자신이 소속하는 국가에 의하여 사람으로 당연히 보장되어야 할 권리가 보장될 전망이 없는 사람에게 타국이 난민으로 보호를 부여해야 할 경우도 있을 것이다. 다른 한편, 특정한 외국과의 협정에 따라 내국민에게만 인정될 권리나 의무를 당해 국가의 국민에게 할당하는 것도 그것이 무용한 곤란이나 심각한 '무임승차'의 문제를 초래하지 않으면 가능할 것이고, 또한 공공서비스의 운영이나 보편적으로 보장되어야 될 인권의 보호 등의 점에서 조정문제 상황을 악화시키고 역효과를 초래하지 않는 한 타국과의 협의 없이 그러한 취급을 인정하는 것도 별다른 이론적 장애는 없을 것이다. 예를 들면 정주외국인에 대한 조세의 부과나 일부 참정권을 외국인에게 인정하는 것이다. 그것은 헌법으로 요청되지는 않지만 허용은 되어 있으며, 원래 모든 사람에 대개 타당한 이유에 따라 인정

되는 권리나 의무이기 때문이다.[28)

‘내국인’이나 ‘동포시민’이라는 관계는 결국 그렇게 특별한 것이 아니다.

□ 참고

1) Derec Parfit, Reasons and Persons(Oxford University Press, 1984), p. 95; 일본어역『理由と人格』森村進訳(勁草書房, 1998) 133-34頁.

2) 宮沢俊義＝芦部信喜『全訂日本国憲法』(日本評論社, 1978) 187頁.

3) 最判昭和25年12月28日民集4巻12号683頁参照.(역자주: 이른바 이 "張貞達 사건"은 불법입국한 외국인은 일본의 국민건강보험에는 가입할 수 없다고 판단한 사례임.)

4) 最大判昭和53年10月4日民集32巻7号1223頁.(역자주: 이른 바 "맥린 사건"은 미국인 인 맥린 씨가 일본 체류 시에 베트남전쟁 반대, 출입국관리법안 반대, 미일안보조약 반대 등의 정치활동에 참여한 것을 이유로 체류자격 갱신을 허용받지 못한 사례임.)

5) 伊藤正己『憲法[第3版]』(弘文堂, 1995) 365頁, 芦部信喜『憲法学Ⅱ』(有斐閣, 1994) 121-29頁, 樋口陽一他『注解法律学全集憲法Ⅰ』(青林書院, 1994) 189頁[佐藤幸治執筆], 樋口陽一『憲法[改定版]』(創文社, 1998) 180頁. 국제법학자의 견해로 山本草二『国際法[新版]』(有斐閣, 1994) 515頁参照.

6) '위헌의 조건'의 법리는 정부에 의한 조성, 계약, 면허 등의 적극적인 행위를 헌법적으로 제어하는 수법으로 고안된 것이다. 예를 들면 정부가 젊은 예술가 육성을 목표로 하여 조성금을 지급할 경우 신청자의 소속정당을 기준으로 조성액이 좌우된다며 헌법위반을 벗어나기 어렵다. 원래 아예 조성하지 않는 것도 가능했다는 전제에서 조성할 때는 어떤 조건으로도 부여가 허용된다는 결론을 도출할 수 없기 때문이다. National Endowment for the Arts v. Finley, 524 U.S. 569(1998)의 법정의견에서 오코너(O'conner)대법관은 방론이면서도 예술활동에의 정부의 조성이 관점에 의한 차별(viewpoint discrimination) 때문에 위헌이 될 가능성을 인정하고 있다. 이 법리에 대해서는 예를 들면 Katheleen Sullivan, Unconstitutional Conditions, 102 Harvard Law Review 1413 (1989)를 참조. 일본어 문헌으로는 中林暁生「違憲な条件の法理の成立」東北法学18号(2000)101頁以下가 있다.

7) 이 점에 대해서는 우선 長谷部恭男『憲法学のフロンティア』(岩波書店, 1999) 8-9頁参照. '인권' 개념을 사람이 사람이기 때문에 당연히 누리는 권리로 하는 것이 아니라 비교 불가능한 다양한 가치를 가지는 사람들이 그럼에도 공존하여 사회생활이 편의를 향수하기 위한 최소한의 공통양해로 파악하는 견해에서 봐도 사회의 다양성을 더 풍부하게 하는 가능성을 가지는 외국인에 대하여 '인권'을 극히 불완전한 형식으로밖에 보장하지 않는 제도에는 의문이 제기될 것이다. '인권'을 국민에게 보장하는 국가는 이미 국내에 비교 불가능한 다양한 가치가 공존하는 것을 전제로 하는 것을 전제로 하기 때문이다. 이에 대하여 국민이 특정한 문화에 의하여 일체화되어 있는 것을 표방하는 국가는 이러한 '인권'을 국민에 대하

여 보장할 필요를 반드시 느끼지는 않으므로 외국인에 대해서는 더욱 그럴 것이다.

8) 安念潤司 「『外国人の人権』再考」 芦部信喜先生古稀 『現代立憲主義の展開 上』(有斐閣, 1993) 177頁. 佐藤・前出註5, 189頁도 안넨 교수가 제기한 패러독스를 '난제'라고 한다. 또한 이 문제와 관련한 여러 판례를 외국인의 기본적 인권에 대하여 출입국 시스템이 우선되는 입장으로 정리하는 日比野勤 「外国人の人権(3)」法学教室218号(1998年)65頁以下参照.

9) 안넨 교수가 지적하듯이 모든 사람에게 국내에서 어떤 활동을 하는지를 고려하지 않고 입국·체류의 자유를 인정하는 제도는 '거의 전율(戰慄)해야 할 것'이며, 현실에서 실시할 수 있다고는 생각하기 어렵다(前揭註8, 180頁). 즉, 현실로 실시 가능한 것은 동국인을 먼저 권리주체로 상정하여, 다음에 그것을 어디까지 확장할 수 있을지 생각하는 접근방법뿐이다.

10) 宮沢俊義 『憲法Ⅱ[新版]』(有斐閣, 1971) 241-42頁, 伊藤・前掲註5, 197頁, 芦部・前掲註5, 131-32頁.

11) 안넨 교수 스스로는 '외국인의 인권'이라는 문제 설정이 포함하는 곤란을 보편적 인권의 보장의무를 동포 시민에 대한 특수한 의무로 파악하는 것의 정당성이라는 형식으로 정식화하는 것이 아니다. 이 정식화의 책임은 필자에 있다. 또한, 본장에서 취급하는 '인권'이란 일본국 헌법상 인간인 이상은 모두 향유한다고 생각된 인권, 즉 일본 국민의 수탁자로 행동하는 일본국 정부가(헌법 전문 제1절 참조) 모든 사람에 대하여 보장해야 할 권리이며, 예를 들면 존 롤스가 The Law of Peoples(Harvard University Press, 1999)에서 논하는 모든 국가가 그 국민에 대하여 보장하여야 할 최소한의 권리와는 다르다. 롤스가 논하는 것은 노예적 구속으로부터의 권리, 소수민족의 대량학살로부터의 권리 등 더욱 긴급성이 높은 권리이며, 타국에 의한 간섭, 다시 말하면 당해 국가 주권 한정의 근거가 될 권리다(ibid, pp. 79-81). 따라서 현재 일본에서 보면 이러한 인권이 보장되는지가 문제가 된다면 주로 외국에 거주하는 외국인의 인권이라고 할 수 있다.

12) Robert Goodin, Utilitarianism as a Public Philosophy(Cambridge University Press, 1995), pp. 277-78.

13) 존 로크의 "시민정부론 An Essay concerning the True Original, Extent, and End of Civil Government" 틀에서는 사회계약에 참여하여 자신이 보유하는 자연권 일부를 사회전체에 양도하는 것에 동의한 사람만이 자연상태를 벗어나서 국가의 시민이 된다. 따라서 예를 들면 부모가 있는 국가의 시민이라고 해서 그 아이가 당연히 그 국가에 복속하는 것이 아니라 분별이 있는 나이가 될 때 어느 정부에 속할지를 자유롭게 결정할 수 있다(『市民政府論』鵜飼信成訳(岩波文庫, 1968)118 節参照). 또한 어떤 국가의 영토하에 재산을 보유하는 사람은 그 재산의 보유를

향수하는 한 당해 국가의 지배에 암묵의 동의를 부여한 것으로 생각되지만, 이 것은 진정한 동의와 다르므로 소유자는 그 재산을 포기하면 자유롭게 다른 국 가에 가입할 수 있다(同120-121節). 이에 대하여 어느 쪽 국가의 법령에 복종하 여 평안하게 생활하여 이러한 법 밑의 특권이나 보호를 향수하는 것만으로는 그 사람이 당해 사회의 일원이 되지는 않는다. 따라서 외국인은 가령 평생 타국 에서 생활하고 그 특권과 보호를 향유하게 되더라도 그 국가의 시민이 되지는 않는다. 즉 당해 사회의 사회계약에 동의하고 있다는 것으로 볼 수는 없다(同122 節). 타국에 거주하는 외국인은 그 국가와의 사이에서는 여전히 자연상태를 벗 어나지 않는 것이다.

14) Goodin, supra note 12, p. 278.

15) 最判平成7年2月28日民集49巻2号639頁.

16) 最判平成7年12月15日刑集49巻10号842頁.

17) 앞에서 언급한 로크의 논의(前揭註13参照)에서 보면 일본사회의 사회계약에 진 정한 동의를 하지 않는 한 외국인을 시민으로 취급하지 않는 것도 인정되지만 같은 것은 일본 국적을 가지는 미성년자에 대해서도 또한 성인이지만 여전히 진정한 동의를 했다고는 하기 어려운 일본 국민에 대해서도 해당할 것이다.

18) Cf. Goodin, supra note 12, p. 278.

19) 공동체에의 참여 여부를 각인에 대하여 조사하는 것은 비용이 많이 들고, 또한 내심의 자유를 침해할 수도 있으므로 국적을 대략적인 기준으로 하여 권리를 보장하는 것이 싸게 치인다는 논의는 가능하지만 이러한 논의에서 봐도 예를 들면 다섯 번 연속해서 국정선거에서 투표하지 않았던 국민으로부터는 선거권 을 박탈한다는 제도를 정당화할 여지도 있게 될 것이다. 이것이 선거권에 관한 일본의 통설·판례가 허용하는 것으로 생각하기 어렵다.

20) George Burdeau, Francis Hamon, et Michel Troper, Droit constitutionnel(L.G.D.J., 29ed., 2005), p. 20. 문화, 언어, 종교 등에 따른 공동체 정신은 때때로 국민으로서 의 일체성과 충돌한다. 이 점에 대해서는 Stephen Holmes, Passions and Constraint (University of Chicago Press, 1995), pp. 211-12 참조. 시민권을 배분하는 단위는 일 체성을 가진 공동체이어야 한다고 주장하는 마이클 월저는 공동체 내부가 심각 하게 분열된 경우에는 그것에 따라서 영토도 분할되어야 한다고 주장한다 (Michael Walzer, Spheres of Justice(Blackwell, 1983), p. 62). 대중을 정치적·군사적 으로 동원하기 위하여 인위적으로 창조된 생래적인 국민(nation)이라는 관념이 다양한 가치관 공존에서 오히려 마이너스로 기능했다는 관찰로는 예를 들면 Jürgen Habermas, The Inclusion of the Other(MIT Press, 1998), p. 114-17를 참조.

21) Goodin, supra note 12, pp. 280ff.

22) Cf. Goodin, supra note 12, pp. 31-37. 조정문제 상황이란 다양하고 가능한 선택지 중에서 무엇으로 정해질까 보다도 아무튼 그 중의 무언가로 정해져 있으며 사람들이 그것에 따라서 행동할 수 있다는 것이 중요한 문제 상황으로 특징을 만들 수 있다. 조정문제 상황에 대해서는 먼저 長谷部恭男『權力への懷疑』(日本評論社, 1991) 39-41頁 參照.

23) Goodin, supra note 12, pp. 281-83. 본문에서 서술한 사고방식에서 보면 정부가 국민에 대하여 지는 의무도 원래는 모든 국민이 모든 국민에 대하여 지는 의무이며, 효과적으로 실현하기 위하여 그것을 임무로 하는 사람들을 미리 예정한 결과 제1차적으로 정부가 국민에 대하여 지게 된 의무이다. 범죄자를 체포하여 처벌하고 피해자를 구제하는 것은 원래 모든 사람의 권리이고 의무이지만, 모든 범죄현장에 모든 국민이 급행해서 각각 의무를 이행하는 것으로 하는 것보다는 범죄 조사를 함에 있어 공평한 재판을 하는 담당자를 미리 정하는 것이 이러한 의무를 효과적으로 실현할 수 있다. 이러한 담당자가 누구인지, 즉 누가 정부이어야 하는지도 결국 조정문제이다. 이 점에 대해서는 Goodin, supra note 12, pp. 31-37 참조. 이러한 논의 방법은 부모가 아이에 대해서 지는 의무나 교사가 학생에 대해서 지는 의무에 대해서도 연장 가능할 것이다.

24) Goodin, supra note 12, pp. 283-85. 어떤 사람의 권리를 가장 효과적으로 보장할 수 있는 국가가 실은 그(그녀)가 소속하는 국가가 아닌 경우가 있다는 것은 이러한 해결에 대한 결정적인 반박이 될 수는 없다. 어떤 구역을 담당하는 라이프 세이버보다도 다른 구역을 담당하는 라이프 세이버가 수영을 잘 한다는 것도 있을 수 있겠지만 그럼에도 불구하고 구역마다의 라이프 세이버 역할분담은 정당화할 수 있다.

25) 라이프 세이버의 분담 방법으로 이러한 속인적인 분담이 효과적인지는 의심스럽다. 각각이 특정한 구역을 담당하여 당해 구역에서 물에 빠진 사람이 있을 때는 그 사람의 속성과 상관없이 당해 구역 담당자가 구조한다는 방법이 효과적일 것이다.

26) 본절에서 설명한 국적의 역할론과 유사한 논의로 국적의 의의에 관한 존 롤스의 논의가 있다. 그에 따르면 현재 국경의 구분은 역사적 우연에 의한 자의적인 것으로 보이지만 그럼에도 불구하고 특정한 영토와 그 주민에 대하여 누가 책임을 지고 배려할까가 결정된 것에는 의미가 있다. 이것은 어떤 재산에 대하여 그 가치가 감소하지 않도록 배려하는 재산권자가 누군가에 정해져 있다는 것과 마찬가지다. 어떤 국민이 그 영토나 인구에 대하여 적절한 배려를 하지 않을 경우 임의로 전쟁에서 영토를 획득하거나 타국으로 이주하는 것은 허용되지 않는다. 그것이 허용된다면 모든 정부가 자국의 영토나 주민에 대하여 적절한 배려를 하려 하지 않게 될 우려가 있다. 구분이 자의적인 것은 그것이 정당화될 수

없다는 것을 의미하지는 않은 것이다. 롤스의 논의에 대해서는 John Roles, The Law of Peoples(Harvard University Press, 1999), pp. 8 & 38-39 참조.

27) 이것은 전게 주7에서 서술하였듯이 당해 외국인의 소속국가와의 관계에서 일본만이 편무적으로 인권 보장을 보편적인 의무라고 생각할 경우에 대해서도 해당한다. 그 경우에도 국적에 따라서 인권을 보장하는 체제를 각국마다 정리하는 것이 세계 전체로는 보편적으로 보장되어야 할 인권을 보다 효과적으로 보장할 수 있으며 상대국과의 관계에서는 일본이 편무적으로 생각하고 있다고 설명할 수 있다. 인권보장이 보편적인 의무라고 생각하지 않는 국가에서는 당연하지만 이러한 보편적인 의무와 특수한 권리보장의 충돌이라는 패러독스에 고민하지는 않을 것이다.

28) 정주 외국인에게 지방참정권을 인정하는지가 입법정책의 문제라고 한 最判平成7年2月28日民集49巻2号639頁에 대해서는 왜 외국인에게 인정되는 것이 국정 레벨의 참정권에 미치지 않고 지방 선거권에 머무는지 그 논거가 명확하지 않다는 의견이 있다(橫田耕一「外国人の『參政權』」法律時報67巻7号(1995) 5頁. 또한 외국인의 지방참정권과 국정 레벨의 참정권을 구별하는 이론적 근거가 부족하다는 견해로 奧平康弘『憲法Ⅲ』(有斐閣, 1993) 60-61頁, 浦部法穂『全訂憲法学教室』(日本評論社, 2000) 508頁, 塩野宏『行政法Ⅲ[第2版]』(有斐閣, 2001) 162頁註1 등이 있다). 본장의 시점에서 보면 이 점에 대해서는 일의적으로 명확한 이론적 근거가 있을 리는 없다. 원래 국적을 참정권 부여의 기준으로 하는 것이 조정문제 해결을 위한 편의이었기 때문이다. 그러나 그래도 지방 선거권만을 정주 외국인에게 인정한 입법정책이 허용된다는 결론을 정당화할 수 있다(예를 들면 지방공공단체에 부여된 것은 통치권 중에서 행정권에 그치고 그 행사의 기본적 방침의 결정에 대해서만 정주 외국인은 참여할 수 있다는 이유 만들기가 생각된다). 그러한 구분도 조정문제의 하나의 해결책이 될 수 있기 때문이다.

■■■■■ 제 9 장 ■■■■■

| 국가에 의한 자유 |

일본 헌법학에서 '국가에 의한 자유'라는 개념은 확립된 의미의 내용을 제공하는 것이 아니다. 본장에서는 이 개념이 표할 수 있는 의미의 세 가지 내용을 분석할 것이다.1) 첫째는 '국가로부터의 자유'의 헌법상 보장에 당연히 부수하는 '국가에 의한 자유'(제1절), 둘째는 국가가 운영하는 '방어선'에 의하여 지켜질 자유(제2-3절), 셋째는 일정한 제도 내지 공공재의 제공이 국가에 의무화되고 그것에 대응할 권리가 헌법에서 보장되는 장면에서의 '국가에 의한 자유'이다(제4-6절).2)

1. '국가로부터의 자유'에 부수하는 '국가에 의한 자유'

헌법상의 권리는 '국가로부터의 자유' 즉, 대국가 방어권으로 파악하는 것이 통상적이다. 표현의 자유나 종교의 자유는 그것이 국가권력으로부터 침해되지 않도록 헌법으로 보장되어 있다고 생각한다. 그런데 '국가로부터의 자유'가 위헌심사제도에 의해 보호받는 국가에서는 이러한 '국가로부터의 자유'에도 극히 사소한(trivial) 의미에서 '국가에 의한 자유'로서의 측면이 부수한다.

이러한 '국가로부터의 자유'는 권리주체가 국가에 대한 것이기 때문에, 예를 들어 표현행위를 금지하거나 강제하거나 하지 않도록 요구할 권리를 포함하고 있으며, 그러므로 국가가 그러한 금지나 강제를 한 경우에는 적어도 다른 실효적인 보호수단이 동등하게 이용되지 않는 한 그러한 금지나 강제의 합헌성을 다투고 구제를 요구하는 지위가 헌법상 보장되어야 한다. 이러한 지위의 보장은 그것이 법원에서 보장된 경우라 하더라도 역시 '국가에 의한' 보장이다. 즉, '국가로부터의 자유'는 그것이 국가에 의한 침해행위의 합헌성을 다투고 구제를 요구하는 지위가 '국가에 의하여' 보장되어야 함을 함의한다.[3] 홈즈(Holmes)와 선스틴(Sunstein)이 지적하듯이 정부에 '대한' 보장은 정부에 '의한' 보장 없이 상정하기 어렵다.[4]

2. 방어선: 국가가 보호하는 일반적 자유

물론 '국가에 의한 자유'라는 용어에서 사람들이 상상하는 것은 이러한 '국가로부터의 자유'가 헌법상의 보장에 사소하게 부수하는 자유는 아닐 것이다. 오히려 제3자인 사인에 의한 침해로부터 국가가 보호할 자유로 '국가에 의한 자유'로 생각하는 것이 통상적이지 않을까? 헌법상 보호된 자유가 사인 간에서 가지는 효과에 대해서는 아시다시피 몇 가지 입장이 있으나 가령 헌법상의 권리에 사인 간의 효력이 전혀 갖춰지지 않는다고 하더라도(나아가 헌법상의 기본권 보장이 존재하지 않는다고 하더라도), 국가가 국민에 대하여 보호할 일정한 자유의 범위가 존재한다.[5]

표현의 자유나 신앙의 자유가 사인 간에서 전혀 효력을 가지지 않는다고 하더라도 사람들의 표현활동이나 신앙의 활동은, 예를 들어 산책을 하거나 거꾸로 서거나 자기 코를 긁을 자유와 같은 정도의 보호는 받는다. 이러한 산책이나 거꾸로 서거나 코를 긁을 자유는 H.L.A. 하트(H.L.A. Hart)가 말하는 '방어선(protective perimeter)'에 의하여 보호되는 일반적인 행동의 자유에 포함된다.6)

이러한 일반적인 자유에 포함되는 행위는 옐리네크(Georg Jellinek)에 의하여 "국가에 법적으로 무관계"인 것으로 되었다. 그 예로 옐리네크가 드는 것은 잡지의 출판, 자기 포도주를 마시는 것, 자신의 토지를 산책하는 것 등이다.7) 그러나 이러한 일반적인 자유는 국법과 전혀 무관계한 자유는 아니다. 필자가 거꾸로 서려고 하는 장면에서 타인이 그것을 실력으로 방해하려고 한다면 필자는 방해자를 폭행죄로 고소하거나 불법행위책임을 추급하거나 할 수 있다. 이러한 자유는 타자에 대하여 대응하는 개별의 의무(필자에게 '산책을 허용하는 의무'나 '거꾸로 서는 것을 허용하는 의무')를 부과하는 것은 아니다. 그러나 형사실체법이나 불법행위법에 의하여 마련되는 '방어선'을 넘어서는 안 된다는 의무가 일반적으로 부과되어 있기 때문에 이러한 자유는 역시 국법으로 보호된다.8)

하트가 지적하듯이 복수의 가게 주인이 고객을 유인하려고 해서 경쟁할 자유에도 이러한 일반적 자유로서의 측면이 있다. 가게 주인은 광고를 내거나 상품의 할인을 하는 등, 법이 허용하는 범위 내에서 자유로운 경쟁의 여지를 부여받고 있으나, 경쟁상대의 가게 주인을 폭행하거나 상대방 가게에 방화하고 그 영업활동을 방해하는 것은 허용되지 않는다. 다른 한편, 한쪽이 광고나 할인 판매를 하는 것을 수인할 의무가 경쟁상대에게 부과되는 것은 아니다. 일반적인 행동의 자유 범위 내에서의 경쟁행위는 서로 대응하는 권리·의무 관계가 존재하지 않는다는 의미에서 자유로운 행동이다.9)

3. '방어선'의 설정의무

하나의 문제는 이러한 '방어선'의 설정이 헌법이 요청하는 국가의 의무라고 할 수 있는가이다. 헌법상도 국가의 의무라고 할 수 있다면 그것에 따라서 보호된 일반적인 자유도 '국가에 의한 자유'로서의 성격을 강하게 띨 것이다. 국가의 의무라는 결론을 도출하는 하나의 길은 아래와 같다.

국가가 국민의 생명을 존중할 의무를 지는 것은 그다지 이론이 없으며, 승인될 것이다. 그런데 이 의무는 국가권력 자신이 국민의 생명을 침해하지 않을 의무를 포함하는 것뿐만이 아니라 제3자가 초래할 위험이나 위해로부터 국민의 생명을 보호할 의무도 포함한다고 생각된다. 사회계약의 비유를 사용한다면 사람들이 자연상태에서 보유한 자력구제의 권리를 원칙으로 국가에게 양도하거나 위탁한 것이 적어도 국가가 그것과 동등하게 실효적인 생명보호의 구조를 국가가 제공한다는 조건하에서라고 생각하지 않으면 앞뒤가 안 맞는다. 그러한 실효적인 생명보호의 구조가 제공되지 않는다면 국법을 존중해야 할 국민 쪽의 이유도 현저하게 약해질 것이다.

따라서 생명과 동등한 중요성 및 보호의 필요성을 가지는 국민 개개의 이익에 대하여 국가가 그것을 실효적으로 보호할 제도를 제공해야 할 의무를 지고 있다는 결론은 자연스럽게 도출된다. 그리고 보호의 방법을 그때그때의 정치적 다수파의 판단으로 맡길 수 없을 정도의 중요성을 가지는 이익에 대해서는 그 보호의 의무가 헌법상 요구될 의무라는 것도 허용될 것이다.[10] 물론 이 의무는 어디까지나 '일단 추정되는 진실(prima facie)'인 것이며, 대립하는 고려에 의하여 뒤집어질 수 있으므로 개별 문제에 대하여 확정적인 대답을 부여하는 것이 아니다. 보호의 대상이 될 이익의 중요성과 보호의 필요성, 구체적인 보호수단을 제공하는 비용의 다과에 따라서도 개별적인 장면에서의 의무 내용은 변화할 수 있다.

앞서 논한 국가의 의무는 소여의 조건에서 문제가 되는 이익의 중요성과 보호의 필요성에 따라 가능한 한 실효적으로 당해 이익을 보호할 구조를 제공하며, 국가의 적극적 작위의무에 대하여 일반적으로 말할 수 있듯이 원칙적으로 개개의 국가기관 행동을 일의적으로는 지정하지 않는다.[11] 예를 들면 어떤 사람의 생명을 구체적인 상황에서 실효적으로 보호할 수단으로는 다양한 것이 생각된다. 국가에 요청하는 것은 한정된 자원 중에서 그 중의 하나를 선택하여 실행하는 것이다. 국민의 생명을 보호하기 위한 법제도의 레벨에서는 더욱 다양한 선택지와 그 사이의 형량의 여지가 열려 있을 것이다. 이러므로 국가의 의무에 대응하여 특정한 의무의 수행을 요구할 권리가 국민 개개인에게 인정되는 것도 많지는 않을 것이 예상된다.[12]

4. 제도 운영의무와 대응할 권리

다른 한편, '방어선'의 경우와 달리 국민의 이익을 보호할 목적으로 제도를 설영할 의무가 국가에 부과됨에 그치지 않고 국민 쪽에 그러한 국가의 의무를 수행하도록 청구할 주관적 권리가 헌법상 인정되는 것도 실은 그렇게 드물지는 않다.

예를 들면 일본국 헌법 제24조는 혼인제도에 관한 법제도가 개인의 존엄과 양성의 본질적 평등에 입각하여 정해야 될 것을 요구하고 있다. 그것에 반한 혼인제도가 정해졌다면 그것은 헌법이 보장하는 권리를 침해하는 것으로 생각될 것이다. 게다가 가령 혼인이라는 제도 자체를 국회가 폐지하였다면 그것은 '혼인할 자유'를 침해하는 행위라고 평가받을 것이다. 혼인은 그것에 관한 법제도의 존재를 전제로 하고 있으며 혼인의 자유란 법이 설정하는 다양한 효과로의 접속을 보장할 권리다. 법이 정하는 요건·효과의 집행을 전제로 비로소 사람은 자신이 선택하는 상대방과 사회적으로 '혼인'이라고 인지되는 관계를 맺을 수(또는 그것을 해결할 수) 있다.

마찬가지로 계약의 자유가 헌법상 보장된 자유라면 이것 역시 계약에 관한 요건과 효과를 정하는 복잡한 법제도의 존재를 전제로 하는 자유다. 계약에 관한 법제도가 있어야 비로소 사람들은 자기 재산의 처분이 가능해지고 다양한 상대방과 자신이 선택하는 경제적 관계를 맺을 수 있다. 가령 계약에 관한 법제도를 국회가 폐지하였다면 이것도 계약의 자유를 침해하는 행위가 된다.

물론 계약제도나 혼인제도를 국회가 폐지하는 것은 상정하기 어렵다. 오히려 문제가 되는 것은 각 제도의 내용을 정하는 입법권자 재량의 폭일 것이다. 계약의 자유나 혼인의 자유, 더 널리 말하면 직업선택의 자유나 재산권 등, 국가에 의한 제도의 설영이 있어서 비로소 존립할 수 있는 권리라고 하더라도 각 제도의 내용에 대해서 극히 광범위한 입법재량이 인정되는 추상적인 권리에 그친다는 결론이 바로 도출되는 것은 아니다. 혼인의 자유에 관한 일본국 헌법 규정처럼 헌법 조항 자체가 입법재량을 한정하는 경우도 있으나 그러한 헌법 명문의 제약이 없는 경우에도 당해 제도가 있어야 할 내용에 대해서 법률가 공동체 내부에서 널리 공유된 이해가 있는 경우에는 그러한 이해에 대응하는 입법재량의 한정을 상정할 수 있다. 그러한 법률가집단의 공통이해는 그 제도에 관한 당해 사회의 통념에 대응하고 있는 것이 통상적일 것이다. 당연하지만 근대시민사회에서의 '혼인'과 봉건사회에서의 '혼인'은 완전히 이질적이다.

이러한 권리 및 그것에 대응하는 제도에 의하여 보호될 이익은 혼인을 할까 말까, 재산을 처분할까 말까 등에 대한 개개인의 자기 결정의 이익에 그치지 않는다. 혼인의 자유는 당해사회에서 '혼인'이라고 하는 관계가 널리 인지된 것을 전제로 해서 비로소 성립한다. '혼인' 외의 남녀관계나 어버이와 자식 관계, 혼인하지 않고 살아갈 자유 등도 표준형으로서의 '혼인'이 있고 그것과의 거리를 재는 것으로 성립한다. 변호사로 살아갈 자유도, 변호사가 어떤 과정을 거쳐 양성되고 어떤 소양이나 윤리를 갖추는지에 대해 세상 일반에서 공유하는 이해가 있어서 비로소 성립한다.[13] 같은 것은 많아도 적어도 국가에 의한 제도 설정을 전제로 하는 다른 자유에 관해서도 각 제도의 내용 결정에 대해서 광범한 입법재량이 당연히 인정되는 것은 아니다. 당해사회에서 무엇이 '혼인' 관계로 인정되는지, 무엇이 '변호사'로서의 직무와 윤리로 인정되는지 등, 사회에서 공유되는 제도의 이미지는 법률가 집단에서의 공통 이해를 통해서 입법재량을 한정하여 법제도 보장의 의무내용을 한정한다.[14]

5. 일본 최고재판소가 제시하는 예

국가에 특정한 내용의 제도 설정을 의무화시키고 그 의무에 대응할 국민의 권리를 인정하는 예는 일본 최고재판소에도 보인다.

이른바 제3자소유물몰수사건(第三者所有物没収事件)의 최고재판소판결(最大判昭和37年11月28日刑集16巻11号1593頁)은 소유자인 제3자에 대하여 고지·변명·방어의 기회를 주어야 할 국가의 의무가 헌법 제29조 제1항 및 제31조에 의하여 마련되어 있으며, 동시에 이 의무에 대응할 권리를 주장하는 적격이 몰수형을 선고받은 피고인에게도 인정되는 것을 밝혔다. 이 판례 이후에 「형사사건에서의 제3자 소유물의 몰수 절차에 관한 응급조치법(刑事事件における第三者所有物の没収手続に関する応急措置法)」(昭和38年7月12日法律第138号)이 제정된 것은 판결이 지적하는 국

가의 의무가 구체적으로 고지·변명·방어의 기회를 부여하는 제도를 설정하여야 할 의무를 포함하는 것이라고 시사(示唆)하는 것이다.*

또한, 이른바 산림법 공유림사건(森林法共有林事件)의 최고재판소판결(最大判昭和62年4月22日民集41卷3号408頁)은 '근대시민사회에서의 원칙적 소유형태'가 '단독소유'라고 해서 헌법이 상정하는 소유형태의 베이스 라인을 설정하여 그것으로부터의 이탈을 도모하는 입법이 그 목적 및 수단에 있어서 필요성 혹은 합리성이 빠져있다는 것이 명백하지 않다고 논의되었다. 산림법의 공유림분할제한규정에 대해서는 지분 가격 2분의 1 이하의 공유자로부터의 분할청구를 허용하지 않는다는 규제수단에 대해서 입법목적과의 합리적 관련성이 없다는 것이 명확하다고 한다. 본 판결은 소유권제도에 대해서 법률가 공동체의 공통 이해가 헌법이 상정하는 베이스 라인을 구성한다는 전제에 따라 이 베이스 라인으로부터의 이탈을 도모하는 입법에 대하여 그 목적 및 수단에 대해서 적어도 '명백성'의 기준을 달성하는 것을 요구할 권리를 국민에게 인정하는 것이라고 해석할 수 있다.**

게다가 2002년 9월 11일의 우편법 위헌판결(民集56卷7号1439頁)도 산림법 위헌판결과 같은 "근대시민사회의 원칙적······형태"라는 논의는 없으나, 공무원의 불법행위에 의한 국가 또는 공공단체의 손해배상책임제도에 대해서는 일정한 베이스 라인이 존재하고 있으며, 거기서부터의 괴리(즉, 책임제한)가 헌법 제17조에 적합한지는 책임제한의 범위 및 정도 등에 따라 그 목적의 정당성 및 목적달성 수단의 합리성과 필요성을 총합적으로 고려해서 판단해야 된다고 한다. 여

---

* '제3자소유물몰수사건'이란 한국으로 밀수출을 도모하다가 밀수 혐의로 구속당하고 몰수당하였으나 당해 화물에는 제3자의 소유물도 포함되어 있으므로 재산권 침해의 여부를 다툰 사건이다.
** 부친으로부터 산림을 형제가 증여받았으나 산림법 186조가 산림의 분할청구를 규제하고 있었으므로 당해 규정 재산권의 침해 여부가 쟁점이 된 사건이다.

기서도 입법에 관한 그러한 국가의 배려의무에 대응할 권리가 국민에게 인정되는 것으로 이해할 수 있을 것이다.*

이리하여 일정한 제도의 방법을 베이스 라인으로 간주하고, 거기서부터의 괴리에 대하여 목적 및 수단에서 사안에 따른 필요성 및 합리성을 요구한다는 심사의 태도는 의원정수 불균형에 관한 일련의 최고재판소판결 등에서도 볼 수 있다. 다른 한편, 일정한 제도를 설정하는 국가의 헌법상 의무를 인정하면서도 그것에 대응하는 국민의 주관적 권리를 인정하지 않았던 예로 재판의 공개에 관한 이른바 법정메모소송(法廷メモ訴訟) 최고재판소판결(最大判平成元年3月8日民集43卷2号89頁)이 있다.**

6. 공공재의 제공의무

국가의 적극적 의무에 대응하는 형식으로 헌법상의 권리를 관념할 수 있는 다른 상황은 특정한 공공재를 국가가 제공해야 할 의무를 지는 경우이다. 전형적인 경우는 공공재로서의 자유로운 표현공간을 확보할 국가의 의무와 그것에 대응하는 국민 표현의 자유가 있다.15)

표현의 자유의 보장근거는 몇 가지를 들 수 있으나 그 중에는 자유로운 표현공간이 사회 구성원에게 널리 미치는 공공재로서의 측면에 주목하는 것이다. 표현활동이 자유롭게 이루어지는 공간이 확보되는 것으로 다양한 정보가 사회전체에 풍부하게 보급되면 그것은

---

* 우편법으로 규정하던 종업원의 과실에 의한 배상책임 면제 규정이 일본 헌법 제17조가 규정하는 국가 및 지방자치단체의 배상책임 규정을 위반한다고 한 사건이다.

** 미국인 변호사가 일본 경제법 공부를 이유로 법정에서 재판내용을 쪽지로 기록하는 것을 재판소에 허가받으려고 한 사례이다. 최고재판소는 법정에서 쪽지로 기록하는 행위가 헌법상 기본권으로 인정할 수는 없으나 표현의 자유의 정신에 비추어보고 존중되어야 한다고 판시하였으며, 그 후에는 기록행위가 허용되었다.

무엇이 사회전체 이익에 이바지하는 적절한 정책 결정인지를 심의하고 결정하는 민주적 정치과정 유지에도 도움이 되고, 각 개인이 자기 삶을 생각하여 결정할 때의 다양한 선택지를 제공하는 것으로 자율적인 삶의 실현에도 도움이 된다. 이른바 법정메모 최고재판소 판결은 "각인이 자유롭게 다양한 의견, 지식, 정보에 접하여, 이를 섭취할 기회를 가지는 것은 …… 민주주의 사회에서의 사상 및 정보의 자유로운 전달, 교류의 확보라는 기본적 원리를 진지하게 실효성 있는 것"으로 하기 위하여 '필요'하다고 함과 동시에 "그 사람이 개인으로서 자기 사상 및 인격을 형성, 발전시키고 사회생활 속에서 이를 반영시킴에 있어서 빠질 수 없는 것이다"라는 것을 지적하고 있으나 이것도 자유로운 표현공간이 가지는 공공재로서의 측면에 착안한 것이라고 볼 수 있다.[16]

이러한 공공재로서의 자유로운 표현공간을 확보해야 할 국가의 의무는 특히 정보의 수집 · 처리 · 전달에 대하여 통상적인 개인과 비교할 수 없는 자원과 힘을 가지는 대중매체의 표현의 자유의 기초를 만들 때 의의가 있다. 여기서 문제가 되는 것은 국가의 의무에 대응하여 대중매체에 권리주체성이 인정되는 것은 대중매체의 표현의 자유가 초래하는 사회 일반의 이익을 실현하기 위하여 개개의 대중매체에 자신의 표현의 자유를 지키려고 하는 충분한 이해가 인정되기 때문이다.[17] 대중매체의 이익은 그냥 '반사적 이익'이 아니다. 다만 그 권리는 수단적 · 파생적인 것이고 그 뒤에 있는 정당화 근거는 자유로운 표현활동이 초래하는 사회 일반의 이익이다. 풍부하고 다양한 정보가 보급되는 공간을 제공해야 할 국가의 의무는 대중매체의 집중배제나 방송 프로그램 내용규제 등, 대중매체의 표현활동에 대한 규제를 정당화할 수도 있다.[18]

대중매체에 속하는 저널리스트의 표현의 자유가 대중매체의 자유

뒤에 있는 정당화 근거에 있는 것은 아니다. 개인으로서의 저널리스트의 표현의 자유는 대중매체가 외부에서 자유로운 표현활동을 인정받는 것으로 이미 확보되어 있다. 다른 한편, 저널리스트에게는 자기 회사의 편집방침에 반하여 자기 회사 매체에서 독자적인 견해를 표명할 자유가 헌법상 보장되는 것은 아니다. 이것은 시간·장소·방법을 선택하지 않고 자신의 견해를 표명할 자유가 헌법에서 보장되지는 않다는 것의 결론(corollary)이다.[19] 저널리스트는 그가 소속하는 대중매체가 인정하는 범위 내에서 대중매체의 자유를 대행한다. 대중매체의 표현의 자유가 사회적 이익에 의하여 기초가 만들어져서 비로소 그 자유를 대행하는 저널리스트의 표현의 자유가 도출된다.

7. 맺음말

이상에서 '국가에 의한 자유'라는 개념의 내용을 세 가지 측면으로 나누어서 논하였다. 판례를 포함한 기존의 개념이나 논의 중에서 '국가에 의한 자유'로 관념할 수 있는 것을 정리함에 그친다. '자유'와 '자유권'의 구분, '권리'와 '의무'의 대응 여부의 구별 등, 모두가 고전적이고 또는 세상에 널리 알려진 것이다. '자유'를 논할 때의 기본 이론으로 도움이 되면 좋겠다.

□ 참고

1) 현재 일본에서 '국가에 의한 자유'라는 개념으로부터 상기되는 것은 히구치 요이치(樋口陽一) 교수가 제시한 '두 개의 자유'라는 논점일 것이다. 본장에서 취급하는 '국가에 의한 자유'의 세 가지 측면 중에서 셋째 것은 히구치 교수가 지적하는 '국가 간섭을 통해서의 자유'와 크게 중복한다. 히구치 교수의 논의에 대해서는 『権力・国家・憲法学』(学陽書房, 1989)第Ⅳ章, 『近代国民国家の憲法構造』(東京大学出版会, 1994)第Ⅲ章 参照.

2) 본장은 '권리', '이익', '의무'의 상호관계를 고찰하기 위한 작업 가설(假說)로 조셉 라즈(Joseph Raz)에 의한 권리의 정의를 사용한다(필자는 라즈와 달리 헌법상의 권리에는 권리주체의 이익 실현에 반드시 공헌하지는 않는 것도 포함된다고 생각한다). 그에 따르면 "X가 어떤 권리를 가진다."라는 것은 권리 향유주체인 X에 대하여(나머지 조건이 일정한 한) X의 어떤 이익이 타자에게 의무지우는 충분한 이유가 될 때이며, 동시에 그때만에 한정하여 인정된다(Joseph Raz, The Morality of Freedom(Clarendon Press, 1986), p. 166; 대응하는 부분의 일본어 번역으로 同 『権威としての法』深田三徳編訳(勁草書房, 1994) 269頁. 누군가가 권리를 가지는 것은 그것에 대응하는 의무를 타자가 지는 것을 의미하지만 누군가가 어떤 의무를 지는 것은 반드시 그것에 대응하는 권리를 타자가 가진다는 것을 의미하지는 않는다. 또한 '방어선'에 의하여 보호된 일반적 행동의 자유에 대해서 제2절에서 서술하듯이 그냥 '의무'의 부재(그냥 자유)는 '권리'의 존재를 함의하지 않는다. 따라서 이하에서 논할 '자유'는 타자에게 의무를 부과할 '권리'가 아닐 수도 있다. 즉, '자유'는 반드시 '자유권'은 아니다.

3) Robert Alexy, A Theory of Constitutional Rights(Oxford University Press, 2002), p. 149.

4) Stephen Holmes & Cass Sunstein, The Cost of Rights: Why Liberty Depends on Tax (Norton, 1999), p. 55.

5) 보호의 객체로 '국민'을 적시한 것은 전형적인 사례를 상정한 뿐이고 외국인을 배제하는 취지가 아니다. 국적이 헌법상 권리보호에 관해서 가질 수 있는 의의의 정도에 관한 필자의 견해에 대해서는 「『外国人の人権』に関する覚書」塩野宏先生古稀祝賀 『行政法の発展と変革上』(有斐閣, 2001) 387頁以下(本書第8章) 参照.

6) H.L.A. Hart, Essays on Bentham(Clarendon Press, 1982), pp. 171-73; 대응하는 일본어 역으로 同 『権利・功利・自由』小林公・森村進訳(木鐸社, 1987)110頁 以下.

7) Georg Jellinek, System der subjectiven öffentlichen Rechte, 2nd ed.(J.C.B. Mohr, 1905), p. 104; 宮沢俊義 『憲法Ⅱ [新版]』(有斐閣, 1971) 91頁. 미야자와 이론에 관한 최근의 논의로는 高橋和之 「すべての国民を『個人として尊重』する意味」塩野宏先生古稀祝賀 『行政法の発展と変革』(有斐閣, 2001) 292頁以下와, 그것에 대답하는 저의

논문 「『公共の福祉』と『切り札』としての人権」法律時報74巻4号83頁以下(2002)(本書第7章)이 있다.

8) 반대로 말하면 이러한 '방어선'을 넘지 않으면 할 수 없는 행위인 살인이나 강도는 '국법과 무관계한 자유'로조차 보호되지 않는다.

9) Hart, Essays on Bentham, supra note 6, pp. 171-72.

10) 여기서 말하는 국가의 의무가 이른바 '기본권 보호의무'에 해당한다는 견해도 있을지 모른다. 다만 가령 생명이나 건강, 일반적인 행동의 자유 등이 기본권으로 보장된다는 전제에 따랐다 하더라도 여기서 문제가 되는 것은 그러한 기본권이 국가에 의한 침해로부터 보호한다고 하더라도 거기서는 상당한 생략어법이 사용되기에 이루어진다. 거기서는 '기본권' 자체가 아니라 '기본권'이 국가로부터 보호해야 할 이익—고야마 고(小山剛) 교수는 이를 '기본권 법익'이라고 부른다. 同 『基本権保護の法理』(成文堂, 1998) 10頁 註3—이 국가에 의하여 보호된다. 이 점에서 바로 기본권을 보호할 국가의 의무가 문제가 된다. 제1절에서 말한 '국가로부터의 자유'를 보장하는 국가의 의무와는 다르다. 기본권보호의무론 도입에 경계를 제시하는 최근의 논문으로는 西原博史 「『国家による人権保護』の困惑」法律時報75巻3号가 있다.

11) Alexy, A Theory of Constitutional Rights, supra note 3, p. 308.

12) 미국 연방대법원은 DeShaney사건 판결에서 적정절차조항은 정부의 권한행사에 대한 제한이며, 국민에게 최소한의 안전을 적극적으로 보장하는 것으로는 이해할 수 없다고 하여, 사인 상호의 안전을 어디까지 보장할지의 결론은 민주적인 정치과정에 위임된다고 하였다. 동 사건에서는 친아버지한테 학대를 받고 장애를 입은 아동이 정부의 보호감독조치가 충분하지 않았다고 해서 정부가 적절절차에 따르지 않고 그 자유를 박탈하였다고 주장하였으나 이 주장은 기각되었다. 정부에는 원고를 보호해야 할 적극적 의무는 없었다고 하는 것이다[DeShaney v. Winnebago County Dept. of Social Services, 489 U.S. 189(1989)]. 물론 본건에서 문제가 된 것 같이 극히 심각하고 중대한 이익의 침해에 대하여 정부의 보호의무를 모두 부정하는 것은 어렵고, 오히려 당해 이익을 실효적으로 보호할 다양한 선택지가 있는 경우에 한정된 자원 아래에서 무엇을 선택해야 할지를 심사할 능력이 법원에는 빠져 있었다는 다른 논거를 제시했어야 한다는 비판이 있다(cf. Holmes & Sunstein, The Cost of Rights, supra note 4, pp. 94-96).

13) Cf. Joseph Raz, Ethics in the Public Domain(Clarendon Press, 1994), ch. 2; 대응하는 일본어판으로 同 『自由と権利』森際康友編訳(勁草書房, 1996) 39頁 以下.

14) 법제도 보장이라는 사고양식의 원류와 변천에 대해서는 石川健治 『自由と特権の距離』(日本評論社, 1999) 参照. 법제도 보장에 대응할 권리가 국민에게 인정되는 상황에서 그것과는 별개로 국가의 '법제도 보장의무를 논하는 실익'에는 의

의가 있다. 소극적 견해의 예로 Alexy, A Theory of Constitutional Rights, supra note 3, pp. 324-26 참조.

15) 이하 공공재로서의 자유로운 표현공간의 확보에 관한 논의는 註13 및 Raz, The Morality of Freedom, supra note 2, chs. 7 & 10에서 제시된 사고방식을 크게 참조하였다.

16) 자유로운 표현공간을 확보해야 할 국가의 의무는 '방어선'에 영향을 미친다. 형사법, 불법행위법, 인격권보호법제 등에 의하여 설정되는 '방어선'에 대해서는 적어도 공공의 이익에 공헌하는 표현활동에 관해서 특수한 구분이 요구된다. 그것을 제시하는 예로 명예훼손의 조각사유에 관한 형법 230조의 2 및 最大判昭和44年6月25日刑集23卷7号975頁, 유사한 요건을 민사상의 명예훼손 여부에 해당시키는 最大判昭和61年6月11日民集40卷4号872頁, 공직선거의 후보자에 관한 표현과 공적인 입장에 없는 사람에 관한 표현 사이에 다른 판단 양식을 제시하는 最判平成14年9月24日判例時報1802号60頁 등이 있다.

17) 前揭註2参照.

18) Raz, The Morality of Freedom, supra note 2, p. 179. '레드 라이온' 판결에서 미국 연방대법원은 "인민전체가 라디오에 의한 자유로운 표현활동에의 이익을 가지고 있으며, 라디오가 제1수정의 목적과 의도에 적합하여 기능하는 것에의 집합적 권리를 가지는 것도 인민전체다. 방송사업자가 아니라 시청자의 권리가 우위에 있다"라고 한다[Red Lion Broadcasting v. FCC, 395 U.S. 367, 390(1969)]. 또한 First National Bank of Boston v. Bellotti, 435 U.S. 765(1978)에서 연방대법원이 주민투표의 결과에 영향을 미칠 은행 또는 기업의 활동을 금지하는 주법을 제1수정위반으로 하였을 때도 정보 수신자의 이익을 근거로 제1수정의 보호범위를 기업의 표현활동으로 확대하였다. 또한 저자의 논문『テレビの憲法理論』(弘文堂, 1992) 32頁 以下 및 井上典之=長谷部恭男「表現媒体の変化とプライバシー」法学セミナー2003年3月号(579号)28頁 以下 참조.

19) Cf. Judith Lichtenberg, Fondations and Limits of Freedoms of the Press, in Democracy and the Mass Media, ed. by Judith Lichtenberg(Cambridge University Press, 1990), pp. 119-21.

▚▚▚ 제 10 장 ▚▚▚
| 사사(私事)로서의 교육과 교육의 공공성 |

1. 머리말

교육을 둘러싼 권리의 이해를 어렵게 하는 이유 중 하나는 학습권의 주체가 되는 아이가 미숙하고 독립된 판단과 결정을 할 수 있는 인격이 아니라는 것이다. 게다가 아이는 가소성(可塑性)*이 있으며 영향을 받기가 쉽고 비판능력도 불충분하다고 생각된다. 아이가 완전히 자율적인 존재이면 아이로서 교육할 필요는 없다. 교육이란 이러한 미숙하고 가소적인 존재를 독자적인 판단을 할 수 있는 성숙한 시민사회의 일원으로 변용시키는 작업이다.

다른 한편, 헌법은 공비(公費)로 운영되는 학교 교육의 강제, 즉 무상 의무교육을 규정한다. 이러한 교육방법은 국가에 의한 교육의 평등한 제공을 보장하는 반면에 보호자나 아이의 교육에 관한 선택의 자유를 제약한다. 공영의 의무교육은 사사(私事)로서의 교육이라는 이념과 대립하는 계기를 내포한다.

---

* 외력에 의해 형태가 변한 후, 외력이 없어져도 본래의 모습으로 돌아오지 않는 물체의 성질.

히구치 요이치(樋口陽一) 교수는 어떤 논문에서 프랑스 각지에서 일어난 이른바 차도르(Chador) 사건을 계기로 교육의 공공성을 강조하는 공화주의와 교육을 사사(私事)로 파악하는 다원적 자유주의의 대립을 그렸다.[1] 본장은 거기에 드러난 프랑스의 특수성을 출발점으로 하고, 공교육을 도출하는 이념에 대해서 약간의 고찰을 시도한다.

2. 프랑스의 공교육

히구치 교수의 정리(整理)를 따르면 프랑스에서의 공교육의 사명은 부모의 '교육의 자유'를 내세우는 가톨릭 및 왕당파세력에 대항하여 국가를 통해서 공화제 이념을 관철하고 자유를 촉진하는 것에 있으며, 따라서 학교 교육에서의 정교분리가 중요한 의의가 있었다. 거기서의 공교육 이념은 이상적인 사회질서 및 시민을 국가가 교육을 통해서 창출한다는 공화주의 사상에 의하여 지탱되고 있다. 히구치 교수가 인용하는 레지스 드브레(Régis Debray)에 따르면 프랑스를 전형으로 하는 "공화국(république)에서는 사회가 학교를 닮아가는 것이고, 학교의 임무는 자기 자신의 이성으로 판단할 수 있는 시민을 양성하는 것에 있다."[2] 이슬람교의 계율을 상징하는 차도르(foulard)를 입고 공립중학교 교실에 나타난 여학생은 공교육에 의하여 전해져야 할 남녀의 평등과 국민의 일체성이라는 공화제 이념에의 도전으로 해석되며, 그렇기 때문에 논의가 일어났다.[3]

이러한 공교육의 이념은 프랑스 고유의 역사적 사정을 바탕으로 하는 점이 있다. 피에르 로장발롱(Pierre Rosanvallon)에 따르면 "시민(citoyen)을 형성한다는 집념"이 "콩도르세(Condorcet)부터 쥘 페리(Jules Ferry)까지, 미라보(Mirabeau)부터 페르디낭 뷔송(Ferdinand Édouard Buisson)까지 계속하는 교육개혁 모두를 도출한다. …… 그것은 사회의 개인 간의 분해라는 끊이지 않는 위험을 예방하고 교정하기 위해서 불가결한 임무로 받아들여졌다."[4] 프랑스는 대혁명을 통해서 정치제도를 민주화함과 동시에 중간 단체를 파괴하고 그 멍에로부터 개인을 해방한다는 사회의 급격한 변혁을 수행하였다. 종전의 사회적 유대가 파괴된 이상 그것에 대체하는 사회의 통합원리를 국가가 제공할 필요가 있다. 혁명기에서의 언어, 도량형의 통일, 행정의 중앙집권화도 평등한 여러 개인으로부터 구성되는 국민(nation)의 창출이라는 국책을 맡았다. 이것은 서서히 중간단체의 힘이 쇠퇴하고 정치기구의 민주화가 진행되었기 때문에 급격한 사회개혁의 필요가 없었던 영국과 대조적인 프랑스의 특이성이며, 교육이나 문화가 프랑스에서 국정상 중요한 의의를 부여받은 것도 이러한 특수사정 때문이다.[5]

이상적인 사회질서를 담보하기 위하여 국가가 바람직한 문화나 가치를 생산하여 유지해야 한다면 학교 교육에서의 사사성과 공공성의 조정도 단순해지고 사사성은 공공성이 허용하는 범위 내에서만 인정된다. 장래 시민을 양성하는 학교 교육, 특히 공영의 의무교육은 바람직한 사회질서를 생산하는 주요한 자리다. 국가는 원래 평등한 시민으로부터 구성되는 단일 불가분하고 비종교적인 공화국이라는 실질적인 가치질서에 참여하고 있으며, 따라서 모든 이데올로기에 대한 엄밀한 중립성을 국가에 요구할 수는 없다.[6]

3. 가치의 시장 자율성

공화주의와 대조적인 사상으로 사회에서의 가치나 도덕의 모습을 개인의 자율적인 선택에 맡기고 국가에 대하여 어떤 이데올로기로부터도 중립적일 것을 요구하는 다원적 자유주의를 대치시킬 수 있다. 이러한 입장에 대한 공화주의의 비판은 그 요구가 자기 파괴적이라는 점에 있다.

다원적 자유주의가 존중하는 개인의 자율이 가능하게 하기 위해서
는 적어도 다원적인 문화나 가치의 공존이 필요하다. 그러나 문화나
가치의 다원적인 공존은 결코 자동으로 달성되는 것은 아니고 그것
을 적극적으로 유지하여 때로는 강제하는 국가의 활동을 필요로 한
다. 자유주의가 요구하는 철저한 국가의 중립성은 문화의 자유시장
을 유지하는 국가의 활동도 금지하지만 그 결과로 이데올로기 간의
격렬한 대립은 사회의 일체성을 파괴하고 원자화된 여러 개인으로
분해할 위험이 있다. 자유주의에 대한 이러한 비판은 국가로부터 분
리된 사회나 개인의 자율성으로의 회의를 전제로 한다. 반대로 자유
주의자는 국가의 활동이 없어도 문화의 다원적 공존은 가능하다고
상정하고 있다.[7]

자유주의가 전제로 하는 다원적인 가치 자유시장의 자율성은 확실
히 자명한 것은 아니다. 그러나 국가기구를 통해서 가치의 다원적
공존을 강제하는 방법에도 고유의 리스크(risk)가 있다. 국가에 의한
강제적인 문화의 시장에 개입은 지배적인 문화와 가치관을 소수파에
강제할 위험이 있고, 그것으로 개인 자율의 기반이 되는 다원적인
자유시장 자체를 파괴할 위험을 내포한다. 가령 제3공화제 프랑스처
럼 지배적인 가치관 헤게모니(hegemonie)의 파괴를 의도하여 국가장치
가 동원될 경우에도, 당사자인 지배적 다수파가 정치과정을 통해서
역으로 문화의 강제장치를 찬탈할 우려는 부정할 수 없다.[8]

4. 학교선택의 자유와 바우처제

공화주의와 다원적 자유주의의 입장 차이는 사회와 개인의 자율성
에 대한 신뢰의 정도 그리고 국가라는 강제장치의 위험성을 어떻게

보는지에 따라 나타난다. 사회 및 개인의 자율성을 신뢰하여 문화에 대한 국가의 개입을 원칙적으로 부정하여 교육을 완전한 사사로 파악하는 다원적 자유주의의 입장을 취한다면 자녀에게 어떤 교육을 시키는지에 대해서 보호자의 선택의 자유를 최대한 인정해야 한다는 귀결이 도출될 것이다.[9] 이 입장에서도 평준화된 초등의무교육은 기초적인 언어나 과학상의 지식이 사회 전체에 보급되는 사태의 공공재적 성격을 근거로 정당화된다고 생각한다.[10] 그러나 보호자는 보호자가 인정하는 도덕이 의무교육 단계에서도 교육되는 것을 원할 것이다. 다원적 자유주의에서 보면 학교 교육은 각각 고유의 문화와 이데올로기를 가지는 아이나 그 부모의 선택에 따라서 제공되고 향수(享受) 되어야 한다. 학교 교육은 선택할 수 있는 메뉴(a la carte)이어야 한다.

보편적인 서비스(universal service)이어야 할 공영의 의무교육이 획일성을 요구하는 이상 그러한 선택의 자유를 경영교육 틀 내에서 실현하기는 어렵다. 아마도 공립학교와 함께 다양한 사립학교를 인정하는 것이 문제를 해결한다. 강한 신앙을 가지지 않는 가정이나 반종교적인 가정도 존재하는 이상 종교적 중립성이 엄격하게 유지되는 공영교육을 유지하는 것은 중요한 의의가 있으나 보호자에게는 각자의 사상에 적합한 사립학교로 자녀를 다니게 할 자유도 인정해야 된다. 그 경우 무상인 공영 의무교육과 수강료를 징수하는 사립학교에서 보호자의 경제적 부담이 다른 상황을 어떻게 평가할까라는 문제가 생긴다. 공립학교에서도 사립학교에서도 수강료 지불에 이용할 수 있는 바우처(voucher)*를 각 가정에 배포한다는 미국에서의 제안은 이 문제를 해결하는 시도의 하나이다.

---

* 정부가 특정 수혜자에게 교육·주택·의료 등의 복지 서비스 구매에 대하여 직접적으로 비용을 보조해 주기 위하여 지불을 보증하여 내놓은 전표.

바우처제 교육 서비스를 상품화하여 교육의 자유를 경제적 자유로 환원하는 것으로 일축하기는 어렵다. 교육이 통상적인 사적재(私的財)와 다른 외부성을 가지고 있으며, 따라서 초등교육의 의무화나 교육에의 재정원조 등, 정부가 교육에 대하여 일정한 역할을 해야 하는 것은 바우처제 지지자도 인정하고 있다.[11] 문제는 어떤 재정원조의 방법이 적절한가이다. 바우처제는 사립학교에의 재정원조가 극히 한정되기 때문에 사립학교로 자녀를 다니게 하는 보호자가 공립학교 설영을 위한 세금과 사립학교의 수강료를 이중분담하고 있는 미국의 현상을 개혁하여 사립학교를 선택할 자유를 실질화하는 방법으로 제안된다. 종교재단 사립학교에 대하여 공비(公費)의 원조를 하는 것은 정교(政敎) 분리조항의 제약이 있으나 바우처제는 보호자의 선택을 거치는 것으로 이 헌법상의 제약을 우회할 수 있길 기대한다.[12]

바우처제 지지자 입장에서는 사립학교에 일정한 조건으로 재정 지원을 하는 국가, 예를 들면 현재 프랑스의 제도는 바우처제의 하나의 변종(變種)으로 파악된다.[13] 일본 사학조성(私學助成)제도도 마찬가지의 이례로 해석될 것이다.[14] 다만 순수한 바우처제에서는 어느 학교가 얼마나 학생을 받아들이고 얼마나 교원이나 설비에 투자할지는 보호자의 직접적인 선택에 따르지만 일본에서는 그 선택에 재정지원을 하는 국가나 지방공공단체의 재량이 개입하고, 보호자는 투표나 진정을 통해서 간접적으로 그것을 제어할 수 있을 뿐이다.

바우처제를 비판하기 위해서는 그것을 지탱하는 다원적 자유주의 자체를 비판할 필요가 있을 것이다.[15] 학교 교육을 사사(私事)의 조직화로만 파악하는 견해에서 보면 바우처제는 진지한 검토를 할 만한 선택지이다.

5. 다원적 자유주의와 학교에서 종교의 자유

다원적 자유주의를 전제로 하면 이른바 '일요일 수업참관사건'이 제기하는 문제도 사립학교를 선택할 자유가 실질적으로 보장되는지에 따라 그 심각성이 달라진다. 이 사건에서는 예배 참가를 위하여 일요일의 참관 수업에 결석한 공립초등학교의 아동이 결석으로 취급하는 것은 종교의 자유를 침해한다고 주장하였으나 도쿄지방재판소 판결은 종교행위에 참가하는 아동에 대해서 출석을 면제하면 공교육의 종교적 중립성을 유지하기에 바람직하지 않으며, 동시에 당해 아동의 공교육 성과를 저해한다는 이유로 아동을 결석 취급해도 위법이라 할 수는 없다고 하였다(東京地判昭和61年3月20日行裁例集37卷3号347頁).

공화주의적 공교육관에서 보면 공영 의무교육장에서 종교의 자유를 내세우는 것은 허용되지 않는다. 다른 한편, 다원적 자유주의에서 보면 보호자나 자녀의 종교 자유를 공영교육의 중립성을 이유로 부정할 수 있는지는 의문이다. 그러나 전술(4)처럼 공영교육의 종교적 중립성에 중요한 정당화 이유가 있고, 게다가 공영교육 이외에 종교적 소수파 관행도 허용하는 사립학교에 다니는 길이 실질적으로 열려 있는 한 다원적 자유주의 입장에서도 판결의 결론은 시인할 수 있다고 생각한다.

문제는 그러한 선택의 자유가 실질적으로 열려 있지 않은 상황에서 생긴다. 의무교육 단계의 사안이 아니지만 이른바 고베고전 사건(神戸市立工業高等専門学校事件)(最判平成8年3月8日民集50卷3号469頁)은 그러한 상황에서의 공교육의 종교적 중립성과 종교의 자유의 상극 문제를 제기하는 것으로 받아들이는 것처럼 보인다.[16] 이 사건에서는 '여호와의 증인'의 신자인 공업고등전문학교 학생이 격기(格技)를 부정하는 신앙에 따라 검도의 실기 수강을 거부하였기 때문에 보건체육 과목의 성적을 인정받지 못하고 유급 및 퇴학 처분을 받았다.

언제나 당해 사회의 다수파가 보고 종교적으로 중립적인 룰을 강행하는 것이 소수파 입장에서는 신앙의 핵심에 대한 공격이 될 우려가 있다. 그때 따로 그러한 편견으로부터 자유로운 학교가 가능한 선택지로 제공되지 않는 이상은 룰의 획일적 적용을 자제해야 될지의 여부가 검토되어야 한다. 다원적 자유주의에서 보면 신앙상의 소수파가 학교 교육처럼 본인이 자기를 실현하고 성숙한 사회의 성원이 되기 위하여 그 신앙 때문에 기본적으로 중요한 제도로부터 계통적으로 배제되는 것은 원칙적으로 정당화될 수 없다. 그러한 배제가 예외적으로 정당화되기 위해서는 필요 불가결(compelling)한 목적에 엄밀히 적합한(narrowly tailored) 조치라는 입증이 필요할 것이다. 격기의 수강을 유급·퇴학이라는 제재를 가지고 의무화하는 것에 그 정도의 강한 정당성과 적합성은 인정하기 어렵다.[17] 이러한 사고방식에서 보면 본건 처분은 적용상 위헌이라고 평가되게 된다.

6. 교사의 교육에 대한 자유와 학교의 자율성

국가가 교육을 통해서 동질의 국민을 형성한다는 공화주의적 발상에 입각해 보면 교육활동을 구체적으로 하는 각 학교의 교사가 국가가 강행하는 이데올로기로부터 떠나서 자유로운 교육을 할 권리는 부정될 것이다. 반대로 학교교육의 의의가 보호자의 의도대로 자녀를 교육하는 것이고, 그 한도에서 사사의 조직화에 불과하다면 거기서도 보호자의 대리인에 불과한 교사는 보호자의 지령에 따라야 하고, 기술적 재량을 제외하면 교사에게 교육의 자유를 인정할 이유는 없다. 다원적 자유주의가 제창하는 보호자의 선택의 자유는 교사에게의 자유로운 교육의 부정(否定)을 의미한다.

혹시 국가 및 보호자의 지령을 차단하는 교육의 자유가 교사에게 인정된다면 그것은 제도로서의 학교의 자율성을 존중하는 것이 공교육 원래의 기능을 더 좋게 하는 것으로 이루어지는 한도 내에서일 것이다. 그때 공교육의 의의는 보호자가 지배하는 사사(私事)의 조직화에서도, 국가가 지배하는 시민의 산출(産出) 과정에서도 있을 수 있다.

마이클 월저 교수에 따르면 장래의 시민이 되는데 필요한 교육을 자녀의 사회적 출자의 차이와 상관없이 평등하게 제공한다는 공교육의 임무를 수행하기 위해서 학교는 국가로부터 뿐만이 아니라 가정을 포함한 사회로부터도 자율적인 공간이어야 한다. 이러한 자율성을 확립한 '강한 학교(strong school)'의 모델을 그는 전후 일본 학교를 이상화하는 것으로 추출하려고 하였다. 여기서는 강고한 교원조합이 국가의 개입을 저지함과 동시에 교실 내에서의 교사의 권위를 확립하고, 그것이 반대로 학생의 평등을 생성한다. 학습 진도의 요구는 높고 교사를 포함한 교실 전체가 그 달성을 위하여 노력하고 교실 내에서는 가끔 학생끼리 가르치는 모습이 보인다. 또한, 학교시설의 관리를 청소도 포함하여 교사와 학생이 한다. 이것이 국가와 사회로부터 자율적인 '강한 학교'의 특질이다.[18] 거기서는 강고(强固)한 교원조직이 국가 대신에 교육수준의 유지를 수행하게 된다.

현실의 일본에서 학교의 '학원화'가 걱정되는 것은 학교가 보호자의 요구에 충실해서 학교로서의 자율성을 상실하였기 때문이라고 하여, 미국 학교에서의 인종통합정책도 학생을 지역사회로부터 격리해서 비로소 인종의 통합이 달성된다는 전제에 입각한다. 이러한 사고방식에 입각하면 교사에게 교육의 자유를 인정하는 것, 또한 학교에 자율적인 부분사회의 지위를 인정하는 것은 당연하고, 법원은 원칙적으로 일반 시민사회의 룰로 학교 내의 문제를 처리하면 안 된다. 가령 일본 학교 교육의 현상이 월저가 그리는 이상상(理想像)과 먼 것이라고 하더라도 개선 방법은 학교의 자율성을 더 강화하는 방향으로 요구하게 된다.

다만 이상과 같은 사고방식에는 한계가 있다는 것에 유의하여야 한다. 첫째는 학교에 강한 자율성을 인정하는 근거가 장래 시민을 육성하기 위하여 평등한 교육 서비스를 제공하는 것에 있다면 학교의 자율적인 권능의 범위는 시민임에 적절한 지식, 학력을 갖추는 것에 한정될 것이다. 적어도 학생의 평준화와 규율의 유지를 명목으로 복장이나 에티켓 또는 교외생활까지 미치는 자세한 교칙을 정립하여 "정해진 룰이므로 지켜야 된다"라는 법실증주의 도덕을 강행하는 것의 정당성은 의심스럽다.

둘째는 장래 시민에게 필요한 교육의 제공이라는 사회전체의 이익이 근거인 이상 독립된 판단능력을 갖춘 자녀의 '마지막 수단'으로서의 인권을 학교의 자율성을 이유로 침해하는 것은 허용되지 않는다.[19] '마지막 수단'으로서의 인권이라는 관념은 학교가 실제로는 국가나 지역사회의 압력에 종속해서 행동하고 있음에도 불구하고, 그 정당화 이유로 학교의 자율성을 내세울 위험에 대처하기 위해서 필요하다. 실천적 권위의 존재를 이유로 공동체 구성원 모두의 동조를 요구하는 현상은, 일본에서는 당해 공동체의 자율성보다는 오히려 사회전체의 행동양식에 직접 반영하고 있다는 의심이 강하다.

'마지막 수단'으로서의 종교의 자유에 관한 구체적인 사례는 다원적 자유주의와의 관련에서 이미 언급하였으므로 여기서는 반복하지 않는다. 학생 쪽에 실질적인 학교 선택의 자유가 없었다는 전제에 입각하는 한 고베고전사건과 같은 사례에서 고등전문학교 쪽의 처분을 정당화하는 것은 공영교육 입장에서 수미일관해서 종교를 배제할 철저한 공화주의뿐일 것이다.

7. 공화주의와 정교분리 · 종교의 자유

고베고전 사건 당시의 고등전문학교측 처분의 기초가 되었다고 생각되는 공화주의의 이념은 정교분리에 관한 일본의 판례와의 사이에서 긴장관계를 초래한다. 맥코넬(McConnell) 교수가 지적하듯이 미국 연방대법원이 학교교육에서의 정교분리에 대해서 해온 레몬 테스트*의 엄격한 적용은 기성의 종교 특히 가톨릭을 공적 공간으로부터 배제하여 사적 영역으로 봉쇄하고, 공교육을 통해서 세속적인 공덕을 함양한다는 세속적 자유주의(본장 용어로 말하면 공화주의)를 배경으로 하는 것이었다.[20] 연방대법원 판례를 지탱하는 공화주의에서 보면 정교분리, 즉 공적 영역에서의 종교의 배제는 사회를 분단하는 종파 간의 격렬한 대립을 잡기 위한 협정이고, 세속적 질서인 자유로운 민주정만이 공적인 도덕에 관한 분쟁을 해결한다. 따라서 종교의 자유는 정교분리와 정합하는 한도에서만 인정된다.[21]

다른 한편, 일본 판례는 정교분리에 대하여 엄격한 태도를 보이진 않지만, 거기에 보이는 상대적 분리의 관념은 다원적 자유주의를 전제로 하는 것이 아니라 오히려 사회 다수파의 '통념'이 분리 방법을 결정해야 한다는 상정이다. 사회의 다원성 확보보다는 오히려 "종교적 관심도는 반드시 높다고 하기 어렵다."라는 일본의 국민의식(津地鎭祭事件最高裁判決)에 일원적 동조를 좋다고 하는 것으로 보인다.

이에 대하여 학설의 대부분이 지지하는 엄격한 정교분리는 오히려 공화주의적 국가관을 전제로 하는 것이며 다원적인 자유주의와 양립

---

* 레몬 테스트는 미국에서 법률이 정교분리 원칙에 위반하는지 여부를 판단하는 법률의 위헌심사 방법이다. 법이 ① 비종교적인 목적을 가질 것, ② 법의 근본적이거나 주요한 효과가 종교를 장려하거나 금지하지 않아야 하며, ③ 그 법이 정부의 종교에 대한 과도한 개입을 장려하는 것이어서는 안 된다는 테스트를 통과하면 그 법은 정교분리 원칙에 반하지 않는 것이 된다.

할 수 있을지 의심스럽다.[22] 프랑스나 미국처럼 오랫동안에 걸친 엄격한 정교분리에 의해 비로소 다원주의를 맞이하는 사회적 바탕이 형성되었다고 생각한다면 학교 교육에서도 역시 공화주의와 그것에 따른 엄격한 정교분리가 관철되어야 할 것이다.

다른 한편, 현재 일본에서 국가가 교육내용에 대한 개입을 시인(是認)하는 것은 오히려 사회적 다수파에 의한 소수파 억압을 도출할 위험이 크다고 생각한다면 일반적으로는 엄격한 정교분리를 주장하면서 교육 장면에서는 학교의 자율성 또는 자유주의적인 다원성을 강조한다는 전략이 지탱될 것이다. 학교의 자율성을 어느 정도 강조하는가는 일본 사회에서 가정이라는 중간단체가 수행한 역할을 어떻게 보는지 또한 학교가 실제로 '자율적'일 수 있을지의 판단에 따른다.

□ 참고

1) 樋口陽一—「《Républicain》と《Démocrate》の間」小林直樹先生古稀祝賀論集『憲法学の展望』(有斐閣, 1991) 229頁 以下.

2) Régis Debray, Êtes-vous démocrate ou républicain?, Le nouvel observateur, 30 novembre-6 décembre 1989, p. 52; 樋口・前掲 235頁. 프랑스에서의 공교육의 역사에 대해서는 內野正幸「敎育と自由主義」ジュリスト978号 76-78頁 參照.

3) 사실의 경위와 일단의 결론인 1989년 11월 27일의 국무원의 의견에 대해서 樋口・前掲參照. 그 후에 국무원은 공립학교 시설 내에서 학생이 신앙을 표명할 자유는 보장된다고 하여 모든 종교적 상징 착용을 일반적으로 금지하는 어떤 중등교육기관(collège)의 교칙을 무효로 하여 그 교칙에 반해서 차도르를 착용해서 이루어진 여학생에 대한 퇴학처분을 취소하였다(CE 2 novembre 1992, Kherouaa et autres, req. 130394). 물론 이 재판은 앞에서 나온 의견과 마찬가지로 프랑스 사회의 가치에 반하는 학생의 신앙표명을 공교육의 장소에서 허용해야 하는지를 제대로 취급하지는 않는다(cf. J. Rivero, L'avis de l'Assembleé générale du Conseil d'État en date du 27 novembre 1989, Rev. fr. Droit adm. 6 (1), 1990, pp. 5-6; Ch. Maugüe et R. Schwartz, Chronique générale de jurisprudence administrative française, L'Actualité juridique-Droit administratif, 12, 1992, p. 793).

4) P. Rosanvallon, L'État en France, (Seuil, 1990), p. 108.

5) Ibid., pp. 95-108. 물론 공화주의자에 의한 반교권주의투쟁의 자리로서의 교육이라는 이미지는 프랑스의 교육법제에 관한 유일한 묘사가 아니다. 장 리베로(Jean Rivero)교수는 오히려 모든 신앙이나 사상의 평등한 존중이야말로 공교육에서의 정교분리(laïcité)를 지탱하는 이념이었다고 한다(J. Rivero, Les libertés publiques, tome 2(4th ed. PUF, 1989), p. 342. 교육의 중립성에 관한 1883년 11월 17일의 쥘 페리의 통달도 그러한 해석을 허용한다. 그는 교사에 대해서 "학생에게 교훈이나 격언을 제시하려고 할 때 당신의 발언이 당신이 아는 한 성실한 인간의 마음을 한 명이라도 상처 주지 않을까 따지십시오. 혹시 대답이 '네'라면 그 발언을 자제해야 합니다. …… 교사는 그 언동으로 학생의 신앙상의 신앙을 상처 주는 것을 악한 것처럼 피해야 합니다."라고 명한다(cité dans ibid., p. 342). 적어도 현재 프랑스에는 사립학교에의 공비조성이나 학교시설이 있는 사제(司祭) 등, 다원성의 확보를 목표로 한 제도가 보인다.

6) 이러한 관점에서 보면 일본 교육기본법 제8조 및 제9조가 요구하는 정치적・종교적 중립성도 극히 한정된 의미만을 지니며, 말 그대로 '특정한' 정당이나 종파 선전의 금지를 명함에 불과할 것이다. 물론 이러한 사고방식은 개인의 선(善)의 관념에까지 국가가 개입해야 한다는 결론을 도출하는 것은 아니다. 공화주의적

인 자유롭고 민주적인 사회질서가 학교에서 교육되어야 한다면 원칙적으로 신앙이나 사상은 개인의 자율로 맡기게 된다.

7) Cf. W. Kymlicka, Liberal Individualism and Liberal Neutrality, Ethics, vol. 99(1991), pp. 893-94, 896-97.

8) *Ibid,* pp. 899-902. 전후 일본정부의 교육정책에 그 예를 보는 견해로 樋口陽一『憲法[改訂版]』(創文社, 1998) 268-71頁參照. 거기서는 프랑스와 반대로 교사나 부모의 교육의 권리가 헌법에 적합적인 교육 수행을 요구하는 근거가 된다. 본문 **6.**을 참조.

9) 자유주의로 포괄되는 사상군(群)이 어떤 교육제도를 정당화하는지는 개별 논자(論者)마다 검토가 필요하다. 예를 들면 드워킨이 제창하는 자원의 평등 이념이 어떤 교육제도와 정합하는지는 명백하지 않다(cf. P. Shane, Compulsory Education and the Tension Between Liberty and Equality, Iowa Law Review, vol. 73(1987), pp. 97-107). 이하에서는 개인의 선택의 자유를 존중하여 사회의 자율성을 신뢰하는 다원적인 자유주의를 추구할 때 어떤 교육제도가 구상될지를 고찰한다.

10) 교육의 공공재적 성격에 대해서는 예를 들면 今井賢一ほか『価格理論Ⅱ』(岩波書店, 1971) 178-79頁 參照.

11) ミルトン・フリードマン(熊谷尚夫他訳) 『資本主義と自由』(マグロウヒル好学社, 1975) 98頁.

12) Cf. John E. Nowak & Ronald D. Rotunda, Constitutional Law(5th ed. West, 1995), pp. 1235ff. 2002년 6월 27일에 내려진 Zelman v. Simmons-Harris판결(536 U.S. 639 (2002))에서 미국 연방대법원은 학교선택의 자유를 보호자에게 인정하는 바우처 제가 수정1조에 위반하지 않는다고 인정하였다.

13) フリードマン・前掲 102頁.

14) 프랑스 및 일본의 사학조성제도에 대해서는 中村睦男「私学助成の合憲性」芦部信喜先生還暦記念 『憲法訴訟と人権の理論』(有斐閣, 1985)参照. 그리고 前掲註5도 참조하기 바란다.

15) 그 종류의 비판으로 M. Walzer, Spheres of Justice(Blackwell, 1983), p. 218이 있다.

16) 野坂泰司「公教育の宗教的中立性と信教の自由」立教法学37号16頁는 본건 피고에게 다른 공립학교에 진학하는 길이 실질적으로 없었다고 한다. 물론 신앙을 유지할 수 있는 사립고등학교에의 진학의 길이 있었는지는 명확하지 않다.

17) 野坂・前掲参照.

18) M. Walzer, supra note 15, pp. 204-06.

19) '마지막 수단'으로서의 권리에 대해서는 R. Dworkin, Taking Rights Seriously

(Harvard University Press, 1978) 참조.

20) M. McConnell, Religious Freedom at a Crossroads, in The Bill of Rights in the Modern State, eds. by G. Stone, R. Epstein & C. Sunstein(University of Chicago Press, 1992), pp. 120-34.

21) K. Sullivan, Religion and Liberal Democrary, in G. Stone et al. eds. supra note 20, pp. 197-99.

22) 신앙상의 소수파를 일반적인 법적 의무로부터 면제하는 것이 레몬 테스트와의 사이에 긴장관계를 생성하는 것에 대해서는 野坂·前揭 28-28頁; M. McConnell, supra note 20 참조. 물론 고베고전사건에서는 학교 쪽이 검도 수강을 의무화하는 것으로 종교적 소수자인 원고들을 공격할 조치를 새롭게 도입했다고 보는 것도 가능하고, 이러한 견해에서 보면 본건이 제기하는 문제는 공권력에 의한 종교적 소수자에 대한 차별조치의 합법성 내지 합헌성의 문제이고, 개인의 종교를 이유로 하는 일반법으로부터의 면제가 허용되는지의 여부라는 문제가 아니게 된다.

본건의 상고심 판결(最判平成8年3月8日民集50卷3号469頁)은 원고(피상고인)인 학생이 검도 실기 참가를 거부하는 이유는, 그 "신앙의 핵심 부분과 밀접하게 관련된 진지한 것이고, 또한 대체조치를 하는 것이 그 목적에 있어서 종교적 의의를 가지고 특정한 종교를 원조, 조장, 촉진하는 효과가 있다고 할 수는 없으며 다른 종교자 또는 무종교자에게 압박 간섭을 가하는 효과가 있다고 할 수 없으므로 본 건에서의 학교 쪽 조치는 사회 관념상 현저하게 타당성이 없는 처분이라서 위법"이라고 하였다.

최고재판소가 시사하는 대체조치가 신앙상의 소수파인 원고를 일반적인 법적 의무에서 면제하는 것이라면 그 목적이 "종교적 의의를 가지"지 않는다고 하기 어렵다. 본 건에서는 오히려 공권력에 의한 종교적 소수자에 대한 차별적 조치를 철회하여 당초의 중립적인 베이스 라인 회복을 초래하므로 대체조치를 하는 것이 공교육의 종교적 중립성과 관련해서 문제가 생기지 않는다는 것이 하나의 이해 방법이다.

▼▼▼▼ 제 11 장 ▼▼▼▼
헌법학에서 본 생명윤리

1. 헌법에서 존중되는 '개인'이라는 것은 무엇인가?

일본국 헌법의 가장 기본적인 이념 중 하나는, 헌법 제13조 전단에서 서술하는 '개인의 존중'이라고 한다.[1] 헌법에 의해 존중되는 개인이라는 것은 무엇인가를 묻는 것으로, 생명윤리에 대해서 헌법학의 입장에서 무엇을 말할 수 있을까 탐구하는 것이 본장의 테마이다.

일본국 헌법은 근대입법주의의 계보에 속한다. 그 근대입헌주의는, 다음과 같은 문제에 대응하기 위한 특정의 프로젝트이다. 이 세상에는 인생의 의미는 무엇인가, 세계의 궁극적인 의미는 무엇인가라고 하는, 근본적인 가치에 관하여 일반적이지 않은 다양한 사고방식이 있다. 이러한 사고방식의 가운데, 어느 것이 더욱 뛰어난가를 판정하는 객관적인 기준은 존재하지 않는다. 그러한 의미에서 이것들의 사고방식은 비교불능(incommensurable)이다. 이들의 비교 불능한 세계관이 정면에서 서로 부딪치면, 홉스가 묘사한 것 같은 해결 불능의 음참(陰慘)한 투쟁이 시작한다. 근세 유럽에 있어서 종파 간의 피투성이 싸움은 그 전형적인 예이다.

근대입헌주의는 이 세상에 비교불능으로 다양한 가치관이 병존하는 사실을 인정하고, 그 다음에 상이한 가치를 받드는 사람들이 사회생활의 편의와 비용을 공평하게 서로 나눈 뼈대를 만들어내려고 하는 프로젝트이다. 그것을 위한 주요한 수단으로서 사람의 생활공간이 공과 사로 구분된다. 사적 영역에 있어서는 각자가 그 참여하는 궁극적 가치를 구상·탐구하고, 그것에 근거하여 살 권리가 보장된다. 그 반면, 공평 영역에서는 사람들이 각자의 궁극적 가치를 곁에 두고, 사회생활을 영위하는 사람들에게 공통하는 이익에 대해서 이성적으로 서로 말하며, 설정하고, 그 집행에 협력하는 것이 기대된다. 이렇게 하여 사람들은 가치관의 차이에도 불구하고 사회생활의 편의를 공평하게 나눠 갖는 것이 가능하다.[2]

근대입헌주의가 이상과 같은 것이라고 하면, 거기에서 상정되고 있는 '개인'이라는 것은 사적 공간에서는 자기의 생에 대해서 구상하고, 반성하고, 뜻을 함께하는 사람들과 그것을 사는 것과 함께 공공의 공간에서는 사회전체의 이익에 대해서 이성적인 토의와 결정의 과정에 참여하려고 하는 존재이다. 결국, 헌법에 의해 존중되는 '개인'이라는 것은 그러한 능력을 갖춘 존재이며, 그러한 능력을 갖춘 한에서 '자율적 개인'으로서 존중된다.[3]

이러한 능력을 갖추고 있으려면, 우선 사고하고, 판단하고, 의사소통하는 능력이 갖춰져 있을 필요가 있다. 그리고 그러기 위해서는 적어도 '기능하는 뇌'가 필요하다.[4] 따라서 헌법상 존중되는 개인이 존재하는지 아닌지와 생물학적인 의미에서의 사람의 생명이 존재하는지 아닌지는 반드시 일치하지 않는다. 뇌의 기능이 불가역적으로 정지한 경우에는 이른바 헌법상 존중되는 '개인'이 존재한다고는 할수 없다.[5]

또한, 지금까지 서술해온 논의로부터 보자면, 전술한 능력을 갖춘 '자율적 개인'에 이르기까지 존재(신생아, 태아, 수정란, 정자·난자 등)는 '개인'으로서 존중될 일은 없다. 자율적인 개인으로서 사는 능력 즉, 자신의 생을 구상하고, 선택하고, 그것을 스스로 살아가는 능력은 자신이 지속하는 개체라고 하는 의식의 존재를 전제로 할 터이다.[6] 신생아에 이르기까지 존재에는 그러한 의식이 없다. 이들 존재는 '개인'으로 될 수 있는 존재로서, 그 한도에서 존중될 것에 지나지 않는다. 예를 들면 인공수정의 준비단계로 생성한 4개의 수정란 가운데 실제로 착상시킬 수 있는 것은 두 개뿐이라고 하면, 배제된 남은 두 개의 수정란은 이른바 개인이 될 수 있는 존재가 아니고, 그들을 사용한 실험은 헌법상 개인의 존중에는 반하지 않을 터이다.[7]

2. 고전적 사례 – 안락사에의 권리

근대입헌주의의 프로젝트로부터 보자면 자기 생의 의미 부여에 관련된 중대한 결정은 각 개인의 사적 영역에 유보된다. 그러한 사항에 대해서 정부에 의해 특정한 가치를 강제하는 일은 없다. 말기 환자가 안락사를 선택하는 것을 그러한 사항으로서 드는 것은 부자연스럽다고는 말할 수 없다.[8]

자율적 인격으로 이루어진 공동체의 멤버는 상호 '함께 사는' 것을 요구할 수 있을 터이고, 따라서 '죽을 권리'가 이러한 멤버에게 인정되는 것은 아니라고 하는 주장도 제기되고 있다.[9] 그러나 이러한 요구는, 사회생활의 편의를 공평하게 향수하는 공동체의 일원인 이상, 원칙으로서 상호에게 '약속을 지켜야 한다.'라고 하는 요구와 같은 정도의 힘밖에 가지지 않는 것처럼 생각된다. 참기 힘든 고통에 엄습당하여 회복의 전망이 없는 말기 환자에게, 특정한 세계관을 강제하는 일 없이, 또 '함께 사는' 일을 요구할 가능성은 생각하기 어렵다. 오히려, 자율적 인격으로 이루어진 공동체의 일원은, 그러한 상황에 있는 사람을 포함하여, 자기의 생의 의의에 관한 중대한 결단을 자율적으로 행할 수 있는 환경을 조정할 의무를 상호에게 지고 있다고 생각해야 할 것이다.[10]

그러나 이렇게 추상적으로는 말기 환자의 죽을 권리를 자기의 생의 의의 부여에 관한 중대한 결정에의 권리로서 인정하는 것이 가능하다고 하더라도, 문제는 어떠한 제도가 이러한 장면에서의 개인의 자율적 선택, 즉 충분한 지식과 숙려에 근거한 자유로운 선택을 촉진하는 것이 되는가이다. 자율적이라고 할 수 없는 죽음의 선택, 예를 들면 일시적인 정신적 스트레스에 엄습 당해 자살희망을 품기에 이른 사람의 행동을 정부가 억지하려고 하는 것은 당연히 정당하다.

안락사의 권리를 인정하라고 압박받는 재판소는, 그러한 권리를 추상적으로 선언하는 것으로, 주위로부터 죽음을 선택하도록 압력이 가해지는 것은 아닌지, 환자가 자신의 병태를 정면으로부터 마주치는 일이 방해되지는 않는가, 의사는 평소에 환자의 생명과 건강의 유지를 위해서 최선을 다한다고 하는 사회적 이미지, 그리고 의사 자신의 직업적 윤리관에 혼란을 초래하는 것은 아니냐는 다양한 사실상의 논점을 고려할 필요가 있다. 자율적 선택을 돕는 제도를 설계한 다음에 고려해야 할 이들 쟁점에 관한 판단은, 사회마다 다르고, 개별 환자의 사안에 의해서도 다를 수 있다. 그리고 이러한 다양한 구체적 상황에 응하여 변화할 수 있는 개별적 판단밖에 재판소는 할 수 없다고 한다면, 자기의 생의 의미 부여에 관한 중대한 결정의 권한은 각 개인에 있다고 하는 결론, 자체만으로써 그다지 문제의 해결에 도움이 되지 않는다. 그것은 문제의 해결을 향한 출발점을 설정하는 것에 지나지 않는다.[11][12]

3. '자신 신체의 소유권'

생명윤리를 생각한 다음에, 신체의 소유권이라고 하는 관념이 문제의 해결에 도움이 되는 경우가 있다. 즉 사람은 자신의 신체를 '소유'할 수 있기 때문에 ① 자기의 뜻에 반하여 의료행위를 받는 일 없이, 인폼드 콘센트*(informed consent)가 요구되어, ② 여성은 태아에게 자신의 몸을 사용시키는 것인지 아닌지를 결정하는 것이 가능하므로 낙태의 자유가 승인되고,[13] 또한 ③ 사람은 자기의 뜻에 반하여 자신의 장기가 적출되는 일은 없다고 말하는 것이다.

이러한 논의에 대해서는 우선 정말로 신체는 사람의 소유물인가라고 하는 소박한 의문을 세우는 것이 가능하다. 가령 전형적인 소유물이라고 한다면, 그것을 자유롭게 팔아넘기거나, 일부 혹은 전부를 뜻대로 파괴하는 것이 가능할 터이지만, 그러한 제도는 일본을 포함한 여러 입헌주의국가에서는 통상 채용되지 않는다(일본 장기이식법 제11조 참조). 합의에 근거한 매춘이나 향정 신약(hard drug과 같은)의 사용이 금지된 것에 대해서도 마찬가지로 말해진다. 사람이 자신의 몸을 소유하고 있다고 해도, 그것은 유체물의 자유로운 사용·처분·수익을 본질로 하는 전형적인 소유권과는 상당히 다른 것으로 생각하지 않을 수 없다.[14]

이에 대해서 실제 법제도를 단적으로 보자면, 무릇 누군가가 무언가를 '소유'하고 있다는 것은, 대상이 되는 물건을 사용·수익·처분·위험부담 등에 관한 다양한 룰—요건과 효과의 조합—의 속박으로부터 귀결하는 법적 지위의 총체를 생략적으로 표현한 것으로,[15] 그 내용, 즉 다양한 룰의 내용은 나라마다 시대마다 다르다. 따라서 사

---

* 사전 동의.

람이 신체에 대해서 소유권을 가지고 있다고 하더라도, 그것이 의미하는 내용은 당해 사회에서 타당한 신체에 관한 룰을 정사(精査)하기 시작해서 비로소 판명한다. 소유권에 관한 만국 보편의 룰이 존재한다고 하는 상정은 공상적이다.

많은 사람의 이해를 얻을 수 있는 것 같은 신체에 관한 법적 룰은, 신체는 그 사람의 '전형적인 소유물'은 아니라고 하는 별개의 상정에 의해서도, 적어도 같은 정도로 설명할 수 있다. 신체는 사회공공(공동체)의 모든 성원의 공유물로, 당신이 자율적으로 사고하여 행동한 개인 간에만, 당신에게 이용이 위임되어 있는 것뿐이라고 생각하더라도, 위에서 언급한 '자기의 생의 의미 부여에 관한 중대한 결정'에 관한 한은, 위임된 이용권에 근거하여 그 이용의 방식을 정할 수 있는 것이 되고, 한편으로 무릇 공동체의 재산인 이상, 마음대로 일부 내지 전부를 양도하거나 파괴하거나 하는 것은 불가능하며, 한층 나아가서 자율적 사고능력이 정지한다면 공동체의 공유물에 복귀하는 것이 된다. 즉 사후 처분의 방식은, 장기의 이식이나 유체의 화장·매장에 이르기까지, 공동체의 룰에 따른 것이 아니면 안 된다(일본 묘지, 매장 등에 관한 법률 참조).

이러한 상정(想定)으로부터 보자면, 뇌사 후의 신체를 예의로서 대하지 않으면 안 되는 것도(일본 장기이식법 제8조), 사체의 손괴가 처벌받는 것도(일본 형법 제190조), 그것이 공동체의 공유물이기 때문이지 사자의 소유물이기 때문이라서가 아니다. 유체의 취급에 대해서 이러한 사회적 룰이 정해져 있는 이유를 추상적인 레벨에서 말하자면, 사자의 명예나 프라이버시가 어느 정도까지 보호되어야 하는가와 마찬가지로, 그것이 현실에 살고 있는 자율적 인격인 개인에게 있어서 바람직한 생활환경을 구성하는 것이기 때문이다. 자유로운 표현활동이 보호되는 공공 공간의 유지가 그러한 것과 평행이다.[16]

4. 왜 신체는 수용할 수 없는가[17]

신체가 그 사람의 '소유물'이라고 하는 테제와 명백하게 충돌하는 것처럼 보이는 것은, 신체는 설령 '정당한 보상'을 지불하더라도 '수용'하는 것은 불가능하기 때문이다. 토지나 건물이라면 정당한 보상을 지불하고 수용하여 공공의 이익을 위해서 —예를 들면 도로의 확장이나 공원의 정비를 위해서— 사용하는 것이 가능하다. 왜 신체는 수용 불가능한 것일까?

반대로 생각하여, 왜 토지나 건물은 정당한 보상이 지불된다면 수용 가능한 것인가? 그것은 어느 사람으로부터 토지나 건물을 뺏더라도, 그 담보물이 되는 돈을 지불하면, 그 사람은 전과 동일한 정도로 행복할 것이라는 전제에 입각하고 있다. 물론, 그 토지나 건물을 수용하는 것으로, 사회전체로서는 그 돈 이상의 이익이 얻어질 수 있다는 전제가 필요하다. 바꿔 말하자면, 사회 측은 소유자 이상으로 그 토지나 건물에 대해서 평가하고 있고, 따라서 소유자가 전과 같이 행복하게 되는 만큼의 돈을 지불해서라도, 그 토지나 건물을 손에 넣어야 할 이유가 있다.

추상적으로 말하자면, 같은 논의는, 사람의 신체에 대해서도 들어맞을 것 같다. 예를 들면, 어느 사회의 멤버 모두에게 예방접종을 의무로 부여하고 있다고 하자. 강제로 예방접종을 한 결과 그 사회의 모든 멤버는 어느 무서운 병에 대해서 면역을 얻는 것이 가능하다. 그런데, 그 예방접종은 1만인 중 1인의 비율로 무거운 신체장애 혹은 뇌장애를 발생시킬 수 있다고 하자. 사회로서는 전 멤버로부터 징수한 세금을 사용하여 그 사람에게 '보상'을 해야 할 것이다. 그 사람이 장애를 가지기 전과 동일한 정도로 '행복'하게 살 수 있도록.

이 논의는 어딘가 이상하다. 어디가 이상한 것일까?

토지나 건물의 수용에 관한 제도는, 토지나 건물이 '비교 가능'하다고 상정하고 있다. 비교의 기준이 되는 것은 화폐이다. 같은 가격의 토지나 건물을 구입하는 것으로, 사람은 같은 정도로 행복하게 되는(같은 무차별곡선상으로 회복한다) 것이 가능하다고 상정되어 있다.

무거운 장애를 입은 인생과 그렇지 않은 인생은 비교 불가능한 것일까? 무엇이 그 기준일까? 화폐를 기준으로서 양자가 비교가능하다고 하는 상정은, 사람이 어떻게 사는가는 그 사람 자신밖에 선택할 수 없는 것이라고 하는 입헌주의의 기본적 전제와 충돌한다. 본인 대신에 사회가 그 사람의 삶의 방식을 선택지 가운데에서 상당 부분을 수탈하고, 교환으로 금전을 지불한다고 하는 사고방식 자체는, 그 사람이 다른 사람과 마찬가지로 자신의 인생을 자신이 개척해 나가야 할 존재인 것을 부정하고 있다.

신체가 수용 불가능한 것은 그 때문이다. 그것은 신체가 '소유물'일 수 없다는 것을 의미하는 것이 아니다. 다만 신체에 대하여 '소유권'이 있는지 없는지에 의해서 수용가능한지 아닌지가 결정될 사항은 아니라고 하는 것뿐이다. 즉, 신체에 '소유권'이 있는지의 논의자체에는 그다지 의미가 없다.

5. 학문의 자유

생명과학의 발전은 학문의 자유, 특히 학문연구의 자유의 신분에 대해서 재검토를 촉구한다. 필자의 이해로는 '학문의 자유'는 대학을 전형으로 하는 고등연구교육기관의 멤버에게 인정되는 헌법상의 특권이며, 사람이 생래적으로 향유하는 인권은 아니다. 타자에게 부여된 지위로 타자의 재산적 지원을 받으며, 또 스스로가 말하고 싶은 것을 말하는 자유는 개인이 생래적으로 평등하게 향유하는 표현의 자유에는 포함되어 있지 않을 터이다.[18] 이러한 특권이 인정되는 근거로서 이하의 두 개를 드는 것이 가능하다.[19]

첫째로 이러한 특권을 고등연구교육기관에서 인정하는 것이 결과로서 객관적 진리의 탐구에 공헌하고, 과학기술의 발전에 이바지한다는 논의이다.[20] 이 논의에는 그 나름의 설득력이 있지만, 학문의 자유가 보장되지 않는 사회에서, 과학기술의 발전이 보이지 않는 것은 아니고, 과연 평소에 이런 경험적 논의로 학문의 자유라고 하는 특권을 기초 짓는 것이 가능한지 애매함이 남는다. 또, 이러한 논의로부터 보자면 이미 학계의 정설(定說)에 의해 잘못되어 있는 학설을 설명할 자유를 보장할 이유도 없을 것이다.

둘째로, 학문의 자유에 상징적 의의를 주목한 논의이다. 고등연구교육기관의 멤버에게 이러한 특권을 인정하는 것은 그것의 이면(裏腹)에 진리의 탐구라고 하는 직업윤리와 그것에 동반하는 책임을 개개의 연구자에게 과하는 것을 의미하고, 연구자에게는 일상의 사회생활에서 종종 사람이 빠지기 쉬운 순응주의(conformism)에 향하고 서서, 자율적 개인의 모델을 나타내는 것이 기대되고 있다. 스스로가 진리라고 믿는 것을 탐구할 최선의 노력을 하고, 이것을 공표하여 사회에 전하는 것, 그것이 연구자에게 있어서 윤리와 책임이며, 그러한 활동을 지탱하도록 학문의 자유가 보장되어 있다. 연구교육기관이 종종 독단적인 이데올로기의 재생산 기구화하는 위험이 있는 것으로 보자면, 이러한 직업윤리를 연구자에게 과하는 것에는 또한 더욱 의의가 있다고 말할 수 있다.[21]

이상에서 서술한 어떤 논거에 의하든 간에, 학문의 자유가 인정될 수 있는 것은 그것이 중요한 사회공공의 이익에 연결되기 때문이다. 그렇다면 다른 동등한 것이나 더욱 중요한 이익과 충돌할 때에는 양보를 어쩔 수 없이 하게 될 수 있는 권리라고 말하는 것이 된다. 유전자 공학의 경우로 말하자면 유전자를 바꿔서 조합하는 실험이 인간이나 환경에 초래할 수 있는 심각하고 광범위하게 미칠 수 있는 영향을 이유로, 당해 분야에 있어서 연구 활동의 자유가 제약되는 것도 정당화할 여지가 있다.[22]

다만, 그러한 경우에도 바로 의회나 정부가 제정하는 법령에 따라 제한해야 할 것은 아니고, 제약대상이 되는 연구자 집단 내부의 가이드라인(지침)에 의해야 한다고 종종 주장된다. 전술한 학문의 자유의 두 번째 의의에 비춰보면, 연구 활동의 제약이 이루어지는 경우라도, 나라의 법령은 아니고 연구자 집단의 자율적인 가이드라인에 의해야 할 이유가 있다고 생각된다. 가이드라인은 연구의 진전에 유연하게 대처하는 것이 가능하며, 외부로부터의 영향력을 배제한 형태로 자율적인 연구자의 진지한 토의의 결과를 반영하는 것이 기대 가능하다.[23]

그렇다고 하면, 이러한 가이드라인의 준수에 대해서는 법실증주의적 태도, 즉 "정해진 것으로부터 어찌 되었든 지켜라"라고 하는 태도를 취해야 할 것은 아니고, 연구의 진전이나 사회의 요구 등에 응하여 평상시에 비판적 점검으로 해야 할 것이 된다. 역으로 말하자면, 현존하는 룰에 반하는 실험이 유용·적절하다고 생각한다면 솔직하게 공언하고 논의의 개시에 노력해야 할 것이며, 내밀하게 가이드라인을 침해하는 행위를 취해야 할 것은 아니라는 것도 의미하고 있다.[24]

6. 과학자의 책임

마이클 프레인 작의 『코펜하겐』이라고 하는 희곡이 있다.[25] 등장

인물이 세 사람뿐인 ─물리학자인 베르너 하이젠베르크, 그의 은사인 닐스 보어(Niels Henrik David Bohr), 그리고 보어의 부인인 세 사람의 영(spirits)─ 은 간결한 구조의 연극이다. 1941년 9월, 하이젠베르크는 코펜하겐에 있는 보어를 방문했다. 하이젠베르크는 당시 나치체제하, 핵병기의 개발프로젝트에 근무하게 되어, 그가 바로 독일군의 점령하에 있었다고는 하지만, 연합국 측에 망명하는 과학자들의 탈출 루트가 필요하였던 보어를 면회한 것은 상당한 위험을 각오한 것이었다고 생각된다.

하이젠베르크와 보어 간에 무엇인가 상의를 했는지는 지금에 이르기까지 수수께끼이다. 알고 있는 것은 그 후 1943년, 보어는 스웨덴을 거쳐 미합중국에 망명하고 당시에는 원폭개발에 적지 않은 공헌을 한 것이다. 하이젠베르크가 관여하고 있던 독일의 원폭개발프로그램은 뚜렷한 성과도 없이 독일의 패전을 맞았다.

『코펜하겐』에서는 하이젠베르크가 어떠한 의도로 보어를 방문했고, 그것이 어떠한 결과를 초래했는지에 대해서 몇 개의 가설을 제시하고 있다. 확정적인 결론이 나타나 있는 것은 아니지만, 설득력 있는 가설의 하나로서 제시된 것은, 하이젠베르크가 보어에게 자신들이 독일의 핵병기 개발을 억지하는 대신, 연합국 측의 핵병기 개발도 억제해 줄 수 없는지 과학자 집단 내의 우애를 전제로 하는 거래를 제안하기 위해서 코펜하겐을 방문했다고 하는 것이다. 하이젠베르크의 진의가 그것에 있었다고 한다면, 보어 측의 오해로 그의 방문은 실패로 끝난다. 독일이 핵병기 개발을 추진한다고 하는 정보가 연합국 측에 전해지고, 미국의 핵병기 개발을 촉진한 것뿐이다. 한편, 하이젠베르크는 그에게 있어서는 실현할 수 있었을 터인 원폭 제조의 프로그램을 의도적으로 지연시킨 것으로, 적어도 히틀러에게 원폭을 주는 것만은 막은 것이 될 것이다.[26]

과학자의 윤리는 지금도 옛날에도 심각한 문제이다. 핵물리학의 진전은 전쟁의 수행에 관한 사람들의 도덕적 관념과 정치적 책임을 질 수 없어서, 보다 정통하게 보이는 심의와 결정에 책임을 맡기고 싶어 하는 것이 부자연한 것이라고는 말할 수 없다. 하지만 민주적인 정치결정의 장에 결정을 맡긴다 하더라도 그것으로 문제가 해결되는 것은 아니다.[27]

* 본장은 '국가와 자유' 연구회의 보고원고인 「헌법학으로 본 생명윤리(憲法学から見た生命倫理)」法律時報72巻4号66頁以下의 내용을 증보한 것이다. 생명윤리에 관하여 히구치 요이치 교수가 지적하는 '강한 개인'의 의사와 '처분불가의 생명'과의 대립관계를 (同『転換期の憲法?』(敬文堂, 1996) 76, 119頁) 학문의 자유와 자율이라고 하는 관념을 축으로 그 정리를 시험해 본 것이다.

□ 참고

1) 清宮四郎『憲法Ⅱ[第3版]』(有斐閣, 1979) 57-58頁 ; 芦部信喜『憲法[第3版]高橋和之補訂』(岩波書店, 2002) 80頁.

2) 拙書『憲法学のフロンティア』(岩波書店, 1999) 제1장. 필자가 여기에서 쓰고 있는 '공적 영역'이라고 하는 개념에 대해서는, 하버마스가 말하는 '공공 공간' 내지 '공공권'이라고 하는 차이를 지적해 둬야 할 것이다. 하버마스가 말하는 '공공 공간'에서는, 세계나 우주의 의미에 관한 궁극적 가치도 디스커스 윤리에 따른 논의의 대상이 된다(cf. Jürgen Habermas, The Inclusion of the Other(MIT Press, 1998), ch. 2), 필자의 생각으로는 사회공공의 이익에 관해서 토의하는 장에서 그러한 가치관을 배제하는(그러한 가치를, 사회공공의 이익에 관한 토론의 근거로서는 인정할 수 없는) 것이 근대입헌주의의 안목이다. 물론, 사회공공의 이익과 관계없는 점에서는 그러한 가치관은 자유롭게 창도(唱導)되어, 토의의 대상이 되어야 할 것이다. 이 문제에 대해서는 長谷部恭男「討議民主主義とその敵対者たち」法学協会雑誌第118巻12号1909頁註33(2001)(본서 제12장)참조.

3) 이러한 '자율적 개인' 상은, 예를 들면 칸트가『인륜의 형이상학의 기초 짓기』의 가운데에서 제창한 개인상에 비하면 약한 자율성과 합리성밖에 상정하고 있지 않다. 자신이 어떻게 살아야 할 것인지에 대해서는 스스로 판단하고 있으며, 사회전체의 이익이 무언가에 대해서는 자기의 생의 이상과 구별하여 논하는 것이 가능하다고 하는 정도의 것이다. 그러나 연구회의 석상에서는 이러한 개인상으로조차 꽤나 고상(高尚)하여, 어떤 생각도 없이 무위로 매일 매일을 보내는 많은 통상인이 배제되는 것은 아니냐는 지적이 있다. 가장 간단한 응답은, 본문에서 서술한 사고방식으로 보더라도, 특별히 고상하게 인생을 보낼 필요는 없고, 많은 사람도 깊은 생각은 하지 않는 것으로, 매일매일 다양한 선택과 결단을 하며, 그것을 통해 자신이 어떤 자인지를 형성한다는 것이다.

　　한편, 가령 완전히 무가치의 인생이라고 할 수 있을 정도로 완전히 아무것도 생각하지 않는 무위의 삶을 사는 사람들이 있다고 하더라도, 그것으로부터 발생하는 사회적 코스트는 무시하는 것에 족할 것이며, 한편, 무위로 매일 매일을 보내는 사람들로부터 헌법상의 권리를 박탈하려고 한다면 막대한 모니터링 비용이 들기 때문에(가치의 비교불능성으로부터 보자면, 무위로 매일 매일을 보내고 있는지 아닌지를 타자가 판단할 수 있는지도 문제이다), 결국은 보편적으로 사람을 개인으로서 존중하는 편이 비용이 적게 들것이다.

　　다른 응답의 한편은, 이러한 사람은 비입헌적 독재정의 아래에서도 고복격양(鼓腹擊壤)의 인생을 별 탈 없이 보내는 사람으로서, 근대입헌주의의 아래에서 헌법문제에 직면하는 일 없이, 그것을 위해서 그가 헌법상 존중할 만한 개인인지 아닌지를 논할 실익도 그다지 없다고 할 것이다.

4) John Searle, Minds, Brains & Science(Penguin, 1984), p. 18.

5) 뇌가 모자란 인간의 클론을 제작하여 그 장기를 이용하는 것은 헌법에서 말하는 개인의 존중에 반하지 않는다. 한편, 유전자공학의 발달에 의해 Tooley가 묘사하는 통상인과 같은 정도의 사고능력을 갖춘 고양이가 출현한다면, 적어도 그 고양이가 근대입헌주의의 프로젝트에 기본적으로 동의하는 한, 개인으로서 존중해야 할 것이 된다.(cf. Michael Tooley, Abortion and Infanticide, Philosophy & Public Affairs 2, No. 1(1972). 다만, 제3절에서 서술한 것처럼, 헌법상 존중에 값하는 개인이 아니라고 하는 것으로부터, 당해 대상을 어떻게 취급해도 좋다고 하는 결론이 도출되는 것은 아니다.

6) Tooley, Abortion and Infanticide, *op. cit.;* Helga Kuhse & Peter Singer, Should All Seriously Disabled Infants Live?, in Peter Singer, Unsanctifying Human Life(Blackwell, 2002), p. 239.

7) Cf. R. M. Hare, Essays on Bioethics(Clarendon Press, 1993), passim. esp. pp. 85 & 130; see also Ronald Dworkin, Sovereign Virtue(Harvard University Press, 2000), pp 432-33. 같은 사태는 보다 한정적 의미이긴 하지만, 태아나 신생아에게도 들어맞는다. 낙태수술도 헌법상 존중되는 개인에 대한 공격은 아니고, 단순히 개인이 될 수 있는 존재가 개인으로 성장하는 과정을 차단하는 행위이다. 이와 같은 성격 부여는, 원리적으로는 피임조치에도 들어맞는다. 정자나 난자도 개인이 될 수 있는 존재이며, 태아나 신생아와의 차이는 정도의 차이에 지나지 않는다(Hare, *op. cit.*).

8) Cf. Assisted Suicide: The Philosopher's Brief. The New York Review of Books. March 27/1997. 또한 낙태의 자유에 관한 문헌이지만, 蟻川恒正「自己決定権」高橋和之·大石眞編『憲法の争点[第3版]』(有斐閣, 1999)참조.

9) 土井真一「『生命に対する権利』と『自己決定』の観念」公法研究58号(1996). 이러한 논의의 암묵된 전제로는 생물학적인 의미에서의 생은, 그 자체로서 선(善)이며 그것을 파괴하거나 그 양을 감소시키거나 하는 것은 악을 의미한다고 하는 사고방식이 감춰져 있는 것으로 보인다(이 전제로부터 보자면, 예를 들어 아이의 수를 늘리는 것으로 생명의 수량을 증가시키는 것은, 그것 자체로서 선일 것이다). 필자 자신은 제1절에서 서술한 것과 같이, 개인으로서의 자율성을 갖춘 생에는 가치가 있지만, 그렇지 않은 생 그 자체에 존재가 있다고는 생각하지 않는다. 생에 가치가 있는지 없는지는, 거기에서 경험되는 감각, 사고, 행동 등 그 내용에 의존하는 문제이며, 내용을 떠나서 생 그 자체에 고유한 가치가 있다고는 말하기 어렵다. 이 점에 대해서는 예를 들면 Joseph Raz, Value, Respect, and Attachment (Cambridge University Press, 2001), ch. 3 참조. 또한, '여호와의 증인' 수혈거부 사건의 최고재판소 판결(最判平成12年2月29日民集54巻2号582頁)은, 함께

살아야 할 의무의 부정을 함의하고 있는 것처럼 생각된다.

10) 말기 환자에게 의사의 조력을 얻어 죽을 권리가 있는지 없는지는 검토된 Washington v. Glucksberg 판결(521 U.S. 702(1997))에서도 연방대법원의 9인 중 5인의 판사(스터, 오코너, 긴스버그, 브라이어, 스티븐스)는 안락사의 권리를 인정할 여지를 장래에 남겨두고 있다. 이 점에 대해서는, Dworkin, supra note 7, pp. 465-73 참조.

11) 이상에 대해서는, Cass R. Sunstein, One Case at a Time(Harvard University Press, 1999), pp. 77-79 참조. 마찬가지로 자기의 생의 의의 부여에 관한 중대한 결정에 관한 '낙태의 자유'의 장면에서는, 미국 연방대법원은 여성의 자기결정권을 승인했다. 이것은 '낙태'의 문제에 관한 공공공간에 있어서 토의가 강고(强固)한 이데올로기 집단에 의해 블록될 위험이 강하다는 판단에 근거한 것으로 해석할 수 있다(ibid). 민주적 정치과정의 유지라고 하는 넓게 받아들여진 사법심사의 역할론에서 보더라도, 이러한 공론형성 과정의 건전성에 관한 사정은 법원에서 중요한 판단의 기초가 된다.

다만 낙태의 자유에 관한 연방대법원의 판례가 이 문제에 관한 공공공간에서의 토의에 의한 해결을 오히려 곤란하게 했다고 하는 평가도 있다(Daniel Farber & Philip Frickey, Law and Public Choice(University of Chicago Press, 1991), pp. 149-50).

12) 연방대법원은 생식의 권리는 기본적 자유로서 헌법상 두텁게 보호할 만하다고 하지만(Skinner v. Oklahoma, 316 U.S. 535(1942)), 이 재판은 '존중받아야 할 개인'에의 자연의 참입(參入)제한을 암묵의 전제로서 생각했다. 클론기술이 발전하여 안전하며 확실하게 자신의 클론의 제작이 가능하게 된 때, 또 이 논리를 그대로 연장시킬 수 있을지는 의심스럽다. 그 경우에도, 롤스적 시원상태(始源狀態)에 있는 사람들이 무제한의 '자기재생산의 자유'를 기본적 자유로서 인정할지는 즉단(卽斷)하기 어렵다.

13) Cf. Judith Jarvis Thomson, A Defence of Abortion, Philosophy & Public Affairs 1, No. 1(1971).

14) Cf. Nora Machado, Using the Bodies of the Dead(Dartmouth, 1998), ch. 9. 유체물의 자유로운 사용·처분·수익을 본질로 하는 전형적인 소유권의 관념에 대해서는 예를 들면 Tony Honore, Ownership, in his Making Law Bind(Clarendon Press, 1987), pp. 166-79 참조.

15) Alf Ross, Tû-Tû, Harvard Law Review, vol. 70, 812(1957). 소유권이 실정법의 소산인 것을 강조하는 견해로서, 예를 들면 Jeremy Bentham, The Theory of Legislation, ed. by C. K. Ogden(Kegan Paul, 1931), pp. 111-113 참조. 일본의 법체계하에서의 소유권에 대한 각종 제한에 대해서는 能見善久「所有権」法学教室255号50頁以下(2012

年12月) 参照.

16) 나카지마 도루(中島徹)는 재산제도의 인위성을 강조하는 필자의 논의에 대해서, '사적 소유'가 제도이전의 자연권일 수 있는 것을 시사하는 사례로서, 안구를 공적으로 재분배하는 제도의 부자연스러움을 든다(中島徹「市場, 規制, 憲法」憲法理論研究会編『現代行政財と憲法』(敬文堂, 1999)33頁以下).

나카지마의 논의에서는 재산제도의 정당성은 결국 귀결주의적으로 논증되기 때문에, 그 자연권성에 관한 논의는 rebundant라고 생각되지만, 본문에서 서술한 대로, 사람의 장기가 판매의 대상이 되지 않고, 생존 중, 공적인 재배분의 대상이 되지 않는 것도 그러한 보장이, 사람이 자율적 개인으로서 살아가기 위해서 합당한 환경을 구성하는 것에 의해 설명할 수 있으며, 신체의 소유권을 상정할 필요는 없다고 생각된다.

또한, 나카지마는 "개인의 자유로운 사적 생활영역을 보장하기 위한 불가결한 재산"이 "헌법 29조 1항에 의한 보장의 중핵에 있으며, 법률로도 침해할 수 없다"라고 하는 필자의 주장이(拙著『憲法』(新世社, 1996) 234-35頁, 第3版(2004)에서는 243-44頁), "개체적 소유의 불가침성"을 주장하는 논의와 "결론에서도 마찬가지인" 점으로부터, "무엇이 '자연권'으로서 실정 법제를 뛰어넘어 보호되어야 할 것인가에 대한 대답" 이 나와 있지 않다는 필자의 자연권론에 대한 비판은, 필자가 논의자체에도 들어맞지 않는 것은 아니냐고 의문을 제기한다(中島徹「市場と自己決定정」法律時報72巻5号74頁註36). 그러나 나카지마 씨 자신도 시사하는 것과 같이, 거기에서의 졸저의 안목은, 로크 류(流)의 자연권을 근거로 하는 재산보장의 이론과 사회전체의 이익을 근거로 하는 이론이 구체적 결론에 있어서 결과적으로 서로 겹치는 장면이 있는 것을 지적하는 것에 있다. 사회의 모든 멤버의 이익을 배려하는 흄적 공리주의로부터 보자면, 각 사회에서 컨벤션으로서 받아들여진 재산법제는 "개인의 자유로운 사적인 생활영역을 보장하는" 한에서 새로운 법 개정에 의한 침해를 받는 것이 없다는 결론을 도출할 것이다. 이 입장으로 보자면, "개인의 자유로운 사적 생활영역"의 경계는 사회마다 다를 수 있고, 재산법제의 공리성에 근거한 논의가 컨벤션인 일정한 제도의 헌법상 보호해야 할 필요성을 귀결하는 것도 당연히 있을 수 있다.

17) 본절의 논의는, Robert Goodin, Utilitanism as a Public Philosophy(Cambridge University Press, 1995), ch. 11에 크게 의거하고 있다. 예로서 들어진 예방접종 사건에 대해서, 東京高判平成4年12月18日高民集45巻3号212頁은, 헌법 29조 3항의 유추적용을 부정하고 있으며, 유추적용을 인정한 1심판결(東京地判昭和59年5月18日判時1118号28頁)과 대조를 이룬다.

18) 학문의 자유(academic freedom)는, 전문적 직업집단의 멤버에게 있어서의 자유이며, 그것에 속하지 않는 일반인에게 있어서는 오히려 그 자유의 제약을 의미한다(그녀는, 그 자유 행사의 존재방식에 대해서 발언권을 가지고 있지 않다). 그

러한 의미에서 학문의 자유는 직업집단의 고유한 이익을 나타낸다. 이 점에 대해서는 예를 들면, Louis Menand, The Limits of Academic Freedom, in his The Future of Academic Freedom(University of Chicago Press, 1996), pp. 8-9 참조. 또, 「학문의 자유」를 대학을 전형으로 하는 고등연구기관의 멤버에게 인정된 헌법상의 특권으로 하는 관점에서 검토한, 현재에도 의미를 잃지 않는 일본어 문헌으로서 高柳信一『学問の自由』(岩波書店, 1983)이 있다. 또, 슈미트의 제도체 보장론과의 관련으로 독일대학제도를 고찰한 연구로서 石川健治『自由と特権の距離』(日本評論社, 1999)114頁以下를 참조.

19) 이하의 논의는, Ronald Dworkin, Freedom's Law(Harvard University Press, 1996), ch. 11에 크게 의거하고 있다. 관련한 邦語(일본어) 문헌으로서, 蟻川恒正「国家と文化」岩波講座現代の法1『現代国家と法』所収(岩波書店, 1997)참조.

20) 학문의 자유의 이러한 측면은, 선스틴이 언급한 집단편향현상(group polarisation), 즉, 같은 경향이나 사상을 가진 사람들을 모아 주위로부터 차단하면, 그 경향이나 사상이 과격화하는 현상을 의도적으로 발생시키는 제도로서 설명하는 것이 가능하다(cf. Cass Sunstein, Designing Democracy(Oxford University Press, 2001), ch. 1). 고도의 학문연구에 흥미가 있다고 하는 특수한 사람들을, 그것도 학문분야마다 모아서 자율성을 가진 제도를 운영시키면, 학문연구에의 지향이 과격화되고, 그것은 장기적으로는 사회전체의 이익에 이어지는 여러 가지 귀결을 초래하는 것이 된다.

21) 여기에서 나타난 연구자상은, 히구치 요이치(樋口陽一)씨가 제창하는 비판적 준별론을 받아들인 연구자상과 서로 크게 겹친다. 비판적 준별론의 기저(基底)에 있는 도덕에 대해서는, 拙著『権力への懐疑』(日本評論社, 1991) 169-75頁 및 그것에의 코멘트를 포함한 樋口陽一『近代憲法学にとっての論理と価値』(日本評論社, 1994) 54-56頁 참조. 또한 히구치 씨는 학계의 전통에 따라서 '인식'과 '평가'의 준별로서 문제를 정식화하고 있지만, 거기에서 실제로 물어지고 있는 것은, 사태를 기술하는(descriptive)언명과, 사람의 행동을 지도하는(prescriptive) 언명과의 준별의 문제인 것에 유의할 필요가 있다. 버나드 윌리엄스가 지적하는 것처럼(Bernard Wiliams, Ethics and the Limits of Philosophy(Fontana, 1985), pp. 124-25). 평가는 반드시 사람의 행동을 지도하지 않는다(어느 그림을 좋은 그림이라고 평가하는 것은 그것을 감상하러 가야 할 것이라든지, 구입해야 한다고 하는 행동에 관한 결론을 도출하지 않는다. '인식'과 '평가'가 별개라고 하는 사태로부터 바로 양자를 준별해야 한다고 하는 '평가'는 도출되지 않는다고 하는 히구치 씨의 지적은, 이론과 행동의 사이에는 메울 수 없는 갭이 있다고 하는 윌리엄스의 지적과 서로 겹친다(ibid., pp. 126-27).

22) 도나미 고지(戸波江二)는 필자의 견해에 대해서 "연구의 자유가 특권이라고 하

더라도, 연구자가 무엇을 어떻게 연구할지는 기본적으로 학문연구라고 하는 정신작용의 핵심을 이루며, 연구자의 자유가 특히 강하게 인정되지 않으면 안 된다. 따라서 연구내용을 규제하기 위해서는 특히 강한 정당화 이유를 필요로 한다고 해석해야 할 것이다. 학문연구의 자유가 전반적으로 사회공공을 위한 권리의 보장이라고 하는 관점에서, 유전자 기술연구의 제약의 정당화를 설명하는 논리가 정당하다고는 해석할 수 없다"라고 서술한다(戸波江二 「学問の自由と科学技術の発展」 ジュリスト1192호116頁).

만일, 도나미 교수의 논의 취지가 연구자 개인의 정신작용인 것이 직접 학문의 자유에 대한 강한 헌법상의 보장을 함의한다 하는 것이라면, 그것은 설득력을 결한다. 연구하고 싶다는 것을 연구하고, 결과를 공포한다는 의미의 자유는, 일반적인 사상 및 표현의 자유에서 모두 확보하고 있다. 여기서 문제되는 것은 이 이상의 특권이 어떠한 근거로 인정될 수 있고, 어떤 경우에 제약되는지이다. 더욱이, 필자도 고등연구기관에 있어서의 학문연구의 자유가 사회공공의 이익을 가지고 중요한 의의를 생각하면, 연구내용의 외부 권력이 규제하는 것에는 특히, 강한 정당화 이유가 필요하다고 생각한다. 이것은 학문연구의 자유와 "사회공공을 위한 권리의 보장"이라는 것과 모순이 없다. 동일하게 사회공공의 이익을 위하여 보장되고 있는 보도기관의 보도의 자유를 그 내용에 따라서 공권력이 규제하는 것에, "어쩔 수 없는" 정부이익과 당해 이익의 달성에 엄밀하게 연관된 입법수단이 요구되는 것을 상기시키고 싶다.

23) 인간복제(클론)의 생산에 대한 통상적인 반대론은, 로널드 드워킨이 지적하는 것처럼 안전성에 관한 것이든, 공평성에 관한 것이든, 획일성에의 염려에 관한 것이든, 충분히 설득적인 것이라고는 말하기 어렵다(Dworkin, supra note 7, pp. 439-42). 오히려, 인간복제의 생산을 포함한 유전자 공학에 대한 일반적인 반감의 배경에 있는 것은, 그것이 사람의 재생산에 관한 통상적인 도덕감각의 암묵적인 전제가 되고 있는 '우연'과 '선택'과의 경계선을 근저(根底)적으로 뒤집을 우려가 있는 것을 많은 사람이 느끼고 있기 때문이다(ibid, p. 444; see also John Harris, 'Introduction' to Bioethics, ed. by John Harris(Oxford University Press, 2001), p. 21; Jürgen Habermas, An Argument against Human Cloning, in his The Postnational Constellation(Polity, 2001)에도 같은 문제에 대한 현념(懸念)이 나타나 있다. 의학의 발전이 낙태나 안락사에 관한 그동안의 일반적인 도덕관을 위기로 몰아넣은 상황을 초래한 것처럼, 유전자 공학의 발전은 무엇이 '자연의 선택'에 의한, 즉 사람이 책임을 지지 않아도 좋은 일(事柄)이며, 무엇이 부모를 주主로 하는 '사람의 선택'에 의한 일인지의 구분을 불분명하게 할 가능성이 있다. 그러나 이러한 우연과 선택의 경계선의 이동은, 과학의 발전에 따르는 종래도 종종 발생한 것이며, 이것이 바로 유전자 공학을 법적으로 규제할 수 있는 이유로 된다고도 생각되지 않는다(Dworkin, op. cit., pp. 446 & 452).

24) 또, 2000년 12월에 제정된 「사람에 관한 복제기술 등의 규제에 관한 법률(ヒト
に関するクローン技術等の規制に関する法律)」은, 인간복제(클론) 개체의 생산(産
生)을 벌칙(罰則)으로서 금지하는 한편, 개체를 낳지 않는 인간복제 배아의 연구
에 대해서 지침의 작성, 취급의 사전신고, 실시제한, 현장검사 등, 적정한 취급
확보를 위한 조치를 정하고 있다.

염려해야 하는 사실은, 이러한 생명윤리에 관한 논의와 법적 결정이, 국제적인
합의의 존재(eg., Art. 11 of the 'Universal Declaration on the Human Genome and
Human Rights'(1997))를 근거로서 행해지는 경향이 있는 것이다. 높은 수준의 대
표에 의해 심의되고, 이유는 무엇인가 컨센서스에 따르는 것 자체를 제1 목표로
서 정책되는 것들의 국제적 문서에 충분한 이론적 근거가 있는 경우는 드물다.
그것에도 불구하고, 이것들의 국제적 합의의 존재가 결정의 근거로서 원용된다
고 하면, 사람들은 단순히 귀찮은 문제에 대하여 심각하게 검토하지 않기 때문
에 그것들의 문서를 이용하고 있는 것이 된다(cf. Harris, supra note 23, pp. 5-7))

25) 각본은, Michael Frayn, Copenhagen(Methuen, 1998)로서 출판되어 있다.

26) 하이젠베르크의 보어 방문에 관한 일본어 해설로서, 村上陽一郎『ハイゼンベル
ク』(岩波書店, 1984) 209-22頁 참조. 하이젠베르크 자신의 회고로서, 그의『部分と
全体』山崎和夫訳(みすず書房, 1974) 292-93頁이 있다. 독일이 원폭개발에 성공하
지 않은 것이 하이젠베르크의 의도적인 태만에 의한 것인지 아닌지에 대해서는
현재로서도 논쟁이 계속되고 있으며, 그 일단一端은, Heisenberg in Copenhagen :
An Exchange, New York Review of Books, February 8, 2001에 나타나 있다. 가령,
그가 필요한 핵분열 물질의 양에 대해서 틀린 추측을 행하고 있었기 때문에, 원
폭개발을 무릇 실현불능하다고 생각하고 있었더라면, 그는 심각한 윤리문제에
직면하고는 있지 않았던 것이 된다.

27) 이 시나리오에 의하면, 하이젠베르크는 히구치 요이치가 말하는 자각적 결합론
을 선택하고 있던 것이 된다. 자각적 결합론에 대해서는, 樋口・前掲註21, 118頁,
40-42頁을 참조. 자각적 결합론에 관한 필자의 이해에 대해서는, 拙著・前掲註2,
214-18頁 참조.

히구치가 말하는 비판적 준별론에 관해서는, 그의 '강한 개인'론과의 관계를
정리할 필요가 있다. 히구치가 말하는 '강한 개인'이라는 것은, 소속하는 집단특
유의 굴레나 윤리를 떠나서, 자신의 언동을 스스로 결정한다고 하는 의미에서
'강한' 개인이다(예를 들면 樋口・前掲註21, 235-37頁 참조. 이런 점에서, 문제가
되는 소속집단이 '생래(生來)'의 것인지 아닌지는 결정적인 논점이 아니다. 우리
들은 '가족' 관계를 무릇, 혹은 어느 정도 보유하는지를 '생래'의 가족멤버와의
사이에서도 선택하는 것이 가능하다). 한편, 히구치의 정리에서는, 대학에 속한
연구자는 사법권을 담당하는 법조와 나란히, 평등한 권리를 향유할 개인으로 구
성될 근대시민사회 내부에 있어서 이질적인 특권집단(corps)를 구성한다(『憲法

近代知の復権へ』(東京大学出版会, 2002) 제10장). 비판적 준별론의 입장을 취할 연구자가, 자기가 속한 특권집단의 소여의 직업윤리로서 '자율적 개인의 모델'에 합치하는 비판적 준별론에 따르고 있는 것이라면, '강한 개인'의 롤 모델을 연기하는 그(녀) 자신은, 실은 '약한 개인'이라고 하는 것이 된다. 그것은 그것으로 일관된 견해이다. 그(녀)는 '강한 개인'을 연기하도록, 그 속한 직업집단에 의해 강제되어 있는 것에 지나지 않는다. 그러나 이러한 사정이 명백하게 된다면 '강한 개인'의 롤 모델로서의 의의도 크게 옅어지는 것은 아닐까.

그가 또 '강한 개인'이라고 한다면, 비판적 준별론이 반드시 소여의 직업윤리라고는 말할 수 없고, 당해직업에 취직한 사람에게 있어서 선택 가능한 몇 개의 윤리의 가운데에서 한 개에 그치는 경우일 것이다. 그러나 그 경우 前註21에 대응하는 본문에서 논한 학문의 자유의 보장근거로부터 보자면, 연구자 집단에 특히 두터운 학문의 자유를 보장해야 할 이유는 옅어지는 것이 된다. 학문의 자유의 두터운 보장을 유지시키기 위해서는, '강한 자율적 개인'의 모델을 연기하는 것이 특권집단에게 속하는 '약한 개인'인 것에 의존하고 있다고 하는 사정에 대해서는, 자각적 결합론을 취해서 공개하지 않는다고 하는 태도가 필요한 것처럼 생각된다. 물론 진정한 자각적 결합론자는 이러한 논의 자체를 공개하지 않을 것이다.

2004년 역자 유학시절 하세베 교수와 함께

2012년 하세베 교수 내외와 역자

제 **3** 부

▪▪ 입법과정과 법의 해석 ▪▪

☑ 민주주의는 옳고 그름을 판단하는 과정인가?

■■■■ 제 12 장 ■■■■

| 토의민주주의와 그 적대자(敵對者)들 |

1. 슈미트, 켈젠, 미야자와 도시요시(宮沢俊義)

의회민주주의의 역할과 그 정당성이 본장의 주제이다. 일본의 헌법학에 있어서, 이 문제가 취급된 때, 종종 바이마르 공화국에서의 논의 중에서도 칼 슈미트와 한스 켈젠의 이론이 검토 대상이 되었다.[1] 본장의 목적은 토의 민주주의(deliberative democracy)의 시점에서 이들의 이론의 사정(射程)을 측정하는 것이다.

칼 슈미트는 바이마르 공화국이 채용한 의회민주주의에 대한 가열(苛烈)찬 비판자로서 알려져 있다. 그에 의하면 토의 민주주의는 두 개의 다른 원리에 입각한다. 하나는 치자와 피치자와의 동일성이라고 하는 민주주의 원리이며, 또 다른 하나는 언론출판의 자유를 지탱하는 의회(議會)에서 공개토의가 객관적으로 올바르게 국가의사의 형성을 가져오는 민주주의 원리이다.

이 가운데 자유주의 원리는 대중이 정치의 무대에 나타났기에, 그들의 지지를 조달하기 위해 조직 정당이 발달한 사회에서는 바야흐로 타당성을 잃고 있다고 슈미트는 지적한다.[2] 투표 규율(紀律)을 가진 정당이 의회에서의 토의를 통해서 '진정한 공익'을 목표로서 다가 가는 것은 기대할 수 없다. 국회의원(代議士)이 전 국민의 대표라고 하는 원칙은 무의미하게 되어, 각 정파(政派)는 정치책임을 지는 것 이 아닌 이익집단에 의한 국정지배의 도구가 된다. 존재하는 것은, 공개의 의회(議會) 외의 밀실에 있어서 뒷거래와 타협뿐이다.

무릇 공개된 장에서의 토의와 결정이 객관적으로 옳은 정치적 결 정을 불러온다고 하는 고전적인 자유민주주의 신념 자체의 근거는 분명하지 않다. 이 신념은 정치의 장에 있어서 '진리'라는 것은 결국 에 다양한 견해의 대립과 경합의 함수(函數)에 지나지 않는다는 '진리' 개념의 정당성을 스스로 핵심을 빼 버린 동어 반복에 의존하고 있다.[3]

이러한 의회제 위험의 타개책(打開策)으로서 슈미트가 지시한 길은, 바야흐로 부활의 전망이 없는 자유주의 원리를 폐기하고, 민주주의 원리로 지배의 정통성을 일원화하는 것, 그것도 비밀투표제에 근거 한 간접 민주정과 같이 어중간한 자동성(自同性)밖에 확보할 수 없는 제도가 아니라, 반론의 여지를 허용하지 않는 공개된 장에서 대중의 갈채를 통한 치자와 피치자의 자동성을 지향하는 것이었다.[4]

이 슈미트의 비판에 대해서 어떻게 응답해야 할 것인가. 몇 가지 이치를 생각하게 한다. 동시대의 한스 켈젠은, 슈미트가 묘사한 바이 마르 공화국에서의 의회와 정당의 기능을 기본적으로 받아들여, 그 것이야말로 현대 의회제 민주주의에 있어서 의회나 정당이 달성해야 할 역할인 것이라고 응답했다. 켈젠은 '객관적으로 옳은' 정치적 결 정인 것은 인식할 수 없다고 하는 전제로부터 출발한다. 인식할 수 있는 것은 전부 상대적인 것으로, 평상시 남에게 자리를 양보할 준 비가 되어 있는 것뿐이다.[5] 그러면 왜 의회제 민주주의가 요청되는 것인가. 이유는 다음과 같다.

민주주의는 다양한 정치적 견해의 존립을 허용하고, 상호 타협을 도모하는 구조이다.6) 절대적인 진리를 인식할 수 없는데, 이에도 불구하고 통일적인 정치적 결정을 행하지 않을 수 없는 이상, 다수결에 의한 결정이 가장 해가 적다. 다수결에 의한 결정은 자기의 의사에 근거하여 스스로의 행동을 결정한다고 하는 자유를 가능한 한 다수의 사람들에게 확보하는 메커니즘(mechanism)이기 때문이다.7) 의회제는 타자의 지배를 피할 자유를 얻고자 하는 원시적인 인간의 욕구와, 정치의 전문화(專門化)를 불러온 분업의 힘의 타협의 산물이다.8) 그리고 다수결이라고 하는 결정의 구조를 통해서 의회에 대표된 여러 가지 이익의 타협이 촉진되어, 최종적으로 패배한 소수파의 이익도 결론에는 어느 정도 반영된다.9) 이리하여 다양한 가치와 이익에서 분열된 사회의 내부에 평화를 불러오게 된다.

이러한 켈젠의 입장에서 보자면, 의회제 민주주의를 개혁하는 방향은 보다 직접민주제에 가깝게 할 수 있는 방향이 아니면 안 된다. 그것에 의해 많은 사람들에게 개개인의 자율이 보다 적정하게 확보되는 것이고, 의회에도 다양한 가치관이나 이익을 보다 직접적으로 대표시키는 것이 가능하기 때문이다. 켈젠의 생각으로는 이들 다양한 당파에 의해 대표된 이익을 뛰어넘은 '사회전체의 이익'이라는 관념은 환상에 지나지 않는다.10) 따라서 국민투표나 국민발안의 도입, 의원의 면책특권의 한정, 비례대표제의 채용 등 이른바 반대표(半代表)의 원리에 입각한, 사회내부의 다양한 이익을 의회에 정확하게 반영시키기 위한 여러 제도의 도입이 제창되는 것이 된다.11) 이것에 대하여 슈미트에게는 정치적 책임을 지지 않는 다양한 이익집단이 정치적 영향력을 사실상 행사하는 것은, 국민의 정치적 통일체로서의 국가 해체를 의미하는 것으로, 용인할 수 있는 것은 아니었다.12)

미야자와 도시요시는, 의회제 민주주의에 대한 켈젠의 견해를 기본적으로 받아들이고 있다. 그는 켈젠과 마찬가지로, 객관적으로 올바른 정치적 결정인 것을 판별하는 것은 불가능하다고 생각하고 있다.13) 올바른 정치의 노모스(nomos)*에 근거한 정치적 결정을 제창하는 오다카 아사오(尾高朝雄)에 대하여, 미야자와가 노모스의 내용을 결정하는 것은 누군가라고 하는 문제에 집착한 것도,14) 주권자의 결정이란 독립해서 그 객관적 타당성을 판정하는 기준이 될 수 없다는 전제를 취했기 때문이다.15) 또한, 그가 고전적인 국민대표의 개념에 대하여, 그것이 치자의 의사와 피치자 의사와의 현실의 동일성을 의제로 하고, 양자의 사이에 있는 현실의 불일치를 은폐하는 것이라고 하여, 켈젠과 마찬가지의 비판을 가하고 있는 것도 같은 문맥으로 이해할 수 있다.16)

이러한 미야자와의 입장에서 보자면, 국회의원에게 면책특권을 부여하는 것에도 별반 이렇다 할 의미는 없을 터이다. 의원이 외부의 제 세력으로부터 자유로운 입장에서 토의를 한다고 하더라도, '객관적으로 옳은 정치적 결정'에 가까운 것이 가능한 것은 아니다. 오히려 본래의 주권자인 유권자의 의사가 직접 국정에 반영되는 것이 바람직한 사태가 될 것이다. 조직 정당의 발달에 의해서, 의회에서 토의가 본래의 기능을 달성할 수 없는 상황에 있다고 한다면, 더욱 이 결론은 보강되는 것이 될 것이다.

켈젠이나 미야자와의 입장을 현 시점에서 승계하는 것이 정치적 다원주의의 입장이다. 이 입장에서 보더라도 민주적 정치과정의 결론에 대해서, 당해 과정과 독립된 객관적인 타당성의 판단기준은 존재하지 않는다. 그러한 이상, 민주적 정치의 과정에 요청되는 것은, 사회에 존재하는 다양한 견해나 이익을 가능한 한 공정, 공평하게 취급하는 것, 일부의 이익에 의한 정치과정의 점거를 허용하지 않는 것 등, 오로지 절차적인 덕목에 한하는 것에 있다. 이러한 절차적 적

---

* 철학에서 법률, 관습, 제도와 같은 인위적인 질서를 가르치는 말.

정함이 보장되고 있는 이상, 민주적 정치과정의 결론은 '정당'한 것으로서 받아들여지지 않으면 안 된다. 그 이외 결론의 정당성에 논거하는 독립된 판단 기준은 존재하지 않기 때문이다.[17)

2. 도식적(圖式的) 정리(整理)

공개된 장에서 토의가 객관적으로 올바른 정치적 결정을 불러올 것이라는 고전적인 의회주의에 관하여 슈미트는, 이 논의는 토의의 결론을 '진리'와 동일시하는 것에 지나지 않는다고 하며, 켈젠이나 미야자와는 객관적으로 올바른 정치적 결정 등은 인식할 수 없다고 주장한다.

하지만, 이러한 회의적 입장이 의문의 여지없이 받아들여져야 하는 것은 아니다. 슈미트에 의해(그리고 미야자와에 의해서도),[18) 고전적인 의회제의 옹호자인 기조(Guizot)*는 정치적 결정에 대해서도 객관적인 진실은 존재하고 있으며, 의회에서 공개된 심의와 결정은 그것에 가까워지기 위한 효과적인 수단이라고 생각했다. 기조는 인민주권(souveraineté du peuple)과 대의정부(gouvernement représentatif)를 구별한다. 전자가 다수자의 확정적인 지배를 의미하고, 따라서 다수파에 의한 소수파의 억지를 의미하는 것에 대하여, 후자는 통치의 진정한 원리는 이성(raison), 진리(vérité), 그리고 정의(justice)라고 하며, 그 다음에 이러한 이성이나 정의의 완전한 인식이 곤란한 것으로부터 일단 다수파의 의견을 진실이라고 추정을 하는 것으로, 소수파에도 그들의 견해가 진실인 것을 논증하고, 그들 자신 다수파로 되는 길을 보장한다.[19) 의회에서의 공

---

* 기조(Guizot, 1787~1874)는 프랑스의 정치가·역사가. 자유주의자로 부르봉 왕조의 정치에 반대하고, 루이 필립을 도와 그의 내상·외상을 지내고 1940년에 수상이 되었음. 저서에는 "영국 혁명사", "프랑스 문명사" 등이 있다.

개된 심의, 출판의 자유, 대표의 책임, 이들을 조합시키는 것으로 다수파는 평소에 그 견해를 정당화 시키도록 강제되어, 소수파에도 반론의 기회가 보장된다.[20] 그리하여, 의회제는 진리에 근거한 통치에 가까워질 수 있게 된다.[21]

민주적 정치과정과 정치적 결정의 올바름에 관한 몇 개의 입장을 도식적으로 구별하는 것이 가능하다.

우선, 민주적 정치과정과는 독립적으로 또는 별개로, 정치적 결정의 올바름을 판단하기 위한 기준이 존재하는지 아닌지에 대하여, 입장은 크게 두 개로 나뉜다. 존재하지 않는다고 하는 입장을 취한 때, 민주주의를 채용하는 것은, 올바른 정치적 결정에 이르기까지의 수단일 수 없다. 민주주의의 채용에는, 가능한 한 많은 사람들에게 자율을 보장하기 위해서, 혹은 다양한 견해나 이익의 타협을 도모하여 사회 내의 평화를 확보하기 위해서 등 다른 이유가 인정되지 않으면 안 된다. 이 때, 민주적 정치과정의 결론이 '올바르다'고 말해지더라도, 그것은 이른바 공정한 조건하에서의 도박의 결과가 '올바르다'고 말하는 것과 마찬가지로, 민주적 정치과정의 결론이라고 하는 사실과 독립하여, 그 '올바름'의 근거는 없다. 철학자의 언어를 사용하여 말하자면, 여기에서 문제가 되고 있는 것은 '순수(純粹) 절차적 정의'이다.[22]

한편, 민주적 정치과정이라고 하는 것과 독립적으로 정치적 결정의 올바름을 판단하기 위한 기준이 존재한다고 하는 입장 중에는, 더욱 크게 두 개로 나누는 것이 가능하다. 하나는, 민주적 정치과정의 참가자가 제시하는 의견이나 주장의 가운데에는, 무엇이 객관적으로 올바른 답인가라는 물음에 답하기 위해서 제시된 것이라고 생각하는 입장이며, 나머지 하나는 그것을 부정하는 입장이다. 데이비드 에스트룬트에 따라 전자를 가식론(cognitivism), 후자를 불가식론

(non-cognitivism),이라고 부르는 것으로 하자.[23]

민주적 정치과정이라는 것과는 독립적으로 정치적 결정의 올바름을 판단하는 기준이 있다고 하는 입장을 취한다고 하더라도, 반드시 가식론을 취하는 것은 아니다. 예를 들면 의회에서의 여러 이익의 경합과 타협을 통해 사회의 효용의 집계량을 최대화하는 것이 객관적으로 올바른 정치를 의미한다고 하는 입장은 가식론을 취하는 일 없이 성립할 수 있다.[24]

한편, 가식론의 입장을 취한다고 하더라도, 민주주의나 의회에서의 토의론이 객관적으로 올바른 결론으로 이르는 효과적인 수단이라는 입장이 필연적으로 도출되는 것은 아니다. 효과적인 수단이 아니라면 역시 민주정을 취하는 것, 의회제를 취하는 이유는 올바른 정치적 결정을 이루기 위한 수단으로서가 아니라 다른 것에서 찾아야 할 것이다.[25]

마지막으로, 가식론의 입장을 취하여 또 민주주의, 특히 의회제 민주주의를 취하는 것이 객관적으로 올바른 결론에 근거 짓기 위한 효과적인 수단이라고 하는 입장이 상정 가능하다. 전술한 기조의 입장이 이것이다.[26]

3. 민주주의와 객관적 진리의 정합성

정치적 결정에 객관적인 정답이 있다고 하는 입장과 민주주의는 양립할 수 없다고 말하지는 않더라도, 타협의 불편함을 느낄지도 모른다. 혹시, 민주적 정치과정이 독립적으로, 그 결론의 올바름을 판단하기 위한 기준이 존재한다면, 정치는 오히려 '철인왕(哲人王)'이나 '전문가집단'에 맡겨야 할 것으로, 일반인의 다수결에 맡겨서는 안 되는 것은 아닐까. 민주적 정치과정은 과연 객관적인 정답을 발견하기 위한 효과적인 수단이라고 말할 수 있을 것인가. 민주주의를 가치상대주의나 혹은 적어도 불가식론(不可識論)에 의해 근거하도록 하는 움직임은, 이러한 의심을 배경으로 하고 있는 것으로 생각된다.

그러나 최근에는, 민주적인 토의와 결정이 객관적인 정답을 발견하기 위한 효과적인 수단이 된다는 주장을 지탱하는 여러 가지 논의가 제시되고 있다. 전형적인 것으로 콩도르세의 정리에 근거하는 것과 아리스토텔레스를 연원으로 하는 '다수자의 지혜(the wisdom of the multitude)'를 근거로 하는 것을 들 수 있다.27)

콩도르세의 정리라는 것은, 어느 집단의 멤버가 두 개의 선택지 가운데 옳은 쪽을 고르는 확률이 평균으로 2분의 1을 넘고, 동시에 각 멤버가 독립적으로 투표하는 때, 그 집단이 다수결에 의해서 정답에 도달하는 비율은 멤버의 수의 증가에 따라 커지게 되어, 극한적으로는 1에 가까워진다고 하는 것이다. 역으로 멤버가 올바른 정답을 고를 비율이 2분의 1미만이라면, 멤버의 수가 증가하는 것에 따라 다수결이 정답을 불러올 확률은 0에 가까워진다. 선택지가 2개인 경우 랜덤으로 선택했다고 하더라도 정답을 고를 비율은 2분의 1이기 때문에, 충분히 정보를 얻을 수 있고, 서로 토의한 후 다수결에 있어서, 각 멤버의 정답을 고르는 비율이 평균하여 2분의 1을 넘고 있다고 하는 상정은 그다지 부자연스러운 것이라고 말할 수 없다.

한편, '다수자의 지혜'라는 것은, 다수의 사람들은 토의에 참가하는 것으로 자신의 지식이나 경험, 통찰을 각자 가지고 모여 풀(pool)을 형성하는 것이 가능하므로, 그들 가운데의 가장 뛰어난 인물로부터 보다 뛰어난 판단을 내리는 것이 가능하다고 하는 사고방식이다. 1인의 인간이 수집할 수 있는 지식이나 경험에는 자연히 한계가 있기 때문이다.

이상과 같은 논의에 대해서는 그것들이 성립하기 위한 조건을 신중히 음미할 필요가 있다. 곤란한 법률해석의 문제처럼, 전문가에게 맡기는 쪽이 올바른 결론에 가까워지기 쉽다고 생각되는 사항도 있을 것이다. 또한, 전체의 이익보다도 자기의 사익을 우선적으로 추구하는 듯한 상대에 대해서는, 이쪽도 자기 이익을 추구하는 전략을 취하는 편이 공정한 결과가 따라 오는 일도 있을 수 있다.[28] 그러나 처음부터 켈젠이나 미야자와처럼, 무릇 객관적인 정답을 발견하는 것과 민주적인 다수결이라는 것은 무관계하다고 결정해 둘 필요는 없다.

4. 현대의 의회제 민주주의

이성적인 토의와 결정을 통해서 객관적인 정답으로 가까워지는 것이 가령 가능하다고 하더라도, 현대의 의회제 민주주의가 과연 이성적인 토의와 결정의 장이라고 말할 수 있느냐는 슈미트의 의문에는 역시 대답할 필요가 있다. 의회에서 신중한 심의가 행해졌다고 하더라도, 최종적인 결론은 당의(黨議) 구속에 근거하여 행해지는 것이 통상이며, 의원은 독립하여 다수결에 참가하고 있는 것이 아니라, 반드시 다양한 지식이나 경험을 가지고 모인 결과에 따라 개개의 의원이 판단을 내리는 것도 반드시 아니다. 그렇다고 한다면 '다수자의 지혜'의 논리가 작동할 여지도 없이, 또 투표규율을 위해서 실질적인 투표자의 수가 감소하기 때문에 콩도르세의 정리에 의해 정답에 도달하는 개연성도 별반 높지 않은 것이 된다.[29]

이 판단에 대한 한 개의 응답은, 하버마스처럼 공개된 토론의 장이라고 하는 관념을 시간적으로도 보다 확대한 것으로 파악하는 것이다.[30] 확실히 의회에서의 심의가 투표기율을 넘어서 결론을 좌우하는 것은 그다지 기대하기 어렵다. 그러나 의회에서 발언, 토의는 대립하는 당파로 향해져 있다고 하기보다는, 오히려 여론 일반에 대해 향해져 있다. 사회적 규모의 공공 공간에서는 그것을 받아 토의가 진행되어, 그 결과는 다음의 선거에서 각 당파의 세력에 반영되고, 나아가 의회에서의 심의에도 간접적으로나마 반영된다. 즉, 현대에는 객관적 진리를 추구하는 공개토의와 결정은, 보다 긴 시간과 보다 넓은 공간을 통해, 보다 희박(稀薄)하게 된 형태로 수행되고 있는 것이 된다.[31]

이러한 논의에 대해서는, 의회에서 한 발언이나 선거에서 한 연설 등, 보다 넓은 공공 공간으로 향한 정치가의 언론은, 진리를 추구하는 공개토의에 걸맞은 객관적인 공익을 지향하는 것이 아니라, 오히려 개별이익에 구속되어, 그것에 동기 부여된 것에 지나지 않는 것은 아니냐는 비판이 있을 수 있다.[32]

아마도 기조가 살았던 19세기의 의회주의 전반의 시대에서조차, 의원들은 개별이해의 조정과 완전히 떨어져서 공정무사(公正無私)한 토의만을 수행했던 것은 아닐 것이다. 브루스 애커만이 미합중국의 헌법사에 근거하여 지적하고 있는 것처럼, 헌법의 기본원리의 변혁이 초래된 비상한 사태 이외의 통상의 정치과정의 주요한 역할은 다양한 사적 이익의 조정과 그 실현이다.[33]

그렇지만, 사회철학자 존 엘스터가 지적하는 것처럼, 관중의 존재를 의식하지 않을 수 없는 공개토의의 장에서는, 드러낸 사적 이익을 정면에서 바로 주장하는 것보다는 동기가 어떻든 개별의 이해와 사실상 결론이 서로 겹치는 것 같은 공익에 근거한 논의를 제시하는 편이 상책(得策)이다.[34] 즉, 자기의 특수이익을 효과적으로 실현하려고 하는 전략적 관점으로 보더라도, 공개된 장이라고 하는 틀에 있어서 그 특수이익을 드러내어 주장하는 것은 도리어 마이너스로 작용한다. 그러나 공익에 근거한 논의를 제시하는 것으로, 애초의 동기였을 특수이익은, 그대로 완전하게는 실현할 수 없는 것이 통상적이다. 즉,

스스로 가장한 공공의 이유 부여에 양보하도록 쫓기는 것이 된다. 따라서 특수이익을 동기로 하는 공개된 토의가 밀실에서의 거래에 비하면 보다 객관적인 공익에 가까워지는 것이 된다. 거기에는 특수이익과 공익과의 융합이 보인다.35)

필자가 이해하는 바로는, 일본의 최고재판소는 경제활동의 헌법심사를 할 때 입법자가 일반적 공익을 표방하여 규제를 정당화하려고 하는 때는 입법자가 얼마나 표방된 공익논의에 밀접하게 관련하는 입법수단을 채용했는지를 엄밀하게 심사하는 태도를 나타내고 있다.36) 이것은 진실한 공익을 가장하는 것으로부터 그것에의 진지한 양보를 요구하는 것으로, 공공의 토의와 결정이 가지는 역할을 보장하려고 하는 의도에 근거하는 것으로 해석할 수 있다.

5. 민주주의의 자기목적화

민주주의의 의의는 그것이 (1) 객관적으로 올바른 정치적 결정에 이르기 위한 효과적인 수단이라고 하는 입장, (2) 객관적으로 올바른 정치적 결정에 이르기 위한 수단이라고는 할 수 없지만, 어쨌든 정치적 결정이 필요한 이상, 민주주의가 가능한 선택지의 가운데에서는 최선이(혹은 가장 해가 적다)라는 입장, 그리고 (3) 민주주의에 참가하는 것 자체가 사람을 진정으로 사람답게 하는 행위이며 결정의 당부는 어찌 되었든 참가하는 것 자체에 의의가 있다는 입장을 생각할 수 있다.

세 번째 유형의 전형은 한나 아렌트의 논의이다.37) 그녀에 의하면 고대의 폴리스에서는 동물적인 신진 대사의 장인 자연의 필요가 지배하는 장소인 사적 영역에서 사람들의 눈에 닿는 공공 공간으로 걸어 나가서, 탁월한 변론의 힘을 나타내는 것으로 토의나 결정에 참가하여, 사람들 사이에 영원한 기억을 남기는 것, 그것이야말로 진실로 사람다운 삶의 방식이었다.[38] 정치에 참가하여 살아가는 의의를 발견하려는 마찬가지의 태도는, 미국 건국 당시의 사람들에게도 보인다고 그녀는 주장한다. 미국의 타운 미팅에 참가한 사람들은 의무감이나 자신의 사익을 지키려고 하는 동기로부터가 아니라, 토의와 결정에 참가를 즐기며, 그것에 행복을 느끼고 있었기 때문이었기에 그리하였던 것이었다.[39]

확실히 공공적 사항에 관한 토의나 결정에 참가하는 것이 사람에게 사는 기쁨을 줄 수 있다. 그러나 그것은, 어디까지나 정치참가의 부차적 효과에 지나지 않는다. 정치참가가 사는 기쁨이 되는 것은, 자신의 참가가 결과로서 사회전체의 이익에 공헌하는 것이 가능하다고 느끼기 때문이다. 스스로의 노력의 결과가 사회적 이익을 크게 손해를 입히는 것이 된 때에 사람들은 사는 기쁨을 얻을 수 있을 것인가?

이 부차적 효과는 사회전체의 이익을 목표로 하려고 하기 때문에 그리고 그것에 많든 적든 간에 성공한다고 느끼기 때문에 생기는 것으로, 사는 의미를 발견하는 것 자체를 목적으로 정치에 참가하더라도 그러한 의의를 발견하는 것은 불가능할 터이다. 그리고 달성되어야 할 사회전체의 이익은 최종적으로는 사회 개개의 멤버의 삶에서 이익이 될 것이 아니면 안 된다. 정치참가 자체를 목적으로 하는 민주주의의 정당화는 자기파괴적이다.

무릇 행복을 직접적으로 추구한다는 것은 무엇을 의미하는 것일까? 예를 들면 매일매일 일을 열심히 해낸 결과, 부차적 효과로서 충실감을 얻어 행복을 느낄 수 있을 것이다. 그러나 충실감을 얻기 위해 일을 하는 것이 애초에 가능할 것인가? 이것은 사랑하는 사람과 데이트를 하는 것으로 행복한 기분이 든다고 하는 사람에 대해서,

자신이 행복한 기분이 들기 위해서 데이트를 하고 있다고 묘사하는 것과 같은 것이다. 근본적으로 본말전도(本末顛倒)가 된 것처럼 생각된다.

부차적 효과를 직접 목적으로 하는 것에 의해 자기 파괴적 결과가 생겨난 다른 예로서는, 국민이 법제도의 이해가 깊은 것은, 국민의 사법참가의 이유부여로 하는 논의가 있다. 국민의 사법참가로 의해 국민의 법제도에의 이해가 깊어지는 것은, 국민이 올바른 재판을 하려고 진지하게 노력한 경우에, 그 부차적 효과일 것이다. 단순히 법제도에 관한 견해를 넓히려고 하여 사법에 참가한다고 해도, 그다지 법제도에의 이해는 깊어지지 않을 것이며, 그러한 목적의식을 가진 사람들이 재판에 참가하는 것은 소송의 당사자에게 있어서는 극히 불행한 일일 것이다.

민주주의에의 참가를 자기 목적화하는 주장은, 부차적 효과를 직접적인 목적으로 하는 자기 파괴적 논의의 일례이다. 정치는 어디까지나 수단이며, 목적이 아니다.

6. 맺음말

민주적 정치과정의 결론의 타당성을, 당해 프로세스(process)라는 것은 독립된 기준에 비춰서 객관적으로 평가하는 것이 가능한지 여부는 의회제 민주주의, 나아가서는 민주주의의 정당화 근거에 관한 입장의 차이를 도출한다. 민주적 정치과정에서 토의의 의미나 참가자는 어떠한 물음에 답하려고 하여 논의를 제시하는지에 대해서도, 다른 견해를 불러오게 한다. 이러한 다양한 논점의 상호관계를 세상에 꺼내어 다양한 논의 방향의 가능성을 확인하는 것은, 일본의 의회제 민주주의의 장래를 생각하면 다양한 시사를 던져준다.

본장에서 명시적으로 취급하지 않았던 논점으로서 민주적 정치과정의 역할분담, 특히 위헌심사제와의 역할분담의 문제가 있다. 현대 민주사회에 있어서 가치의 다원성, 특히 인생이나 우주의 의의에 관한 비교 불능한 가치의 다원성에 비춰보면, 민주적 정치과정에 과도한 부담을 부여해야만 하는 것은 아닐 것이다.[40] 설령, 민주적 정치과정이 '객관적인 정답'에 가까울 가능성을 띠고 있다고 하더라도, 거기에서 취급될 수 있는 문제의 한계에는 유의할 필요가 있다.

□ 참고

1) 예를 들면, 宮沢俊義 「国民代表の概念」 同 『憲法の原理』(岩波書店, 1967) 223-24頁, 樋口陽一 「『議会までの民主主義』 と 『行政権までの民主主義』」 同 『現代民主主義の憲法思想』(創文社, 1977) 제6장 등. 그런데 '의회제' 와 '의원내각제'의 동이(同異)에 대해서는, 宮沢俊義 「議会制の生理と病理」 同 『憲法と政治制度』(岩波書店, 1968) 33 26頁 참고. 거기에서 서술되고 있는 것처럼, '의회제' 또는 '의회제 민주주의'는 의원내각제를 포함하지만, 거기에 한정되는 것은 아니다. 아시베 노부요시(芦部信喜) 교수가 말하는 '의회제(정)'가 의원내각제와 마찬가지인 것으로 대비하였으면 한다(芦部信喜 『憲法[第3版]』(岩波書店, 2002) 301頁 참조).

2) Carl Schmitt, Die Geistesgschichiliche Lage des heutigen Parlamentarismus, 3rd ed. (Dunker & Humblot, 1961), pp. 28-29; 일본어판 『現代議会主義の精神史的地位』 稲葉素之訳(みすず書房, 1972) 28-29頁.

3) *ibid.*, pp. 43-46; 일본어판 47-48쪽.

4) *ibid.*, pp. 22-23; 일본어판 25-26쪽. 스티븐 홈스의 표현에 의하면, 슈미트가 지향한 것은, 치자와 피치자와의 정서적인 융합(emotional fusion)이다. 비밀투표, 다당제, 정당을 비판하는 언론, 시민의 자발적 결사 등은 이 치자와 피치자와의 심리적 일체감을 저해하기 때문에, 반민주주의적이다. Cf. Stephen Holmes, The Anatomy of Antiliberalism(Harvard University Press, 1993), p. 49.

5) Hans Kelsen, What is Justice, in his What is Justice(University of California Press, 1957).

6) Hans Kelsen, Vom Wesen und Wert Der Demokratie, 2nd ed.(J. C. B. Mohr, 1929), pp. 98-101; 일본어역 『デモクラシーの本質と価値』 西島芳二訳(岩波文庫, 1966), 128-31頁.

7) *ibid.*, pp. 9-12; 일본어판 39-40頁.

8) *ibid.*, p. 33; 일본어판 62頁.

9) *ibid.*, pp. 56-68; 일본어판 85-85頁.

10) *ibid.*, pp. 21-22; 일본어판 52頁.

11) *ibid.*, pp. 38-42; 일본어판 67-72頁. 또한 樋口陽一 「憲法一議会制」鵜飼信成・長尾龍一編 『ハンス・ケルゼン』(東京大学出版会, 1974) 63頁以下 참조.

12) Cf. E.-W. Bockenforde, Der Begriff des Politischen als Schlussel zum staatsrechtlichen Werk Carl Schmitts, in his Recht, Staat, Freiheit(Suhrkamp, 1991), pp. 361-62.

13) 宮沢俊義 「正義について」 同 『法律学における学説』(有斐閣, 1968), 「議会制の生理

と病理」前掲『憲法と政治制度』44-45頁. なお, 미야자와가 상대주의를 민주정의 기초짓기로 하고 있는 점에 대해서는, 高見勝利『宮沢俊義の憲法学史的研究』(有斐閣, 2000) 100-02頁 참조.

14) 宮沢俊義「国民主権と天皇星についてのおぼえがき」同『憲法の原理』297-98頁.

15) 宮沢俊義「ノモスの主権とソフィスト」同『憲法の原理』334-38頁에서 다수결 원리와 상대주의와의 관계에 관한 기술도 참조. 이것에 대해서, 토의민주주의의 전제가 되는 자율적이고 평등한 시민을 창설한다고 하는 의의에 입각한 8월 혁명을 파악한다고 하는 관점도 당연히 있을 수 있다. 그러한 견해에 입각하는 것으로 樋口陽一『近代憲法学にとっての論理と価値』(日本評論社, 1994) 99-100頁 参照.

16) 宮沢俊義「国民代表の概念」同『憲法の原理』. 다만, 미야자와가 이 논문에서 직접적인 문제로 제시한 것은, 구헌법하의 의회와 국민과의 관계를 고전적인 국민대표의 관념으로서 이해하는 것이 초래한 이데올로기적 효과였다.

17) 다만, 다양한 이익집단의 경쟁의 결과가 사회전체의 후생의 최대화를 불러온다고 하는 공리주의적인 다원주의의 입장을 상정하는 것은 가능하다. 이 경우, 민주적 정치과정과 독립된 타당성의 판단기준은 존재한다. 일본 최고재판소의 판례에는 민주적 정치과정에 대해서 이러한 관점을 하고 있는 것으로 보이는 면이 있다. 최고재판소의 판례는, 한편으로 의회제 민주주의의 과정을 "국민의 사이에 존재하는 다원적인 의견 및 여러 사람의 이익을 입법과정에 공정하게 반영시켜, 의원의 자유로운 토론을 통해서 이것들을 조정하고, 궁극적으로는 다수결 원리에 의해 통일적인 국가의사를 형성해야 할 역할을 지고 있는 것"으로서 파악한다(最判昭和60年11月21日民集39巻7号1512頁). 한편, 최고재판소는 국회의원의 면책특권을 넓게 인정하며(最判平成9年9月9日民集51巻8号3850頁) 또한, 의원정수배분에 대해서는, 인구가 적은 현에 거주하는 국민의 의견을 충분히 국정에 반영하기 위한 1인 쿼터제라고 하는 차등배분도 국회의 재량의 범위 내라고 한다(最大判平成11年11月10日民集53巻8号1441頁).

　　사회전체의 '진정한 공익'을, 선출한 그 집단(選出母體)의 이익으로부터 자유롭게 토의하고 추구하는 것이 의원의 역할이며, 그렇기 때문이야말로 면책특권이 인정되고 있는 것이라고 한다면, 인구가 적은 현에 거주하는 국민의 의사를 반영하기 위한 정수를 차등 배분하는 것에는 아무 의미도 없을 것이다. 그리하여 선출된 의원도, 선거구의 요청으로부터 자유롭게 전 국민의 이익을 지향할 터이기 때문이다. 의회제 민주주의의 과정에 관한 1985년 판결의 성격 짓기도, 다원주의의 입장을 취하는 것처럼 생각된다. 그러나 민주적 정치과정의 결과와 독립하게 그 당부를 판단하는 기준은 존재하지 않는다고 하는 사고방식이 취해져있다고 한다면, 남는 문제는 얼마나 여러 사람의 의견이나 이익이 '공정'하고

'정확'하게 반영되고 있는가뿐이며, 그때, 인구가 적은 현에 정수를 차등 배분하는 것은, '불공정'이라고 하는 비난을 면할 수 없을 것이다. 주사위 게임에서 주사위에 세공을 하는 것 같은 것이다(전게 最大判平成11年11月10日民集53巻1484-85頁에서의 후쿠다 히로시(福田博) 재판관의 반대의견은 이러한 입장을 취한다).

있을 수 있는 정합적인 해석의 한 가지는, 최고재판소가 의회제 민주주의의 목적으로서 하고 있는 것은, 사회전체의 다원적인 이익이 국회에 반영되어, 거기에서의 거래와 조정을 통하여 사회전체의 이익의 최대화라고 하는 객관공정이 실현되는 것이라고 하는 것이다. 면책특권이 보장되어 있지 않으면, 선출모체의 영향력으로부터 자유롭게 상호원조(로그롤링: log rolling)를 행하는 것이 불가능하며, 도리어 '객관적 공익'의 실현이 저해된다. 또, 인구가 적은 현에 정수를 차등 배분하는 것도, 그것이 약자에게 미리 핸디캡을 부여하고, 거래의 장에 참여시키는 것으로 '객관적 공익'의 실현을 도우려 한다는 배려에 근거하는 것이라고 한다면, 정당화하지 않을 수 없는 것도 아니다. 여기에서 문제가 되는 것은, 도박 등으로 요청되는 '순수 절차적 정의'가 아니라, 일정한 결과를 염두에 둔 '공정함'이며, 있어야 할 결론으로부터 역산하여 출발점의 공정함을 문제로 하는 것이 가능하다.

더욱이, 앞의 最大判平成11年11月10日民集53巻1478-79頁에서 가와이 신이치(河合伸一) 재판관 외의 반대의견이 지적하는 것처럼, 1인 다수대표 방식이 과소지(過少地) 대책으로서 과연 실효적인지 아닌지도 의심이 있는 것에 유의할 필요가 있다. 이 방식의 은혜를 받은 지역의 모두가 과소지이기 때문이 아니라, 또 과소지의 전부가 이 방식의 은혜를 받고 있는 것도 아니기 때문이다.

18) 宮沢 「議会制の凋落」前掲 『憲法と政治制度』 11-12頁 참조.

19) Francois Pierre-Guillaume Guizot, Histoire des origines du gouvernement representatif, vol. I, new ed.(Didier, 1856), pp. 108-09.

20) Ibid., pp. 111-112.

21) 슈미트가 기조에게 환원되는 입장과는 달리, 기조는 결코 의회에서의 공개된 심의의 결과가 반드시 진리를 이끌어낸다고 주장하고 있는 것은 아닌 것에 주의할 필요가 있다. 이것은, 라모어가 주장하는 점이다(Charles Larmore, The Morals of Modernity(Cambridge University Press, 1996), p. 185). '진리'를 토의의 자동적인 함수로 귀착시킨다고 한 슈미트의 비판은 기조에게는 적합하지 않다.

22) 민주적 결정에 대해서, 민주적 프로세스로부터 독립한 실체적 평가기준의 존재를 부정하는 입장이 민주적 프로세스를 순수 절차적 정의로 간주하고 있는 점은, 이노우에 다쯔오(井上達夫)교수가 그가 제창하는 '반민주적 민주주의'와 '비판적 민주주의'의 구분에 입각하여 강조하는 점이다. 예를 들면 그의 『哲学の貧

困』(岩波書店, 2001) 194-197頁 참조. 본문에서 묘사한 켈젠이나 미야자와의 입장은 '반민주적 민주주의'로서 정리되는 것으로 된다고 생각된다. 순수 수단적 정의에 대해서는 John Rawls, A Theory of Justice, revised ed.(Harvard University Press, 1999), pp. 74-75 참조.

23) David Estlund, Who's Afraid of Deliberative Democracy, 71 Tex. L. R. 1437, 1453(1993). 민주정의 프로세스를 순수 수속적 정의라고 보는 입장 및 불가식론은, 민주적 정치과정의 성격 짓기에 관한 다원주의에 거의 상응하며, 가식론은 공화주의에 거의 상응한다. 주의해야 하는 것은, 민주적인 결정의 객관적인 당부를 문제로 하는 것이 가능하다고 하는 입장은, 반드시 구체적 결정의 객관적인 당부가 '증명가능'한 것을 전제로 하고 있지 않는 것이다. 경험과학에 있어서 '진리'가 그렇듯이 정치적 결정에 관한 '진리'는 무엇이 그것인지를 증명할 수 없더라도, 나아가서 규제적 이념으로서의 역할을 달성할 수 있다. 게다가, 가식론(cognitivism)과 불가식론(non-cognitivism)이라고 하는 개념은, 여기에 있어서처럼 민주적 과정에의 인풋(input)의 성격 짓기에 대해서만 사용되는 것은 아니다. 오히려 도덕적 정당성을 표방하는 명제에 대해서, 그 정당성을 객관적으로 평가할 수 있다고 하는 입장을 일반적으로 가식론, 그것이 불가능하며 그 종류의 명제는 논자의 감정이나 선호, 결단 등을 나타나고 있는 것에 지나지 않는다고 하는 입장을 불가식론이라고 하는 사용방식이 통상이다. 예를 들면 Jurgen Habermas, Discourse ethics : Notes on a program of philosophical justification, in Jurgen Habermas, Moral Consciousness and Communicative Action(MIT Press, 199); do, The Inclusion of the Other(MIT Press, 1998), pp. 5-7참조.

24) Estlunt, *op. cit.,* n. 92.

25) 이러한 입장을 취하는 논자로서 토머스 크리스티아노를 드는 것이 가능하다. Thomas Christiano, The Significance of Public Deliberation, in Deliberative Democracy, eds. by James Bohman and William Rehg(MIT Press, 1997), 243ff. 참조.

26) 루소가 어느 입장을 취했는가라고 하는 문제는, 곤란한 해석을 요구한다. 그는 『사회계약론』의 제1절에서, 인민이 다수결의 결과에 복종해야 할 것은, 그렇게 하도록 최초의 사회계약에서 전원일치로 합의하였기 때문이라고 주장한다. 여기에서 그는, 켈젠과 마찬가지로, 자신의 행동을 자신이 결정할 권리를 얼마나 확보하는가라고 하는 문제에 구애되고 있는 것처럼 보인다. 한편, 『사회계약론』의 제2편 제3장은, 다수결에 의한 결정이 올바른 결정에 이르는 개연성이 높다고 주장하고 있다. 여기에서의 그의 주장이, 후술하는 콩도르세의 정리에 입각한 이해를 허용하는 것에 대해서는 長谷部恭男『比較不能な価値の迷路』(東京大学出版会, 2000) 제6장 참조. 한편, 몽테스키외는 잉글랜드의 의회의 구성에 대해서, 귀족원, 서민원, 국왕이 각각 다른 이익을 대표하고 있으며, 삼자의 일치가

있는 때만 새로운 법률이 제정되고 있는 것으로부터 산출되는 모든 법은 삼자의 이해에 적합한 법이 되는 것을 시사하고 있다(『법의 정신』제11편 제6장). 이 것은 복수의 이해당사자가 각자의 이익의 실현을(혹은 불이익의 저지를) 지향하여 행동하고 있는 것은 아니지만, 산출되는 법이 전체의 이익에 적합하고 있는지 아닌지는 객관적으로 판단할 수 있다고 생각하고 있는 것이 된다. 이것은, 전계주 17에서 묘사한 최고재의 견해와 같은 입장이다.

27) 이 두 개의 구별에 대해서는, 우선은 長谷部 『比較不能な価値の迷路』129-30頁 참조.

28) Jon Elster, The Market and the Forum, in Deliberative Democracy, op. cit., pp. 14-15.

29) 콩도르세의 정리와 투표규율의 관계에 대해서는, 長谷部 『比較不能な価値の迷路』제6장 참조.

30) Cf. Dominique Leydet, Plarulism and Parliamentary Democracy, in Law as Plitics: Carl Schmitt's Critique of Liberalism, ed. by David Dyzenhaus(Duke University Press, 1998), pp. 121-23.

31) Jürgen Habermas, Between Facts and Norms(Polity, 1996), pp. 484-85. 하버마스 자신이 민주적 정치과정의 결론이라는 것은 독립적인 정치적 결정의 올바름을 판단하기 위한 기준이 존재한다고 생각하고 있는지 아닌지는 명백(判然)하지 않다. 이 점에 대해서는, James Bohman and William Rehg, Introduction, in Deliberative Democracy, op. cit., xxi, xxix, n. 23참조.

32) Leydet, op. cit., pp. 123-25.

33) Bruce Ackerman, We the People: Foundations, vol. 1(Harvard University Press, 1991). chaps, 3-6. 존 롤스는 그가 말하는 입헌민주정의 기본가치에 관한 '공적 이성(public reason)'이 기능하는 것은, 헌법의 골격(constitutional essential)과 기본적 정의(basic justice)가 관계된 문제에 한정된다고 한다(John Rawls, Political Liberalism, paperback edition(Columbia University Press, 1996), 1-1vii, pp.231-16, 252ff.). 유난히 공적 이성은 헌법문제를 논하는 사법심사의 장에서 전개되는 것이 된다. 물론, 그것 이외의 여러 문제, 예를 들면 세제나 환경보호, 토지이용규제 등에 대해서도, 그것이 공적 이성에 근거하여 토의되어 결정되는 것이 바람직한 것은 의심이 없다(ibidem, pp. 214-15). 그러나 롤스가 말하는 공적 이성이 전개되는 장은, 명백하게 하버마스가 말하는 공공공간보다 좁다(ibidem, p. 382n. 13; do, The Law of Peoples(Harvard University Press, 1999), pp. 132-34).

34) Jon Elster, Deliberation and Constitution Making, in Deliberative Democracy, ed. by Jon Elster(Cambridge University Press, 1998), pp. 109-11; Leydet, op. cit., pp. 125-26. 마찬가지의 논의는 넓게 보인다. 예를 들면 Robert Goodin, Institutions and their

design, in The Theory of Institutional Design, ed. by Robert Goodin(Cambridge University Press,1996), pp. 41-42를 참조.

35) 특수이익과 공익과의 융합을 도모하는 다른 궁리의 예로서, 브레이스 위트 등이 제창한 삼면규제(tripartism)가 있다. 이 문제에 대해서는, 우선, 長谷部恭男 「『応答的規制』 と 『法の支配』」 法律時報70卷10号75-76頁 참조.

36) 이 점에 대해서는, 우선 長谷部 『比較不能な価値の迷路』106-12頁 참조. 의회의 심의에 관한 이러한 견해는 엄밀하게 말하면 주17에서 서술한 민주적 정치과정에 대한 판례의 견해와 양립하지 않는다. 후자의 견해를 기본으로 하면서, 의원이 굳이 고도의 공익을 공공에 표방한 경우는, 그것에의 성실한 양보를 요구하고 있다고 봐야할 것일까.

37) 어렌트의 논의에의 비판을 포함하여, 이하에 대해서는 Jon Elster, The Market and the Forum, *op. cit.,* pp. 24-25 참조.

38) Cf. Jeremy Waldron, Arendt's constitutional politics, in The Cambridge Companion to Hannah Arendt, ed. by Dana Villa(Cambridge University Press, 2000), p. 201.

39) Hanna Arendt, On Revolution(Penguin, 1990) p. 119.

40) 이 문제에 대해서는 우선, 長谷部恭男 『憲法学のフロンティア』(岩波書店, 1999) 第1章; 同 『比較不能な価値の迷路』第4章 참조. 또, 공공공간에서 취급되어야 할 문제의 사정(射程)에 대해서는, 주지(周知)와 같이 롤스와 하버마스의 사이에서 논의의 응수가 있다. John Rawls, Political Liberalism, *op. cit.,* 372 ff.; Jürgen Habermas, The Inclusion of the Other, *op. cit.,* chs. 2 & 3.

▚▚▚▚ 제 13 장 ▚▚▚▚
| 왜 다수결인가? |
- 그 근거와 한계

집단이 어떤 문제에 직면하였다고 하자. 그 문제가 예를 들면 점심으로 무엇을 먹을지와 같이 각각 멤버의 선택에 맡기면 될 문제에는 집단의 결정은 필요하지 않다. 집단 전체로서 통일적인 결정이 필요해도 멤버 전원의 의견이 일치한다면 곤란한 점은 없다. 집단으로서의 통일적인 결정이 필요하고 동시에, 멤버의 의견이 나누어져 있는 경우, 어떤 절차로 답을 결정할지가 문제된다. 이때 단순 다수결, 즉 멤버의 과반수가 찬성하는 선택지를 집단의 결정으로 하는 절차를 선택하는 것이 보통이다. 왜일까?

'그것이 민주적이므로'라는 답이 순간적으로 돌아오게 된다. 하지만 일본은행의 정책위원회와 재판소의 평의와 같은, 제도 자체로서는 민주적일 것을 표방할 필요가 없는 합의제의 기관에서도 멤버의 의견이 나누어져 있을 때는 다수결로 의견이 결정된다(일본은행법 제18조 제2항, 재판소법 제77조 제1항). 민주적인 것과 다수결로 답을 정하는 것이 항상 일치할 리는 없다. 대체 민주적이기 위해서는 왜 다수결로 답을 결정할 필요가 있는 것일까? 그것은 너무나 당연하므로 문제시 할 가치도 없는 것일까?

왜 다수결로 결정해야 하는가에 대하여 몇 가지 근거를 제시한 후, 그 한계를 묘사하는 것이 이장의 목적이다.[1]

1. 자기 결정의 최대화

(1) 개요

무언가 문제에 직면했을 때, 각자 사람들이 생각해서 답을 정하는 것이 자연스러운 발상일 것이다. 민주주의 사회에서도 사회전체로서의 답이 필요하지 않을 때는 개개인의 선택에 맡기는 것이 표준적이며 베이스라인이다. 정부의 규제와 간섭은 최소한으로 억제되어야 한다. 자신이 해야 할 것은 자신이 결정하는 것, 즉 각자의 자기 결정을 가능한 존중하는 것이 기본이 되어야 한다. 그렇다면 사회전체로서의 결정이 필요한 경우에도 자기 결정이 가능한 한 많은 사람에게 보장되는 절차가 좋은 절차가 된다. 그리고 단순 다수결이야말로 가능한 한 많은 사람에게 자기 결정을 보장하는 절차이다.[2]

만약 다수결의 요건을 가중하여 3분의 2 다수의 찬성이 결정에 필요하다고 한다면 3분의 1을 조금 넘는 인원수의 의견으로 3분의 2에 가까운 사람들의 자기 결정이 뒤집어지게 된다. 4분의 3의 다수의 찬성이 필요하다면 역시 4분의 1을 조금 넘는 사람들의 자기 결정만이 존중된다. 전원 일치가 아니면 집단의 결정이 불가능한 경우에는 1명의 반대로 나머지 대다수의 사람들의 자기 결정이 뒤집어질 위험도 있다.

즉, 과반수로 일을 결정하는 단순 다수결이야말로 집단의 멤버들 중 가능한 한 많은 사람의 자기 결정을 보장하는 절차가 된다.

(2) 한계

자기 결정의 최대화로 다수결의 근거로 하는 논의에는 몇 가지 한계가 있다. 첫째, 대체 왜 각자의 자기 결정이 존중되어야 하는가? 자기가 직면한 문제에 대한 올바른 답은 자기 자신이 가장 잘 알고 있으리라는 것이 그 근거라면, 이 논의는 집단으로서의 결정에 대해서 구성원 개개인의 자기 결정을 존중해야 한다는 근거가 되지 않는다. 집단에 대한 올바른 답을 알고 있는 것은 집단 자신(그런 것이 실제로 존재하는가는 별개로 하고)이지, 각각의 멤버는 아닐 것이다. 그리고 각자의 자기 결정에 맡겨놓으면 각자 만족을 얻을 것이므로 사회전체로서 만족도(행복감)가 최대화되는 것이 바람직한 결과라는 근거도 생각될 수 있지만, 이 근거는 다음 절에서 서술하는 행복최대화론에 귀착하므로 그곳에서 다시 생각해 보도록 하겠다.

둘째, 이 논의는 주민투표와 국민투표에서 다수결의 근거로는 될수 있을지 몰라도, 민주적인 대표의회에서 다수결의 근거가 되기는 어렵고, 대표 민주정에 있어서 국회의 의원은 국민 전체의 이익을 추구하기 위하여 국정의 심의와 결정에 참가하고 있으므로(일본국 헌법 제43조 제1항), 각 의원의 자기 결정의 존중을 가장 중시하여 국가의 정책을 결정하는 것은 아닐 것이다. 만약 각 유권자의 자기 결정의 존중이 목적이라면 각 의원은 출신 선거구 유권자(의 다수파)의 의사에 엄격히 따라야 하며 대표 민주정 국가의 헌법이 정한, 의원의 행동에 관한 출신선거구의 명령의 금지와 리콜(소환) 제도의 금지(일본국 헌법 제51조, 본 기본법 제39조 제1항, 프랑스 제5공화제 헌법 제27조, 미합중국 헌법 제1편 제6절 제1항)는 민주주의의 근거원리에 반하게 될지도 모른다. 국회의원이 출신선거구 유권자의 판단에 구속되지 않는 행동을 하는 편이, 의회에 의하여 국민 전체의 이익을 추구하는 데 효과적이라는 판단이 이런 제도의 배경에 있다. 전 국민의 대표이며 사회전체의 공익 실현을 목표로 하는 의원은 출신 모체의 명령에 구속되어서는 안 된다는 사고방식이 근대 입헌주의의 성립기에 많은 논자에게 공유되었다.[3]

2. 행복의 최대화

(1) 개요

사회전체로서 일치된 결론이 필요할 때 무엇이 옳은 답인가에 관한 하나의 기준으로서 '사람들이 가능한 행복할 수 있도록'이라는 것이 있다. 공리주의 철학자인 제레미 벤담이 제시한 '최대다수의 최대행복'이라는 기준도 그 하나이다.[4] 왜 다수결일까라는 문제에 대해서도 그것이 '사회의 행복 최대화에 유용하므로' 라는 논의가 있을 수 있다.

지금 어떤 사회에 댐을 만들어야 하는가에 대한 문제가 있다고 하자. 점심으로 무엇을 먹느냐는 문제와 달리 찬성한 사람에 대해서만 댐을 만드는 선택이 있을 수 없으므로 의견이 나누어져도 어느 쪽인가로 결론을 정해야만 한다. 댐 건설에 찬성한 사람들은 모두 댐 건설에 따라 1점 행복도가 올라간다고 하자. 반대로 건설에 반대하는 사람들은 댐 건설에 의하여 1점 행복도가 떨어진다(역으로 댐을 건설하지 않는다는 결정에 따라 건설 찬성파는 행복도가 1점 떨어지고 반대파는 1점 올라간다).

이때, 단순 다수결에 의하여 댐 찬성이라는 결론이 얻어졌다고 하자. 51대 49의 비율이라는 근소한 차이로 찬반이 나뉘어졌다고 하여도 전체의 행복의 양은 51대 49의 비율로 증감하므로 차이점 2정도의 행복도가 사회 전체적으로 향상한다. 만약 다수결의 요건을 가중하여 3분의 2 혹은 4분의 3의 다수결의 찬성이 댐 건설에 필요하다고 한다면 댐 건설에 의해 사회전체의 행복도가 향상하는 경우에서도, 건설되지 않는 사태가 발생하여 사회의 행복도는 저하한다.

이처럼, 단순다수결에 의한 사회적 결정에 따라 사회전체의 행복양은 증대할 개연성이 높다

(2) 한계

이 의론의 한계는 명백하다. 어떤 결정에 따라 찬성파와 반대파에, 거울처럼 양쪽에 같은 점수의 행복도 변화가 역방향으로 생기는 조건은 매우 자의적이며 현실적이지 않다. 사람마다 어떤 일에 관한 행복과 불행을 느끼는 방식은 다르며, 그것을 점수로 측량하여 더하기 빼기 계산하는 것이 정확히 가능하다고 할 수 없다. 만약 행복을 느끼는 방식의 차이를 정확히 반영하는 다수결이 어떤 방식으로 가능하다고 하여도, 사회전체 행복의 양을 올바른 결정인가 아닌가의 기준으로 하는 것이 타당하다고 할 수 있는지 의심스럽다. 공리주의에 대해 자주 행해지는 비판이지만, 잔혹한 범죄가 일어나서 화를 내는 사람들의 감정을 진정시키기 위하여 무해의 사람을 잡아서 인민재판에 거는 것은 사회 행복의 양의 최대화(혹은 불행 양의 최소화)에는 적합할 수 있어도 올바른 사회적 결정이라고는 하기 어렵다.

게다가 이 논의는 제1절에서 논했던 자기결정의 최대화 이론과 마찬가지로 국회에서 다수결의 근거로써 사용하기 어렵다. 국회의원은 각자 행복의 최대화를 위하여 국정의 심의와 결정에 참가하고 있는 것은 아닐 것이다. 만약 국민 전체의 행복 최대화를 위하여 의원이 행동하여야 한다고 하여도 앞에서 말한 논의로 본다면 역시 의원은 출신 선거구의 명령에 엄격히 구속되어야 한다는 결론이 도출된다.[5] 제1절에서 서술한 것처럼 이것은 일본은 물론 의회제 민주주의 국가

가 채용하는 헌법 원칙과 충돌한다.

3. 공평 중립적이며 응답적인 절차

(1) 개요

세 번째로 드는 단순다수결의 근거는 50년쯤 전에 수학자 케네스 메이(Kenneth May)가 제시한 것이다.[6] 그의 논증은 사회적 결정을 하는 절차에서 합리적이라고 할 수 있는 조건을 네 가지를 들고 그것을 전부 충족하는 절차는 단순다수결뿐이라는 것(그리고 단순다수결이 사회적 결정을 가져오는 데에는 이 4개의 조건을 충족해야만 한다는 것)을 증명하는 것이었다. 그가 든 조건은 첫째, 절차가 결정적(decisive)이어야 하는 것, 즉 A와 B라는 두 개의 선택지에 직면했을 경우 A를 취할까 B를 취할까 혹은 A와 B에 관하여 무차별적인가의 어떤 것에 결론을 정하는 것이 가능하다는 것이다. 제2의 조건은 그 절차가 투표자를 차별하지 않고(모든 투표자를 동등하게 다룬다는) 직관으로 받아들이기 쉬운 것이다. 세 번째는 그 절차가 논점에 대하여 중립적(neutral)이어야 한다는 것, 예를 들면 A를 취할까 아닌가로 미리 A를 취한다는 결론에 유리한 절차가 되지 않는 것이다. 네 번째 조건은 그 절차가 투표자의 선호에 대하여 적극적으로 응답한다(positively responsive)는 것이다.

네 번째 조건은 A와 B와의 선택이 문제가 되어있으며, 다른 모든 멤버는 어떤 쪽이어도 상관없다고 생각하고 있을 때에도, 1명의 투표자 X가 A를 선호한다는 의사를 표명한다면 사회전체로서의 결정은 A가 되어야 한다는 것을 의미한다.[7] 네 번째 조건이 존재하지 않는다고 한다면 거의 모든 멤버가 어느 쪽이 좋다고 생각하고 있는 문제에 대해서는 던져진 동전의 앞뒤로 결론을 결정해도 상관없다는

식이 된다. 동전 던지기로 결론을 결정하여도 그것은 결정적이며 투표자를 차별하지 않으며(모든 투표자를 0으로 카운트하며) 논점에 대해서도 엄밀히 중립적이다.

메이가 논증한 것은 이 4개의 조건이 모두 충족되는 경우 그리고 그 경우에만 사회적 결정의 절차는 단순다수결이 된다는 것이었다. 즉, 4개의 조건을 충족하는 사회적 결정의 절차는 단순다수결뿐이다.

(2) 한계

메이가 든 4개의 조건 중 가장 논의를 부를만한 것은 세 번째의 논점에 관하여 중립적이라는 조건일 것이다. 개인 혹은 소수파 집단의 기본적인 권리와 이익은 헌법에서 보장하며, 단순다수결로 이것을 변동시키지 않는 제도가 많은 사회에서 채용되고 있다. 이것은 논점에 대하여 의도적으로 중립적이지 않은 절차, 즉 현상유지에 유리한 절차가 취해지고 있는 것을 의미한다. 즉, 논점에 관한 중립성이라는 조건은 반드시 모든 논점에서 폭 넓게 받아들여지고 있는 것은 아니다.

제4의 응답성의 조건에 대해서도, 의회제 민주주의에서의 의회의원에 관해서는 그 타당성에 의문이 있다. 전 국민의 이익이 어디에 있는가에 관하여 거의 모든 의원이 어디든 상관없다고 생각하는 논점에 대하여 1명의 의원이 특정의 선택지가 옳다고 생각한다고 해도 전체로서 그런 선택을 해야 하는 이유가 될 수 있는가? 응답성의 조건은 유권자의 선호에 관해서는 받아들일 수 있는 것이라고 할 수 있지만, 여기서도 유권자 레벨의 선호에 응답하기 위해서는 의원이 출신선거구의 지령에 엄격히 구속되는 많은 헌법의 요청에 반하는 조건을 추가해야 할 필요가 있다.

4. 콩도르세의 정리

(1) 개요

콩도르세는 혁명기 프랑스에서 활약한 정치가이며 수학자이기도 하다. 그가 제시한 정리는 단순다수결은 그것이 올바른 답에 다다를 개연성이 높으므로 채용되어야 하는 절차이다.[8]

다만 단순다수결에 의해 올바른 답에 이르는 개연성이 높아지기 위해서는 조건이 있다. 우선 2개의 선택지 중, 투표에 참가하는 사람들이 올바른 선택지를 선택할 확률이 평균 1/2을 상회(上廻)하여야만 한다. 그리고 사람들은 서로 독립하여 각각 자기의 생각에 따라 투표해야 한다(그 사람이 그렇게 투표하니까 나도 그렇게 한다는 투표 행동을 취하는 사람은 독립적으로 투표하였다고 할 수 없다). 콩도르세에 의하면 이때 다수결에 의해 옳은 답이 선택될 확률은 투표에 참가한 사람의 수가 많을수록 높아진다.

지금 항아리 안에 흰 구슬과 검은 구슬이 많이 들어 있고, 전체적으로 흰 구슬이 검은 구슬보다 많다고 하자. 항아리 안에서 임의의 수의 구슬을 뽑아내었을 때, 뽑힌 구슬의 수가 많으면 많을수록 그 안에 흰 구슬의 수가 검은 구슬보다 많을 확률은 높아질 것이다. 상자 안의 모든 구슬이 뽑아진다면 가정(假定)적으로 흰 구슬이 검은 구슬보다 많을 확률은 100%가 된다. 콩도르세의 정리는 이와 비슷한 단순한 이야기이다.

A를 선택할까 선택하지 않을까라고 한 것처럼, 선택지가 두 개 있으면 랜덤으로 선택하였다 하여도 정답을 뽑을 확률은 1/2이므로, 충분한 정보를 제공받아 신중히 토의한 후 다수결로 각자가 정답을 뽑을 확률이 평균 1/2을 넘는다는 조건은 그렇게 비현실적이지 않은 생각이다.

(2) 한계

콩도르세의 정리 내용을 보면, 사람들이 옳은 선택지를 뽑을 확률이 평균하여 1/2보다 낮을 경우에는 투표에 참가하는 사람의 수가 많으면 많을수록 다수결로 잘못된 답을 뽑을 확률이 높아진다. 사람들이 편견에 의하여 판단하기 쉬운 일과 옳은 판단을 하기 위하여 전문적 지식이 요구되는 일에 대해서는 다수결이 잘못된 답을 낼 개연성이 높아진다. 소수파의 사상, 신조의 자유를 헌법으로 보장하고 그것에 관한 판단을 재판소에 맡기는 제도와 복잡한 금융정책에 관한 결정을 정부에서 독립된 중앙은행의 판단에 맡기는 제도는 이런 사태에 대처하는 방법이라고 해석할 수 있다.

둘째, 투표의 독립성이 어느 정도 현실적으로 유지되어 있는가의 문제가 있다. 의회 내부가 각각 투표규율을 갖는 복수의 당파에 의해 나누어져 있을 때 의원의 투표는 독립되어 있다고 할 수 없다. 소속당파에 의하여 투표 행동이 결정되는 것이라면 실질적인 투표자 수는 감소하게 된다. 그리고 실질적인 투표자의 수가 감소하면 다수결이 올바른 답을 낼 개연성도 저하된다. 이는 의회 내부가 복수의 당파에 의해 분단되어 있는 경우에도 마찬가지이다.

셋째, 위에서 서술한 세 개의 논거와 달리, 콩도르세의 정리에 기초한 다수결의 논거는 다수결의 결과가 자동으로 올바른 결론을 가져온다는 것이 아니다. 자기 결정의 최대화론은 다수결에 의한 것이 곧 자기 결정을 최대화한다는 것이었고, 행복최대화론도 다수결에 의한 것이 곧 사회의 행복의 양을 최대화한다는 것이었다.[9] 다시 말하면, 다수결이라는 절차와 독립적으로 결론의 옳음을 판단하는 기준은 없었다는 것이다. 이것은 메이의 논증도 마찬가지이다.

다른 한편으로 콩도르세의 정리에 기초한 논의는, 다수결의 결과가, 다수결이라는 절차와는 독립적으로 판단될 수 있는 '정답'에 일치할 수 있는 확률이 높다는 논의이다. 여기서는 절차와 독립적인 올바른 답이 판단될 수 있느냐는 문제가 생긴다. 만약 다수결 절차를 밟지 않고 바른 답을 판단할 수 있다면 다수결을 취할 필요는 없다. 그러나 국가가 해야 하는 것에 대하여 무엇이 올바른 답인가 간단히 판단할 수 있는 문제인가? 사회 내부적으로 바른 답에 대한 기준이 넓게 공유되는 경우에는, 견해의 일치를 꾀함으로써 가능하겠지만, 그렇지 않으면 다수결의 결과가 정답과 일치할 것인지 판단하기 어렵다. 다수결은 옳은 답이 그와 독립적으로 판단될 수 있는 것이라면 불필요하고, 판단될 수 없다고 하면 그에 기초하여 다수결을 근거로 하는 것은 곤란하다.

그러나 객관적 진리를 인식하기 어려운 경험과학에서도, 적어도 무엇이 그릇된 가설인가 판단하는 것이 가능하다. 진리는 그곳에서는 직접적으로 인식할 수 없다 해도 자연과학자의 활동을 끌어내는 이념의 역할은 해내고 있다. 정치의 장에서도 콩도르세의 정리를 직접 적용하는 것은 곤란할지 모르지만, 다수결이라는 절차와 독립된 정답이라는 관념이 정치가의 활동을 끌어내는 이념으로서 역할을 할 수 없다고 생각하는 것은 성급하다.

5. 현대의 의회제 민주주의

(1) 의회제의 위기

의회제 민주주의 국가에서 의원이 출신 선거구의 명령에 구속되지 않고 자유롭게(즉, 독립하여) 발언하고 표결해야 한다고 되어있는 배경에는, 그렇게 함으로써 의회가 객관적인 '정답'에 다다를 수 있다는 사고방식(앞에서 서술한 근거 중에서는 제4의 근거)이 있다고 생각된다. 사회의 좋은 선택자인 의원은 출신 모체의 특수이익에 구속되는 일 없이 사회전체의 이익에 관한 공론을 참조하면서 스스로 신중한 사고에 기초하여 의회에서의 심의, 결정에 참가해야 한다. 그 결과, 다수결에 의해 공익에 관한 올바른 결론에 도달할 개연성은 높아진다. 기조를 시작으로 하는 프랑스의 자유주의자가, 19세기에 여론을 반영하는 의회는 공개적인 심의, 채결을 통하여 진리에 도달해야 한다고 제창한 것도 그 예이다.10)

그러나 보통선거제도가 보급되어 대중이 정치의 무대에 등장하자 의원은 자신의 힘으로 당선되는 것이 곤란해져서 정당의 자금과 조직에 의존하게 된다. 정당에 의존하여 그 지위를 획득한 이상 소속 정당의 견해를 지지하고 발언과 투표도 그것에 구속되는 것은 자연스러운 일이다. 그러나 국회가 투표규율을 갖는 복수의 당파에 의해 조직화되면 다수결에 의해 '정답'에 다다르는 개연성도 저하된다.11)

(2) 슈미트와 켈젠

20세기 초에 나타난 이러한 의회제의 위기에 관해서는 바이마르 독일에서 격렬한 논의가 행해졌다. 칼 슈미트는 고전적인 의회정치가 기능부전(機能不全)에 빠진 이상, 의회의 토의와 의결을 통하여 '진리'에 도달한다는 자유주의의 전제를 버리고, 치자와 피치자의 동일성을 지향하는 민주주의 원리에 지배의 정통성을 일원화해야 한다고 했다. 더욱이 비밀투표에 기초한 대표제와 같은 중도적인 동일화가 아니라, 반론의 여지가 없는 공개의 장에서 대중의 갈채를 통한 치자와 피치자의 동일성을 지향해야 한다고 했다. 그곳에서 민주주의는 지도자를 위한 카리스마적 정통성을 조달하기 위한 수단이 되며, 의회제 자체의 폐기가 시야에 들어오게 된다.

이에 대하여 슈미트의 논적(論敵)이었던 한스 켈젠은, 다수결은 자기결정을 가능한 한 많은 사람에게 확보하는 메커니즘이므로 그것을 유지해야 한다고 하였다. 의회제 민주주의는 있을지 없을지 모르는 '진리'에의 도달을 지향하는 것이 아니라, 다양한 견해와 이해의 존립을 허용하여 서로 타협을 꾀하는 장치이다. 다수결에 의한 결정 과정을 통하여, 의회에서 대표되는 여러 가지 이익의 타협이 촉진되며, 최종적으로 패배한 소수파의 이익도 결론에 어떻게 해서든 반영된다. 다양한 가치와 이해로 분열된 사회에 평화를 가져오기 위해서는 이것이 최선의 길이다. 이런 켈젠의 입장에서 보면 의원의 출신 선거구에서의 자유를 확보할 이유도 희박해진다. 조직정당의 존재, 의원의 활동에 대한 의회 밖에서의 다양한 구속은 오히려 적극적인 의의가 있게 된다.

(3) 하버마스의 구상

대중이 정치의 무대에 나타나 조직정당이 정치 과정의 주요한 플레이어가 된 현대의 민주정치에서는, 이미 기조의 구상은 비현실적인 것처럼 보인다. 의회제 민주주의 자체를 폐기하는 슈미트의 길을 취하지 않는다면, 남은 것은 의회를 다양한 가치와 이해 조절의 장으로 보는 켈젠의 입장밖에 없다는 시각도 있을 수 있다. 그러나 기조의 구상을 현대에 살릴 길이 있다는 논의도 존재한다. 현대 독일 사회 철학자 위르겐 하버마스의 담론이 그것이다.

하버마스가 보아도 현대의 의회에서는 발언과 표결이 소속당파를 단위로 하여 행해진다. 의회에서의 토론을 통하여 반대당파의 소속 의원의 입장을 바꾸는 것은 상상하기 어렵다. 그러나 그렇다고 해서 의회에서의 토의가 무의미하지는 않다. 의회에서 토의하는 의원은 반대당파의 의원을 설득하기 위하여 그렇게 하는 것이 아니라, 국민 일반을 실득히기 위하여 그러는 것이기 때문이다. 의회에서의 토의는 여러 가지 미디어를 통하여 사회에 소개되고 그것은 많은 사람을 사회적인 토론으로 끌어들인다. 그리고 그 결과는 국정 선거를 통하여 장기적으로는 의회의 구성에 반영된다. 즉 기조의 구상은 시간적으로도 공간적으로도 더욱 확대된 형태로 실현 가능하게 된다.[12]

6. 맺음말

이 장에서는 다수결의 근거가 되고 있는 몇 가지의 의론을 검토하였다. 그 중 의회제 민주주의의 헌법원리와 가장 잘 들어맞는 것은 다수결이라는 결정 절차와 독립된 '정답'의 존재를 전제로 한 논의이다. 그러나 '정답'을 구하는 의회에서 토의와 의결이 기능부전을 일으키고 있다는 견해를 취하고, 그래도 다수결이라는 절차를 유지하려면 다른 논거를 제시해야 하는데, 그때 의원의 활동에 대한 구속을 부정하고 행동의 자유를 확보하는 헌법원리의 의의는 희박해진다. 그러나 그 경우에도 의회에서 토론을 통하여 '정답'을 구하려는 구상을 시간적·공간적으로 더욱 확대한 형태로 살려낼 가능성이 없어지는 것은 아니다.

❑ 참고

1) 채결 참가자의 선호의 편성에 의해, 소위 '투표의 역설'이 발생하여 다수결이 결정적인 답을 낼 수 없거나, 채결의 순서에 의해 결론이 좌우되거나 하는 것은 잘 알려져 있다. 본장에서 검토하는 것은 다수결이 결정적인 답을 일관성이 있는 형태로 끌어 낼 수 있는 표준적인 경우에 있어서, 왜 그 답에 따라야 하는가 라는 문제이다. 또한 이하 제 1절에서 제 4절까지에서 다루는 4개의 다수결의 근거는, Robert Dahl, Democracy and Its Critics(Yale University Press, 1989), ch. 10에서 개관하고 있다.

2) 이런 의론을 명확히 제시하는 것은, 한스 켈젠이다. 그는 "가능한 한 다수의 인간이 자유로운, 즉 가능한 한 소수의 인간이 그들의 의사와 함께 사회 질서의 보통의 의사와 모순에 빠지면 안 된다고 하는 사고방식만이 다수결원리에의 합리적 길에 다다르는 것이다" (ハンス・ケルゼン『デモクラシーの本質と価値』西島芳二訳(岩波文庫, 1948) 39−40頁, 번역문에는 꼭 충실히 따르고 있지 않다.)

3) 예를 들면, 에드먼드 바크의 브리스톨에서의 연설(『エドマンド・バーク著作集 2 アメリカ論・ブリストル演説』中野好之訳(みすず書房, 1973)91−94頁), 제임스 메디슨 집필의 『ザ・フェデラリスト』 제 10편(斎藤眞・中野勝郎訳(岩波文庫, 1999)), 혁명기 프랑스 국민의회에서의 제이에스의 발언(Archives parlementaires, le série, tome Ⅷ, pp. 594-95) 등을 참조.

4) ジェレミー・ベンサム 『道徳および立法の諸原理序説』 山下重一訳(中央公論社, 1979) 82頁参照.

5) 벤담의 헌법구상에 의하면 선거구민은 선출의원을 리콜할 수 있지만(Jeremy Bentham, Constitutional Code, vol. 1(Clarendon Press, 1983) eds. by F.Rosen and J.H. Burns, p. 26(Ch. Ⅳ. A.2)), 선거구민의 지령은 의원의 행동을 구속할 수 없다(*ibid.,* p. 26(Ch. Ⅳ. A.2) & p. 43(Ch. Ⅵ.S.1, A.9)). 의원이 목표로 해야 하는 것은 사회전체의 행복의 최대화이지 개별 선거구의 행복의 최대화가 아니기 때문이다. 그렇지만 벤담에 의하면 출신선거구의 이해와 전 국민의 이해가 충돌하는 경우 의원은 출신 선거구의 이해에 따라서 행동하여야 한다. 전 국민의 이해라는 것은 개개 선거구민의 이해의 축적에 불과하므로 그런 전 국민의 이해는 개별의 선거구의 이해에 따르는 의원의 행동의 집적을 통하여 비로소 나타나는 것이기 때문이다 (*ibid.,* pp. 43-44 (Ch. Ⅵ. S. 1, A.10)). 본문에서 설명한 것처럼, 다수결을 통하여 전 유권자의 선호를 집계하는 것으로 사회전체의 행복의 최대화를 꾀한다면 개개인의 의원은 출신선거구의 지령에 구속된다고 생각하는 것이 타당하다.

6) Kenneth May, A Set of Independent Necessary and Sufficient Conditions for Simple Majority Decision, Econometrica, 20, pp. 680-84(1952).

7) 다른 모든 멤버가 A인가 B인가에 대하여 무차별적이며 X만 A를 선호하는 경우, A를 사회적 결정으로 한다면 누구의 효용도 저하하지 않고 X의 효용만을 향상시킬 수 있다. 즉, 이 결정은 파레토(Pareto) 개선이 된다.

8) 콩도르세의 정리에 대해서는 長谷部恭男『比較不能な価値の迷路』(東京大学出版会, 2000) 제6장 참조. 거기서 소개한 것처럼, 루소의『사회계약론』제2편 제3장의 기술("만약 인민이 충분한 정보를 가지고 심의하며, 시민이 서로 연락하지 않는다면........그 결과, 항상 일반 의사가 이끌어내어져 결의는 항상 옳은 것이 된다.")은 콩도르세의 정리에 대응하여 이해할 수 있다.

9) 앞 2절의 행복최대화론에 대해서는 행복이 최대화될까 아닌가는 다수결의 절차와 독립적으로 판단가능하다는 사고방식도 있을 수 있다. 그러나 던져지는 표수 이외에 각자의 행복과 불행 점수의 계산 수단으로서 무엇이 있을 수 있는가는 곤란한 문제를 제기한다. 던져진 표수 이외에 계산의 근거가 없다고 한다면 결국 절차와 독립된 옳음의 판단기준은 존재하지 않는 것이 된다.

10) 이하, 본절의 기술에 대하여 상세하게는 長谷部恭男「討議民主主義とその敵対者たち」法学協会雑誌118巻12号(2001年12月) 1891頁 以下(본서 제12장) 참조.

11) 로버트 굿딩은 콩도르세의 정리를 베이지안의 입장에서 재해석하여, 콩도르세의 정리의 귀결을, 투표에의 참가자가 다른 참가자가 자신의 주장에 동의(반대)를 표명하는 것에 의해 자신의 의견의 합리성에의 신념의 정도가 높아지는(낮아지는) 과정으로서 이해하려 한다(Robert Goodin, Reflective Democracy(Oxford University Press, 2003), ch. 6). 이런 입장에서 보면 파벌과 당파의 소속에 기초한 투표를 행했다 하여도 콩도르세의 정리의 적용에 어떤 지장도 없게 되지만, 이러한 굿딩의 입장은 각 참가자의 투표가 독립적으로 행해져야 한다는 콩도르세의 요청(본문 4(1) 내지 注8 참조)과 정면충돌한다. 굿딩의 의론은 집단의 내부에서 다수를 점하는 경향이 주위와 격리되어 더욱 과격한 형태로 나타난다는 집단편향현상(group polarization), 즉 주어진 공간에서 자신과 같은 의견의 인간이 다수인 것을 알고 점점 자신의 의견에의 확신이 깊어져서 과격화되는 현상의 설명으로서 유효한 것처럼 생각된다. 선스틴이 지적한 것처럼, 집단편향현상은 바람직한 민주정의 실현에 있어서 심각한 곤란을 가져온다[e.g., Cass Sunstein, The Law of Group Polarization, Journal of Political Philosophy(June 2002)]. 집단편향현상이 생기는 상황은 콩도르세의 정리에 따르는 다수결이 잘못된 답을 이끌어낼 수 있다는 상황이다. 찬동자가 많을수록 자신의 주장이 올바르다는 주관적 확신이 커진다는 주장은 이해 가능하지만, 찬동자 수가 많을수록 자신의 주장이 객관적으로 올바르다는 개연성이 높아진다는 주장은 의미가 없다. 후자가 의미를 갖는다면, 그것은, 콩도르세의 정리에 기초한 다수결이 객관적인 정답을 가져오는 조건이 확보된 상황에서는 자신의 결론에 찬동하는 투표자가 증가하는

것에 의해 자신의 결론이 객관적으로 옳다는(다수결로 우위를 점하는) 개연성이 높아진다는 주장으로서 이겠지만, 그것은 작은 사실(머릿수가 많으면 다수결에서 승리한다)을 돌려서 다시 말한 것에 불과하다.

12) '사상의 자유시장'이 진리를 이끌어낼 높은 개연성을 가진다는 신념이 여기에도 전제되어 있는 것에 유의할 필요가 있다. 사상의 자유시장이 일정의 방향으로 왜곡되어 있어서 편향된 답이 나올 위험이 강한 경우는 그 이외의 결정 절차(예컨대 독립된 재판소와 중앙은행)가 채용되어야 한다는 것이 될 것이다.

▼▼▼ 제 14 장 ▼▼▼
사법의 적극주의와 소극주의
- 세1편 제7절 게임'에 관한 각서

1. 기술적 개념으로서의 '사법적극주의'와 '사법소극주의'

'사법적극주의' 및 '사법소극주의'라는 개념은 정치부문에 대한 관계에서 사법(司法)의 존재를 기술하는 개념으로서도, 또한 사법의 이상적인 모습을 제창하는 규범적 개념으로서도 사용할 수 있다.

다른 논문1)에서도 서술하였듯이 '사법적극주의' 및 '사법소극주의'의 어느 쪽이나 사법심사의 이상적인 모습을 그리는 규범적 개념으로서는 그다지 도움이 되지 않는다고 생각한다. '적극주의' 또는 '소극주의'라는 표현은 사법심사 결론의 기초를 만드는 헌법해석에 판단의 여지가 있으며, 그것을 법관이 어떨 때는 적극적으로, 어떨 때는 소극적으로 행사하는 것 같은 인상을 부여할 수 있다. 법원이 그때그때 법관의 정치적 선호에 따라 사법심사권을 적극적으로 또는 소극적으로 행사하는 모습은 확실히 바람직한 사법심사의 모습이 아니다. 사법심사를 민주적 정치결정과 정합하는 형식으로 정당화하기 위해서는 '적극주의' 또는 '소극주의'라는 용어가 함의하는 헌법 해석상의 사법재량의 여지를 부정하여 사법심사 결론이 헌법으로부터 도출되는 '유일한 정답'이라고 주장할 필요가 있다고 생각한다.

그러나 이러한 표현은 규범론에서는 그다지 도움이 안 된다고 하더라도 사법심사의 현상이나 가능한 사법심사 방법을 '기술'하기 위한 개념으로는 여전히 유용할지도 모른다. 법원이 정치부문의 판단을 존중하여 그것에 겸양(謙讓)을 제시하면서 위헌심사권을 비롯한 권한을 행사하려고 하는 국가와 그렇지 않은 국가는 현실문제로 구별할 수 있다고 생각한다. 규범론으로는 현실로 법원이 법해석을 함에 있어서 어떨 때는 정치부문 판단을 존중하여 어떨 때는 그렇지 않다는 정책적 판단을 내리는 것이 가능하다.

다만 이러한 사용방법을 할 경우에도 무엇이 '적극주의'이고 무엇이 '소극주의'에 해당하는가를 판단하기 위해서는 주의할 필요가 있다. 일반적으로는 의회제정법을 헌법에 위반한다고 법원이 선언할 경우, 특히 법령을 위헌이라고 선언할 경우가 사법적극주의에 해당하고, 헌법에 비추어보면서 제정법을 해석하지만, 그것을 위헌이라고는 하지 않는 방법은 사법소극주의에 해당한다고 생각된다.[2] 헌법문제에 원래 언급하지 않고 제정법의 해석만에 의하여 사건을 처리하는 것이 소극주의에 해당하는 것은 더욱더 당연하다고 생각된다. 이러한 견해의 전제에는 의회제정법에 관한 법원의 해석에 의회가 동의하지 않을 때에는 의회는 새롭게 입법을 하는 것으로 그것을 쉽게 변경할 수 있음에 대하여, 법원의 헌법해석은 헌법개정을 통해서가 아니면 변경할 수 없다는 상식적인 관념이 염두에 있다.

그러나 이하에서 보듯이 제정법을 위헌무효로 할 경우와 그 의미를 해석에 따라 변경할 경우에서는 어느 쪽이 정치부문의 판단을 존중하게 되는지는 쉽게 대답하기 어려운 문제다.

2. '제1편 제7절 게임'

에스크리지(Eskridge)와 페어존(Ferejohn)이 고안한 '제1편 제7절 게임'을 통해서 이 문제를 생각해보자.[3] 미국에서는 연방 레벨의 법률은 상하 양원과 대통령의 3자가 어떤 특정한 법안에 대해서 일치해서 동의한 경우에 성립한다(미합중국 헌법 제1편 제7절). 다시 말하면 3자 모두가 거부권을 가지고 있으며 어느 하나가 거부권을 발동하면 법률이 성립하지 않는다. 새로운 법률이 성립하지 않을 때에는 종전의 '현상(status quo)'이 유지된다.

지금 어떤 입법사항에 대해서 3자의 입장을 좌우의 이데올로기 선상에 열거하면 그림 5와 같이 된다고 가정하자(이하의 설명은 좌우의 대립 축뿐만이 아니라 예를 들면 환경보호와 산업육성의 어느 쪽을 취하는지, 표현의 자유와 여성의 사회적 지위향상의 어느 쪽을 취하는지, 평화주의와 자위력 강화의 어느 쪽을 취하는지 등, 다양한 문제에 대해서 확장할 수 있다).

❖ 그림 5 ❖

$$Q \quad I_2 \quad P \quad C_1 \quad C \quad S \quad I_1 \quad H$$

좌 ⟵――――――――――――――⟶ 우

Q는 현상을 의미하고 있고, S, H, P가 각각 상원(Senate), 하원(House), 대통령(President)의 입장을 가리킨다. 성립한 법률은 3자의 타협(compromise)의 결과로 C에 위치한다고 한다. 이 법률을 법원이 해석한바, 3자의 모든 의도와도 달리 I_1 또는 I_2에 위치하는 규범으로 해석된다고 가

정하자. 각각 경우 연방의회와 대통령은 이 법원의 해석을 뒤집을 수 있을까?

가령 I_1처럼 해석이 3자의 입장 틀 내에 수습되는 경우 새로운 입법을 통해서 이 해석을 뒤집는 것은 극히 어렵다. 왜냐하면, 새로운 해석이 원래 타협점 C보다도 자신의 입장에 가깝다는 것을 알게 된 기관(그림의 경우는 하원 또는 상원)은 새로운 입법에 따른 법원의 해석 수정을 거부할 것이기 때문이다. 이에 대하여 I_2처럼 법원의 해석이 3자 입장 밖에 위치할 경우 3자는 일치하여 이 해석을 새로운 입법에 따라 원래 타협점(C)에 가까이 하려고 할 것이다. 그러나 그림과 같은 경우 가령 새로운 입법(C_1)이 대통령(P)이 봐서 I_2와의 거리 이상으로 C에게 가까이 하는 것은 대통령이 거부할 것이다. 따라서 겨우 성립할 수 있는 것은 그림처럼 I_2와 C_1이 P로부터 보면 등거리(等距離)인 것 같은 타협이다.[4]

3. 게임의 함의

이 게임이 제시하는 것은 이하와 같은 것이다.

첫째는 미국처럼 입법기관이 3자에 의하여 구성될 경우에는 강한 현상유지의 압력이 기능한다. 3자가 모두 일치하지 않는 한 현상이 변경되지 않는다. 복합적인 입법기관의 구성이 법적 안정성에 이바지하는 것은 몽테스키외가 일찍부터 당시의 잉글랜드의회에 대해서 지적한 사항이다.[5]

둘째는 법원의 해석은 입법의 출발점이 되는 '현상'을 변경한다. 따라서 법원의 해석이 한번 내려지면 그것을 변경하는 것이 3자 모두에게 유리하고, 동시에 각자에게 유리한 한도에서 비로소 새로운 입법이 성립한다. 이에 대하여 법원이 문제의 법률을 위헌이라고 선언한 경우는 어떨까? 이 경우 원래 현상(Q)이 회복되고, 의회 및 대통령은 원래 출발점에서 새로운 타협점을 찾아내는 것이 가능하다. 무엇이 입법기관을 더 강하게 구속하게 되는지는 따라서 쉽게 결론이 안 나오는 문제다.

그림의 경우에서 말하면 법원의 위헌판결이 C_1보다 더 왼쪽 입법이 아닌 이상 헌법위반이 된다고 선언한 경우에만 위헌판결은 보다 구속적이고, 사법적극주의적이다. 가끔 위헌판결은 당해 입법의 목적과 수단의 관련성이 충분히 존재하는지의 여부에 따라 내려지므로 입법목적과 수단을 다시 구성하는 것으로 처음의 타협점(C)에 가까운 법률을 새롭게 제정하는 것은 반드시 어렵다고 할 수는 없을 것이다. 예를 들면 '품위 없는(indecent)' 표현활동을 처벌하는 법률이 막연성 때문에 위헌무효가 된 경우에는 의회는 더 명확한 구성요건을 갖춘 법률을 제정하면 될 것이다.6)

이상과 같은 관찰은 의회와 법원의 전통적인 역할분담에 대해서도 새로운 시사를 부여한다.

첫째는 자유주의 헌법학의 표어로 의회제정법이 국민의 '자유와 재산'을 지킨다고 할 때가 있다. 이것이 몽테스키외류(流)의 현상유지의 압력이 강하게 기능하는 의회의 구성을 전제로 한 견해라는 것은 이미 알려진 사항이다. 그러나 거기서 말하는 '현상', 즉 보호되어야 될 '자유와 재산'이란 결국 법원의 법해석활동을 통해서 형성되는 '현상'이며 그러한 '자유와 재산'이다. 미국이나 잉글랜드와 같은 사법영역이 판례법에 따라 형성되는 관습법 국가에 한정되지 않고 성문법 국가에서도 그렇다. 다시 말하면 의회의 활동 이전에 사전적으로 '자유와 재산'의 보호범위가 헌법으로 직접 확정되는 사태를 전제로 할 필요는 없다.

둘째는 법원이 위헌심사권을 가지는 국가와 갖지 않는 국가에서는 국가의 모습이 근본적으로 바뀔 때가 있다. 실제로 언뜻 보기에는 복합적으로 구성된 의회와 그 의사를 시행하는 법원이 현상을 유지함에 그치는 고전적 자유주의 국가는 의회의 의사결정을 법원이 그 자체는 뒤집을 수 없기에 고유의 실질적 가치판단에 따라서 틀을 만드는 현대형 국가와 근본적으로 다른 것으로 보인다. 슈미트(Carl Schmitt)가 말하는 '입법국가(Gesetzgebungsstatt)'와 '재판국가(Jurisdictionsstaat)'의 대비가 이러한 다른 국가상을 제시하고 있다.[7]

그러나 법원이 법령의 위헌심사권을 가지지 않는 '입법국가'에 있어서도 의회가 입법활동의 전제로 하는 '현상'은 법원에 의한 법령의 해석활동을 통해서 형성되어 있으며, 게다가 의회의 입법활동에는 강한 현상유지에의 압력이 기능하므로 법원의 해석에 따라 입법활동의 견고한 틀이 만들어지는 점에서 변함이 없다. 또한, 앞에서 서술하였듯이 사후적인 위헌심사로 제정법이 무효가 된 경우, 의회는 법원에 의하여 변경되지 않는 애초의 '현상'으로 돌이킬 수 없으므로 거기서의 입법활동에 대한 틀 만들기는 반드시 강한 것은 아니다.[8] '입법국가'와 '재판국가'의 대비는 겉보기보다 큰 것이라고는 할 수 없다.[9]

일본의 경우 미국과 달리 입법기관은 양원과 대통령의 3자로 구성되는 것이 아니다. 그러나 내각 및 그 밑에서 성립 가능성이 있는 법안 대부분을 작성하는 관료기구가 실질적으로는 미국 대통령에 필적하는 거부권을 가지고 있다고 생각하는 것은 그렇게 엉뚱하지 않다. 또한, 일본의 참의원은 비교법적으로 볼 경우 제2원으로는 상당히 강한 입법거부권을 가지고 있다고 할 수 있다(일본 헌법 제59조 제2항 참조). 그렇다면 양원과 정부의 3자 간에 어느 정도 정책 차이가 존재할 경우, 역시 현상유지의 압력이 기능하게 될 것이며, 성립한 법률에 법원이 입법자 의사와는 다른 해석을 가할 경우, 그것을 새로운 '현상'으로 입법 게임이 다시 시작하게 된다. '제1편 제7절 게임'과 비슷한 '제59조 게임'을 상정할 수 있다.[10]

또한 내각제출 법안에 대하여 관련된 관청 모든 컨센서스(consensus)가 사전에 요구되고, 게다가 각 관청의 입장이 가가 다른 이익집단을 의뢰인(client)으로 하고 있기 때문에 다른 경우에 대해서도 마찬가지의 상황을 상정할 수 있다. 일본에서 내각제출 법안이 입법되는 법안의 대부분을 점하는 현상에서는 성립한 법률에 대하여 법원이 내린 해석을 새로운 법률로 수정하는 것은 어려울 것이라 예상된다.[11]

4. 맺음말

종전의 일본 헌법학은 제정법을 위헌이라고 판단하는 것이 사법적 극주의이었으며 그렇지 않은 것이 사법소극주의라는 '쉬운' 구별을 받아들였으나 이 구별이 과연 정치부문의 판단에 대한 사법부의 겸양(謙讓)과 정확히 대응하는지의 여부는 더 정사(精査)가 필요하다. 일본 재판소는 거의 제정법을 위헌이라고 판단하지 않고, 따라서 '사법 적극주의'라는 비판을 받지 않고 제정법을 최고재판소 유권해석권을 통해서 다시 해석하는 것으로 적극적으로 정치부문의 판단을 변경하고, 게다가 그것을 '현상'으로 고정화할 가능성조차 있다.[12] 즉, 기술적 개념이라고 하더라도 사법적극주의와 소극주의는 취급에 주의(注意)가 필요하다. 이와 같은 이상 법령의 위헌심사 국면에 한정해서 민주적 의회와의 관계에서 사법권을 어떻게 정당화할 수 있겠느냐는 문제를 취급하는 것은 입법과 사법의 실제 관계와 괴리한 논점 설정이라는 의구심을 갖게 한다.

❏ 참고

1) 長谷部恭男「司法消極主義と積極主義」高橋和之・大石眞編『憲法の争点[第3版]』(有斐閣, 1999).

2) 예를 들면 芦部信喜『憲法訴訟の理論』(有斐閣, 1973) 350頁. 물론 이에 대해서 일본 최고재판소는 위헌판단에는 소극적이지만 헌법판단을 하는 것 자체에는 적극적이었다고 해서 헌법판단에 관한 소극・적극과 위헌판단에 관한 소극・적극을 구별하는 히구치 요이치 교수의 입장이 있다(樋口陽一『憲法[改定版]』(創文社, 1998) 446-48頁).

3) '제1편 제7절 게임'에 대해서는 William N. Eskridge, Jr. and John Ferejohn, The Article I, Section 7 Game, 80 Geo. L.J. 523-64(1992) 참조. 본문에서 소개한 것은 Jerry L. Mashaw, Greed, Chaos, and Governance(Yale University Press, 1997), 101-05에서 그려진 버전이다.

4) William N. Eskridge, Jr., Philop P. Frickey & Elizabeth Garrett, Legislation(Fondation Press, 2000), ch. 3, III-C-2는 제1편 제7절 게임의 케이스 스터디로 클린턴 정부 시에 도입이 시도된 포괄적 에너지세 법안의 사례를 소개한다. 이 법안은 재정 적자 삭감과 환경보호를 목적으로 도입이 시도되었으나 산업계의 이익을 대표하는 양원의 저항을 당하고 모든 면에서 효과가 낮은 교통수단용 연료세(transportation tax)에 그 모습을 바꾸었으나 현상과 비교하면 개정함에 있어서 또한 당시의 의회구성에서 더 이상 자신의 입장에 가까운 법안 성립의 전망이 없다고 판단한 대통령은 거부권을 발동하지 않았다.

5) 『法の精神』第11編第6章. 몽테스키외가 그린 영국의회의 모델에 따르면 귀족계급의 이익을 대표하는 귀족원, 서민의 이익을 대표하는 서민원, 그리고 국왕의 3자가 동의하는 것으로 비로소 종전의 법상태가 변경된다. 이는 국가에 의한 입법 활동이 기존의 법질서에 변경을 가하지 않는 것이 좋다는 소극적 국가관을 제시하고 있다고 할 수 있다. 마찬가지의 설명이 매디슨과 해밀턴에 의하여 미국 연방의회의 구성에 대해서 이루어졌다(『ザ・フェデラリスト』斎藤眞・武則忠見訳(福村出版, 1991)第51篇, 73篇).

6) Cf. Cass Sunstein, One Case at a Time(Harvard University Press, 1999), p. 53.

7) 『合法性と正当性』田中浩・原田武雄訳(未来社, 1983). 슈미트가 말하는 '입법국가'가 추상적・보편적인 법의 지배에 의하여 사회생활의 안전성과 가측성(可測性)을 보장하는 '법치국'이라는 점은 미야자와 도시요시가 일찍부터 지적하였다(「法および法学と政治」同『公法の原理』(有斐閣, 1967) 124-29頁).

8) 프랑스를 전형으로 하는 사전형의 위헌심사의 경우는 다른 고려가 필요할 것이다. 프랑스의 헌법원은 오히려 입법기관의 하나의 구성요소라고 봐야 할 여지가

있다. 이 점에 대해서는 예를 들면 미셸 트로펠(Michel Troper)「違憲審査と民主制」日仏法学19号(1995) 11-12頁. 이러한 사전형의 위헌심사기관인 경우 당해 기관의 헌법해석에 합치하지 않는 입법은 원래 성립하기 어렵고 의회의 입법활동에 대한 구속성은 높다. 입법에 관한 마찬가지의 보틀넥(bottle neck) 기능은 일본에서의 내각법제국에 대해서도 어느 정도는 이를 인정할 수 있다. 내각법제국의 헌법해석이 반드시 헌법제정 당시의 해석과 일치하지 않는 경우 의회의 입법활동을 구속하는 헌법해석은 그때그때의 내각법제국의 해석이다. 그리고 헌법개정이라는 '입법'활동에 대해서는 최고재판소의 헌법해석과 함께 내각법제국의 해석이 새로운 헌법개정활동의 전제인 '현상'을 구성하게 된다.

9) 물론 법원을 비롯한 해석기관이 텍스트에 포함되는 문언의 통상적인 의미나 입법자의 의사를 전혀 무시해서 해석을 하여 '현상'을 형성하는 것이 아닐 것이다. 그러나 이것은 학설이나 판례에서 제시된 법리나 귀결의 타당성에 관한 고려등과 같이 구체적인 법적 결론을 도출하기 위한 소재에 불과하고, 그것이 구체적 결론과 직결하는 것은 아니다. 이 점에 대해서는 Dennis Patterson, Law and Truth(Oxford University Press, 1996), ch. 7에서의 흥미로운 분석을 참조.

10) 내각총리대신의 지명에 대하여 우월하고, 도각(倒閣)권을 전유(專有)하는 중의원 다수파와 내각의 입장은 모든 정책에 관해서 일치하고 있다는 단순화된 전제를 보면(Mashaw, supra n. 3, at 197-98은 영국에 대해서 내각의 입장과 의회의 입장은 동일하다고 상정한다), 문제는 현상(Q)이 중의원과 참의원 양원이 선호하는 것의 중간에 위치하는지에 한정된다. 그림 6처럼 Q가 양원의 의결 과정에 위치하고 있으면 그것을 좌우 어느 쪽으로 옮기려고 하는 새로운 입법의 제안은 어느 하나의 의원 거부를 당해서 성립하지 않는다. 그림 7처럼 Q가 예를 들면 양원의 모두보다도 왼쪽에 위치하는 경우에는 왼쪽에 위치하는 원(院)이 Q와 무차별하다고 생각하는 점(C)까지의 범위 내에서 법률이 성립할 수 있다(여기서는 중의원의 2/3의 다수에 의한 법률 성립의 경우는 고려하지 않는 것으로 한다).

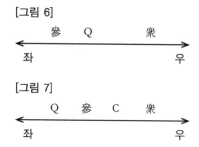

[그림 6]

參　　Q　　　衆
←————————————→
좌　　　　　　　　우

[그림 7]

Q　　參　　C　　衆
←————————————→
좌　　　　　　　　우

법률이 행정기관에 광범위한 입법의 위임을 하고 있는 경우에는 다른 고려가 필요하다. 중의원 다수파도 모든 논점에 대해서 행정 각부에 의한 정책의 실시를 항상 감시하는 것은 아니다. C가 아니라 참의원 다수파와 같은 점에 위치하는 내용을 가지는 행정입법이 이루어질 경우 그것을 중의원이 새로운 입법으로 수정하려고 해도 참의원은 그것을 막을 것이다. 즉, 행정입법은 법원에 의한 법해석과 마찬가지로 '현상'을 새롭게 형성한다(cf. Eskridge and Ferejohn, supra n. 3; Mashaw, supra n. 3을 참조). 혹시 행정부가 양원 모두와 다른 입장에 있으며 게다가 실질적 거부권을 보유한다면 광범한 위임입법은 양원의 타협점과는 달리 행정부의 의사에 따른 입법을 실현하게 된다. 이러한 경우 적극적인 사법심사가 국회 의사의 부분적 회복을 초래할 수 있다는 것에 대해서는 Eskridge and Ferejohn, supra n. 3을 참조.

11) 관련된 관청이 두 개뿐인 단순한 경우 註10에서 그린 양원의 입장이 다른 상황에서의 설명을 거의 그대로 확장할 수 있다. 또한 1998년 말부터 1999년 전반에 걸친 국회에서는 일반적으로는 여당연합(자민당+자유당)과 공명당의 합의가 법률안 성립의 불가결이 조건이 되어 있었다. 이러한 경우 여당연합과 공명당은 각각 사실상의 입법거부권을 가지는 존재로 역시 注10에서 그려진 상황을 거의 그대로 연장해서 기술하는 것이 가능하다.

12) 위헌심사 이외의 장면에서의 일본 법원의 '적극주의'를 지적하는 다니엘 풋 (Daniel Foote)교수의 여러 논문(「日本における交通事故紛争の解決と司法積極主義」(芹沢英明訳)石井紫郎 · 樋口範雄編 『外から見た日本法』(東京大学出版会, 1995); Judicial Creation of Norms in Japanese Labor Law: Activism in the Service of Stability? UCLA Law Review, Vol. 43, pp. 635-709(1996) 등)을 참조. 본문에서 지적하였듯이 적어도 사법부문이 그 교지(狡智)에 의하여 '적극적 사법활동'의 여지를 확보하려고 하였다고 하더라도 그다지 놀랄 만하지는 않는다.

▼▼▼▼ 제15장 ▼▼▼▼
| 법원(法源), 해석, 법명제 |

- how to return from the interpretive turn

1. 법실증주의

법(law)이란 개념은 몇 가지의 의미가 있다. 본장에서 취급하는 것은, 그중에 법명제(proposition of law)로서 법에 대하여 그 진위를 어떻게 판단할 수 있는가의 문제이다. 법명제는 법적 권리·의무 등의 법률관계를 기술하는 표현이다. 즉 법이 사람들에게 무엇을 금지하고 무엇을 허용하고, 어떠한 권한을 부여하고 있는가를 기술한다.[1] '종물은 주물의 처분에 따른다.' 와 '소유권자는 그 소유물을 자유롭게 처분할 수 있다.'는 일반적 법명제, '히구치 요이치(樋口陽一) 교수는 "근대입헌주의와 현대국가(現代立憲主義と現代国家)"의 저작권자이다'라는 개별적인 법명제의 예이다.

법명제의 진위를 어떻게 판단할 수 있는가에 대하여는 몇 가지 견해가 있다. 법실증주의자(legal realist)라고 불리는 사람 중에는 법명제란 법원이 어떻게 행동할까에 관한 예측에 지나지 않는다고 생각하는 자가 있다. '히구치 교수는 "근대입헌주의와 현대국가"의 저작권자이다'라는 법명제는 가령 "근대입헌주의와 현대국가"의 저작권에 대하여 분쟁이 발생하는 경우, 재판소(법원)는 이렇게 판단할 것이라고 하는 예측을 나타내고 있다. 그 예측이 적중하면 그 법명제는 진실이고, 어긋나면 허위이다.[2]

그러나 이따금 지적되고 있는 것 같이, 이것이 법명제를 말하는 사람들, 특히 법률가의 견해를 적확히 다루고 있다고 하기는 힘들다. 나는 '히구치 교수는 "근대입헌주의와 현대국가"의 저작권자이다'라고 할 때, 나는 법원의 행동의 예측하고 있다기보다 법원을 포함한 세상 사람들은 '히구치 교수야말로 "근대입헌주의와 현대국가"의 저작권자이다'라는 판단을 내려야 한다는 내적 관점(internal point of view)으로부터 주장하고 있다.

보다 넓게 받아들여지고 있으며, 현대 일본에서도, 법명제의 진위에 대하여 많은 사람이 암묵의 전제로 하는 생각은 법실증주의이다. 법률 전문가가 비전문가에 대하여 법명제의 진위에 대하여 설명할 때도, 그 단순한 입장의 전제로서 설명하는 것이 많다. 이 입장에 의하면 법명제는 그것이 '권위 있는 법원(法源: authoritative sources)'에 비추어 확정할 수 있는 경우에는 진실이고, 반증될 수 있는 경우에는 거짓이다. 어느 쪽도 아닌 경우에는 진실이라도 거짓이라고 할 수 없다. 어느 명제가 법원의 의미내용을 정확히 기술하고 있는가, 혹은 법원의 의미내용을 정확히 기술하는 명제로부터 파생하는 경우에는 참이 된다. 그리고 무엇이 권위인 법원인가는 사회적 사실(social fact)의 문제이며, 예를 들어, 대표적인 법실증주의자 H.L.A. 하트에 의하면 당해 사회에서 공직자에 현재 받아들여지고 있는 '인정의 룰(rule of recognition)'에 의해 무엇이 당해 사회의 법원인가가 결정된다[3]고 한다.

2. '정해 테제'와 '해석적 전회'

로널드 드워킨은 이 법실증주의의 입장에 대하여 과감히 도전한 법철학자로서 알려져 있다. 그의 법실증주의에의 대응은 시간에 따라 다르다. 초기의 드워킨은 상기 하트의 입장에 내아니, 권위가 있는 법원에 의한 확증이 곤란하게 된 법명제, 즉 법실증주의로부터는 진위가 불분명한 명제에 대하여도, 진위를 묻는 것이 가능하다는 주장을 했다. 어려운 케이스(hard case)에 대해서도 정답은 있다고 말하게 된다.4)

그에 의하면, 법체계 중에는 all-or-nothing에 명제의 진위를 결정하는 준칙(rule)뿐만 아니라, 일정 방향에 대답을 방향짓는 것에 이르는 원리(principle)도 존재한다.5) 하트의 '인정(認定) 룰'은 출신의 계보에 의해 어느 법규가 법원으로 신분을 갖는지를 판단하려고 하는 것으로, 준칙에 관하여는 인정기준으로 기능하지만, 그 존재가 내용의 정당성에도 의존하는 원리에 대하여는 충분히 기능하지 않는다. 그리고 준칙을 참조하는 것만으로는 답이 명확하지 않은 어려운 사례(hard case)에 대하여도 원리를 포함한 법원의 총체를 보다 잘 설명하고 정당화하는 정치도덕을 구성하고, 그것과의 대응 정도를 따지는 것으로 법명제의 진위를 판단하는 것이 가능하다. 따라서 어려운 사례(hard case)에 대하여도 법관에게 재량이 있다고 할 수는 없다.

이 '정답 테제(right answer thesis)'에 대하여 법실증주의자로부터 반응은 크게 두 가지로 크게 나뉜다. 첫째는, 드워킨은 인정(認定)의 룰에 의한 법원으로서의 지위를 인정할 수 있는 준칙만 있음을 주장하지만, 이것에 대해서는 그가 말하는 원리를 포함하는 형식으로, 즉 그것을 인정할 수 있는 기준으로서 인정의 룰을 상정하는 것은 충분히 가능하다는 반응이 있다. 그리고 드워킨이 묘사한 법관상도, 고작 영미 법권에서의 법관의 사회적 관행을 반영하는 점에서, 법실증주의와 다른 것은 없다고 할 수 있다.6) 단, 이 반응은 전술의 드워킨 비판에 의해서 법실증주의는 붕괴하지 않는다는데 그치고, 적극적인 반론이 되지 않는다.

둘째 반응은 판례와 법령 등 기존의 법원(法源)이 총체를 설명하고, 정당화하는 정치도덕의 후보가 복수 경합하는 것도 충분히 생각할 수 있고, 그때 법관은 어느 쪽이 보다 뛰어난 정치도덕(政治道德)인가를 객관적으로 판단할 수 없는 것은 아닌가 하는 것이다.7) 그것을 법관의 선택에 맡기고 있다고 한다면 역시 사법재량은 존재하는 것이 된다. 이것은 드워킨의 정답 테제가 이미 성립하였는가에 염려를 제기하는 적극적인 반론이다.

이 제2의 반론에 대한 드워킨의 반응은, 이하와 같이 두 개의 단계를 거친다.

첫째, 그는 보다 뛰어난 정치도덕이 무엇인가가 증명 가능하지 않은 한, 진정한 명제가 존재하지 않는다고는 말할 수 없다는 논의를 제기했다. 진정한 명제가 존재한다고 말할 수 있으려면 증명 가능성을 요구하는 것은 수학 등 극히 한정된 학문분야에 그친다. 경험과학과 역사학, 문학비판 등의 분야에서는 예를 들어 명제가 참이라는 것이 입증불능이어도 여전히, 명제의 참·거짓을 논하는 것은 가능하다. 법실증주의는, 왜 법의 영역에서, 증명가능성(demonstrability)이 참·거짓을 논하는 전제가 되는가를 논증하고 있지 않다.8)

그러나, 증명 가능성이 진위를 논하는 전제가 없다고 한다면, 법학의 영역에서 명제의 진위는 무엇에 의존하고 있는 것일까? 그 문제에 답하는 것이, 그의 해석적 전회(interpretive turn)이다. 즉, 모든 법명제의 진위는 당해 사회에서 과거 법령과 판례의 총체를 보다 잘 설명하고, 정당화하는 정치도덕에 의존하고 있지만, 그 정치도덕은 각 개인의 해석(interpretation)에 의해 각 개인 관점으로 구성되고 있다는 것이다.

3. 모든 것은 해석이다

드워킨은 어느 사회에서 예의작법(禮儀作法)*의 룰의 발전의 예를 들어 각자의 해석에 의한 법명제의 진위(참과 거짓)의 판정이라는 활동을 묘사했다.[9]

제1의 '해석 전의 단계(preinterpretive stage)'에는 사람들은 당해 공동체에서 공통으로 받아들여지는 특정의 룰의 집합, 예를 들어 '손윗사람을 만나면 모자를 벗어야 한다'라는 등에 따라 단순히 행동한다. 그러나 서서히 사람들은 해석적인 태도(interpretive attitude)를 취하게 된다. 그것이 제2의 '해석적 단계(interpretive stage)'이다. 거기서 사람들은 예의작법은 단순히 룰의 집합이 아니라, 무엇인가의 목적에 이바지하는 것으로 생각하기 시작한다. 그러면, 사람들 간에 예의 작법의 목적은 무엇인가에 대하여 근저적인 생각의 대입이 있는 것이 분명하게 된다. 사람은 각각, 기존의 예의 작법의 룰을 총체로 하여 보다 잘 설명하고 정당화하는 것은 무엇인가에 해석이론을 구축하고, 그것에 근거하여 각 멤버의 행동을 이해하게 된다. 물론, 각자의 해석이론은 기존의 룰과 충분히 적합(FIT)하지 않으면 안 되지만, 그 모든 것도 완전하게 일치하고 있을 필요는 없다. 이리하여 예의작법이라는 사회적 관행(practice)에 목적이 덮어씌워 진다. 그리고 그 목적이 무엇인가에 대하여는 멤버 간의 대립이 생길 수 있다.

나아가 제3의 '해석 후의 단계(postinterpretive stage)'에는 각자가 이해하는 예의 작법의 목적으로부터 보면, 사람들이 일치해서 복종한 룰

---

* 예의와 지켜야 할 규칙을 말함.

중에 잘못된 것이 있다는 것이 판명된다. 사람들이 충분히 해석적 태도를 보이려 하게 되면, 일정한 방법으로 행동하는 것이, 왜 예의 작법에 적합한가는 결국, 각자의 해석에 의존하게 된다. 그것은 해석적 프로테스탄티즘(interpretive protestantism)이라고 일컬어지는 생각이다.[10]

프로테스탄티즘에서, 신자는 각자 성직자를 통하지 않고 직접 신과 교류하고, 무엇이 바른 신앙인가를 각자가 판단하는 자격과 책임을 진다. 다른 신자가 무엇을 믿고 있는가는 자신의 신앙과는 무관하다. 법에 대하여도 마찬가지이며, 각자가 행하는 해석활동에서 구성되는 정치도덕에 비추어 비로소 법이 무엇을 요구하고 있는가가 판명된다. 모든 시민은 이러한 해석을 하는 동등한 자격과 책임을 지고 있다.[11]

여기서, 초기의 '정답의 테제'에서 유지되고 있는 어려운 사례와 쉬운 사례의 구별은 소멸했다고 하여도 좋을 것이다. 모든 개인이 과거의 법령과 판례의 총체를 보다 잘 설명하고, 정당화하기 위한 정치도덕을 각자의 책임으로 구성하고, 그것에 비추어 법률문제의 답이 각자의 관점으로부터 판정되고 있다는 점에서, 양자 간에 근본적인 구별이 없다. 쉬운 케이스에는 각자의 해석으로부터 도출된 대답이 사실상, 광범위하게 일치하고 있기 때문에, 전제가 되고 있는 해석 및 정치도덕의 존재가 의식되지 않을 뿐이다.[12]

드워킨의 새로운 입장으로부터 보면 모든 것은 해석이다. 법학은 문학과 역사학 등과 마찬가지로, 해석의 대상을 최선의 것으로서 제시하도록, 당해 대상에 목적이나 의식을 강요하는(impose) 점에서 공통하고 있다.[13] 보다 가까운 '해석'의 예로서는 대화를 들 수 있다. 우리는 타인이 내는 소리와 기호를 해석하고, 상대가 무엇을 말하고 있는가를 판단하고 있다.[14]

4. 해석적 전회의 문제점

(1) 모든 것이 해석인가?

모든 것은 해석이라고 하는 해석적 전회의 결론으로부터 보면, '해석 없이 명제 없다.'라고 하는 것이 된다. 이 테제는 유권해석에 의해 비로소 법명제의 참·거짓이 정해진다고 하는 미쉘 트로펠 교수의 해석이론과 공통된다.[15]

트로펠에 의하면 유권해석기관에 의한 해석 이전에 존재하는 것은 텍스트에 그친다. 해석으로 의미를 부여하게 되고, 비로소 그 법규범이 출현한다. 해석을 필요로 하지 않을 정도로 명료한 텍스트는 존재하지 않는다, 왜냐하면 의미가 명료하다고 아는 것은 이미 해석이 되고 있는 것을 전제로 하기 때문이다. 즉, 이른바 의미의 이해는 해석이다.

이 트로펠의 논의에 대해서는 그것에 포함된 논의의 순환(循環)은 별도로 하여도(해석 없이 의미를 이해할 수 있다면, 의미가 명료함을 알기에 해석이 필요하지 않다), 대개 텍스트의 의미로 이해되는 것을 불가능한 것이 아닌가라는 의문을 제기할 수 있다. 비트켈슈타인이 지적하듯이 해석의 결과로 나타나는 것은 그 자체, 새로운 텍스트(記號의 列)이기 때문에 그것을 이해하기 위해서는 또 새로운 해석이 필요하게 되고, 그 결과로서 발생하는 텍스트를 이해하기 위해서도 오히려 새로운 해석이 필요하게 된다. 이 작업을 어디까지 계속하여도 애초 텍스트의 이해는 달성할 수 없다.[16]

즉, 대개 이해가 가능하다고 한다면 해석에 의하지 않은 이해가 있다고 생각하지 않을 수 없다. 당해 사회에서 넓게 받아들여지고 있는 룰 혹은 관행(convention)이 있다고 하면 바로 그 의미는 명료 가능한 텍스트의 충분한 수(數)가 존재하지 않으면 애초 사람과 사람의 커뮤니케이션은 있을 수 없고, 법 및 그것에 관한 사람들의 활동도 있을 수 없다. 바꾸어 말하면, 해석은 예외적이고 기생(寄生)적이지 않을 수 없다. 해석은 의식적인 노력도 없이 이루어지는 통상의 언어작용을 배경으로 하여 비로소 가능하게 된다. 이지케이스와 하드케이스의 구별에 따라 말하면, 쉬운 사례(easy case)가 쉬운 것은 그것을 컨트롤하고 있는 법원의 의미가 명료하기 때문이고, 그것에서는 해석이 필요하지 않고, 해석으로 구성된 정치도덕도 불필요하다. 예를 들어, 자택 앞의 도로가 주차금지인가 여부를 알고 있는데도 사람들은 특히 기존의 법원의 모두와 적합한 도덕이론을 구성하려고 하지 않는다.

법에 관한 일반시민의 말과 사고방식, 나아가 법률가의 활동의 상당 부분도 드워킨의 해석과는 관계가 없다고 생각하지 않을 수 없다. 그가 그린 법의 모습은 그 자신이 표방하는 바와 달리[17] 제도 참가자의 법에 대한 태도나 사고방식을 적절하게 가리키는 내적 시점으로부터의 것이라고는 하기 어렵다고 생각한다.[18]

(2) 해석은 프로테스탄트적인가?

드워킨의 해석적 전회에 대하여는 법의 해석을 프로테스탄트적인 것이라는 그 성격에 대하여도 의문이 있다.

방금 서술하는 것과 같이 해석은 무의식에 행해지는 언어활동의 존재에 의존하는 예외적인 활동이다. 그러나 그것에서 행해지는 해석이 드워킨이 말하는 것처럼 타자의 해석과는 독립한 완전히 개인적, 사적인 것이라고 하면 우리는 법을 해석하는 것과 법을 해석하고 있다고 생각하는 것을 구별할 수 있게 된다. 비트겐스타인이 지적한 것처럼 룰에 따르는 것과 룰에 따르고 있다고 생각하는 것과는 다르다.[19]

법을 해석하는 것과 법을 해석하고 있다고 생각하는 것을 구별하기 위해서 해석은 개인적·사적인 것이 아니라 사회적인, 즉 원리적으로는 누구나 공통으로 접근 가능한 공적 활동이어야 할 것이다. 각인이 각각 다른 형식으로 납득한 것만으로 법의 해석으로 충분하다고 할 수는 없다. 해석자는 타자를 설득하여 마찬가지로 기존의 법원(판례·법령)을 보도록 논의를 진전시킬 필요가 있다. 물론 그 결과 항상 같은 결론으로 사람들의 의견이 집약된다고는 할 수 없다. 같은 정도로 설득력을 가지는 복수 해석이 경합하는 것은 드문 일은 아니다.

해석이 해석이기 위해서는, 즉 그것이 원리적으로도 누구나 참가할 수 있는 공적인 활동으로 있기 위해서는, 첫째는 법원의 핵심적인 의미를 이해할 수 있게 하는 공통된 언어작용이 배경으로 존재하여야 한다. 그리고 둘째 해석의 목적은 예외적·병리적 현상인 법의 의미의 불명료화에 대해서 사람들의 합의를 받는 것으로 정상적인 법의 기능을 회복하는 것과 사람들이 다시 의심을 하지 않게 법에 복종할 수 있는 상태를 회복하는 것이 되어야 한다.[20]

(3) 의원정수 불균형 소송

일본의 선거구 인구 불평등 소송을 예로 생각해 보자. 선거구 인구 불평등 문제는 공직선거법상의 선거무효소송으로 다투어진다. 예전의 무의식한 공통양해는, 이 소송은 공직선거법상의 룰을 전제로 하면서 실제로 집행된 선거가 그것에 위반하는지를 심사하는 것이며, 공직선거법상의 룰의 위헌성 자체를 싸우는 길이 될 수 있는 것이 아니라는 것이었다. 법의 의미에 의심은 없으며 사람들은 의심이 없는 법의 의미에 따라서 행동하였다.

그러나 어떨 때, 최고재판소는 중의원 의원 정수의 불균형이 이제

"일반적으로 합리성을 가지고 있다고는 도저히 생각할 수 없는 정도로 이르렀다."고 인정하여 그것에 따른 선거권의 침해에 대한 시정·구제의 길로서는 선거무효소송이 유일한 것이고, "이로 다른 소송상 공선법의 위헌을 주장하여 그 시정을 요구할 기회는 없다"는 것으로 보면 공선법은 정수 불균형에 의한 선거권 평등의 위반을 "선거무효의 원인으로 주장하는 것을 특히 배제하는" 것이 아니라는 이해를 내세웠다.[21] 아시다시피 이 판단에 대해서는 선거무효소송은 이러한 위헌의 주장을 무효원인으로 예상하는 것이 아니고, 소송 자체를 부적법으로 각하하여야 한다는 아마노 부이치(天野武一) 재판관의 반대의견이 있다.

공선법의 여러 규정은 논의의 당연한 출발점이다. 그때까지는 선거무효소송의 의미에 대해서 아무도 의심을 가하지 않았다. 투표가치의 지나친 불균형과 그 시정의 필요라는 예외적인 사태가 생겼기 때문에 비로소 선거무효소송의 목적이 무엇인지가 새삼스럽게 문제가 된 것이다. 아마노 재판관은 선거가 공선법의 규정대로 정확히 집행되었는지를 컨트롤하는 것, 그리고 그것만이 선거무효소송의 목적이라고 주장하였다. 그것에 대하여 법정의견은 지나친 정수 불균형 상태에 의한 투표가치의 불평등을 바로잡기 위해서는 유일하게 가능한 수단인 선거무효소송을 이용하는 것도 허용되어야 한다고 생각하였다.

이러한 의견의 대립은 각 재판관이 각각 관할 법원(法源)을 가장 정합적(整合的)으로 정당화하는 정치도덕을 개인적에게 구성하여 그것에 따라 무엇이 진정한 법명제인가를 서술한다는 성질의 대립이 아니다. 어느 것이나 공통적인 언어활동을 배경으로 하여 합의에 이르는 것이 목적으로 이루어지고 있는 주장이다. 해석활동의 요점은 누구나 의문 없이 법에 따를 수 있는 본래 상태를 어떤 형태로 회복할 것인지, 즉 법의 실천이라는 공적 활동을 어떻게 계속할지이다. 그리고 선거무효소송을 통해서 의원정수 불균형을 싸울 수 있다는 양해가 정착한 현재에서는 입법자도 포함하여 누구나 그것을 전제로 행동할 수 있다.

5. 법실증주의로 회귀할 수 있는가?

해석적 전회에 따라 전회(轉回)하는 것은 어렵다. 그러나 법실증주의에 전면적으로 회귀하기도 어렵다. 법령과 판례만이 법명제의 진위의 판단기준이 된다고 하는 견해는, 다른 법분야는 어쨌든 적어도 헌법 영역에서는 너무 좁기 때문이다. 헌법학에서 조문만으로 법명제의 진위가 도출되는 것은 드물다. 우리들은 헌법전의 조문을 소재로 하여 일련의 법률학교육의 논의의 양식(modality)에 따라 다양한 법명제를 도출한다.

이 점에서 시사(示唆)를 부여한 것인지가, 필립 바빗 교수가 정리하는 헌법학에서의 논의 양식이다. 그는 미국 헌법학에서 여섯 가지의 논의 양식, 즉 법명제의 진위를 판단하는 방법이 사용되고 있는 것을 지적한다.[22] 첫째는 제정자 의사, 둘째는 텍스트의 현재에서의 통상 의미, 셋째는 헌법 전체의 구도, 넷째는 선례에 나타난 법리, 다섯째는 장기간에 걸쳐 사회에 수용되고 헌법에 반영되고 있는 도덕, 여섯째는 귀결의 타당성에 관한 신중(prudence)이다. 이것들의 논의의 양식에 호소하는 것으로 헌법상의 법명제의 정당성은 판단된다. 헌법이란 그러한 관행(convention)에 따른 실천이며 이론이 아니다. 이것들을 넘어선 이론, 예를 들면 법과 경제학, 공리주의, 칸트의 도덕론, 롤즈의 정의론 등은 법률학에서는 무관계(irrelevant)이다. 이것들의 기준에 근거하여 이루어지는 판단은, 법에 관한 외재적 평가인 것이라고 하더라도 법적 판단은 아니다.

공리주의에서는 사회전체의 행복을 최대화하는가가 오로지 정당성 판단 기준이 되지만 그것은 공리주의의 내부 논리에 그친다. 공리주의 외측으로부터 보면, 사회전체의 행복의 최대화가 왜 정당성의 기준이 될 수 있는가를 논의할 수 있을 것이다. 그러나 그것은 공리주의의 입장으로부터 보면 무관계한 논의이다. 이처럼 헌법학 내부에서는 헌법학이 전통적으로 준수해 온 논의의 양식에 따르고 있는가가, 정당한 헌법학의 논의인가의 판단 기준이고, 해당 논의의 양식이 정당한지 아닌지 여부를 논하는 것은 헌법학 틀 밖의 이야기이다. 법학의 양식에 따르면 명제는 법명제(proposition of law)이지만, 법학의 양식을 비판하고, 평가하는 명제는 법에 관한 명제(proposition about law)이다.[23]

예를 들어, 바빗에 의하면 사법심사가 왜 정당한가의 문제는, 문제 설정 자체부터 잘못된 것이다. 그것은 헌법을 넘는 외측의 이론에 정당화의 근거를 구하려고 하는 것이므로 법률상 논의라고 할 수 없다. 사법심사는 위에서 언급한 여섯 개의 양식에 근거하여 이루어지고 있는 한, 그것을 초월하는 정당화 근거(justification)를 요구하는 것은 아니고, 정통(legitimate)이다.[24] 물론 어떠한 양식이 정당화의 근거가 되는가는 사회에 따라 다른 것이고, 각 사회에서 어떠한 양식이 수용되고 있는가는 경험적인 문제라 할 것이다.

바빗 교수의 정리에 대하여 떠오르는 의문은, 이것들 논의의 양식(樣式)이 상호 간 충돌하는 명제를 도출할 때에는 어떻게 하면 좋을까이다.[25] 나아가 예를 들어, 제정자 의사에 묻거나 사회도덕(일본식 표현으로 말하자면 "사회통념")의 원용에 대하여는, 이러한 양식을 채용하는 것 자체에 법률학의 내부로부터 이의가 제기될 수 있는 것도 있다. 이러한 의문에 대하여 바빗 자신의 대답은, 다른 논의의 양식에 의해 복수의 상호에 충돌하는 명제가 도출될 때는, 그것들 모두가 참인 명제라고 하는 것이다. 단일 법명제만이 참이 되지 않으면 안 된다고 하는 의미에서 확정성(determinacy)은, 법 세계에는 존재하지 않는다. 물론, 법원(法院)은 최종적으로 하나의 답을 선택해야 한다. 그러나 다른 정당화 양식은 상호 비교불능(incommensurable)이고, 이 간의 선택은 양심(conscience)에 따를 수밖에 없다.26)

이것으로 의문이 해결되었다고 납득하는 사람은 그리 많지 않을 것이다. "양심"은 비교 불가능한 양식의 "염려"를 해결할 수 있는가? 그것은 드워킨의 프로테스탄티즘과 마찬가지의 문제를 포함하고 있는 것 같이 보인다. 일정한 사회에서 수용된 다른 논의의 양식 간의 충돌은, 역시 공적인 논의의 장에서 해결될 필요가 있는 것은 아닐까?27)

6. 법명제는 어떠한 경우에 적합한가?

이 문제에 대하여 대답하기 전에 관련한 또 하나의 문제를 처리해 둘 필요가 있다. 그것은 우리가 법명제에 의해 무엇인가의 형태로 객관적으로 실재하는 외계 사태를 묘사하려고 하고 있는가 하는 문제이다.28) 법실증주의자와 어느 종(種)의 자연법 논자가 주장하는 것처럼,29) 문제가 되는 명제가 그 외계(外界)의 사태와 대응하고 있다면 참이고, 그러하지 않다면 허위인가?30)

풋남(Robert David Putnam)이나 로티(Richard Rorty)가 강조하는 것같이, 각각 경험세계에 대해서조차, 외계 상태와 1대 1로 엄격히 대응하는 기술이 있는 것은 아니다.31) 하나의 상태는 다양한 관점으로부터 그렇게 다양한 형식으로 기술이 가능하고, 그것들의 모든 것이 동시에 적절한 기술이 있을 수 있다. 이 점에서는 법명제에 대하여도, 사태는 동류인 것으로 생각해도 좋을 것이다. 그러면 기술의 적절함은 무엇에 의존하고 있는 것일까?

이 점에 대해서는 자주 원용되고 있는 콰인(Quine)의 말이 단서가 된다. 그에 의하면,

이른바 지식 및 신념이라는 모든 것은, 흔히 있는 지리와 역사에 관한 것으로부터 원자물리학, 순수수학, 논리학의 심원한 법칙에 이르기까지, 경험이라는 그 단서의 끝에 걸려있는 구조이다. 다시 말하면, 과학이란 경험을 경계조건으로 하는 힘의 장과 같은 것이며, 경계에서 경험과의 염려가 발생하면, 장의 내부에서의 조정이 필요하게 된다. 몇 가지 언명(言明)에 대한 진리치(眞理値)의 재배치와, 언명 간의 논리적 상호관계에 의한 장내부의 재조정이 필요하게 된다. 더욱이 논리학의 법칙 자체도 장내부의 언명의 일부이고, 장(場)의 요소의 하나에 지나지 않는다. ...... 그러나 장(場) 전체는 경계조건이 되는 경험에 의해 엄격하게 한정되는 것은 아니(underdetermined)기 때문에, 이론과 대립하는 한 개의 경험에 비추어 어떠한 언명(言明)을 재평가해야 하는가에 대하여는 넓은 재량의 여지가 남는다. 각각의 경험과 장의 내부 각각의 언명이란 장 전체의 균형이라는 고려를 통하여 간접적으로 연결되고 있는 데에 그치고, 직접 연결되고 있는 것은 아니다.

만일 이러한 견해가 옳다고 하면, 개개 언명의 경험내용에 대하여 말하는 것은 오해하게 하는 것이 된다. 특히, 그 언명이 경계조건이 되는 경험으로부터 멀게 위치하고 있는 것이라고 하면, 나아가 진위가 경험에 의존하고 있는 종합명제는 무엇인가 하는 타당한 분석명제를 구분하는 의의도 의심스럽다. 만일, 시스템 내부에서 충분한 규모의 조정을 하면, 어떠한 언명이라도 참이라고 하는 것이 되는 것이다.[32]

즉, 예를 들면 물리학에서 어느 언명의 진위는 물리학 전체에 의

존하고 있다. 외부의 경험세계와 대비되어 테스트되는 것은, 각각의 가설이 아니라, 이론 전체이다. 보다 일반적으로 말하면, 어떤 명제가 진위인가 여부는, 우리들의 대부분이 공유하고 있는 소여(所與)의 신념의 총체에 의존하고 있다.

법률학의 경우에 적용하면, 법명제의 진위는 법률가가 공유하는 신념, 즉 법명제의 총체에 의존한다. 콰인이 말한, 경험과학에서의 언명 상호의 논리적 관계에 해당하는 것이 법명제 상호의 네트워크이고, 그것을 규율하는 문법이 법적 논의의 양식이다. 다른 신념을 전제로 하면서, 그것들이 가능한 충돌이 발생하지 않는 정합적인 명제로서 위치 정립할 수 있는 것이 법률학에서는 참의 법명제라고 불린다. 진리는 외계의 사태와의 대응관계에 근거하여 정해지는 것은 아니다. 그것은 언명 능력, 즉 각각의 장면에서 어떻게 언명을 다루는 것이 적절한가에 의존한다.[33]

법률가 고유의 논의 양식을 구사하여, 법률가는 일정한 법적 소재(法源)에 근거하여 어느 법명제의 타당성을 기초지으려 한다. 어느 논의 양식이 결론을 결정하지 않을 때에는 별개의 논의 양식이 되고, 복수의 양식이 다른 결론을 기초지을 때에는 그것을 재정(裁定)하는 별개 레벨의 논의가 채용된다. 이러한 작업을 계속하는 것으로 합의에 달하는 것, 사람들이 반복하여 의문을 품지 않게 법에 따를 수 있는 상태가 회복되는 것이 목적이 된다.[34]

예를 들면, "주류판매업의 면허제는 위헌이다"라는 주장을 생각해 보자. 이러한 주장을 하는 자에 대하여 우선 묻게 되는 것은, 그 논거가 무엇인가라는 것이다. 논거로서, 그 사람은 "왜냐면, 이 제도는 입법목적(주세의 확실한 납입의 확보)과, 주류판매업의 경영의 안정을 도모하기 위하여 면허제를 취한다는 입법수단과의 사이에는 합리적인 관련이 없기 때문에"라고 답변했다고 한다. 다음에 문제가 되는 것은 왜 이 '논거'가 주류판매업 면허제가 위헌이라는 논거가 되는가이다. 그것에 대답하기 위해서는 일본 헌법 제22조에 의한 직업선택의 자유가 보장된다고 하는 사정을 예로 들 수 있을 것이다. 그러나 헌법 제22조의 함의는 일목요연하다고 할 수는 없다. 그것이 입법목적과 입법수단 사이에 어느 정도의 합리적 연관성을 요구하는가에 대하여는, 어느 것인가의 최고재판소의 선례를 찾게 될 것이다. 보핏(바빗) 교수의 정리(整理)에서 말하면 선례에서 제시된 법리(法理)로 소송상 다투게 된다. 이러한 질문과 대답이란 논의를 하는 당사자 사이에서 합의가 성립하기까지 계속된다. 확립한 선례, 누군가 의문이 없는 통설까지의 논거가 나오면 합의가 성립한다.

물론 때로는, 우리가 아무 의문을 갖지 않고 받아들이는 어떤 법명제의 타당성이나 어떤 논의 양식을 주장하는 것 자체에 이의를 제기할 수도 있다. 예를 들면, 일본 헌법 제22조에 관하여 최고재판소의 선례, 즉 입법목적이 소극적인가 적극적인가에 의해 위헌심사기준에 차이를 두는 법리에 대하여, 그 자체에 의문이 제기될 수 있다. 그러한 의문에 대하여 '뛰어난 해결'은 특정의 긴요한 논점에 대하여만 장래의 통념을 뒤집는 것으로, 남은 공유된 신념은 유지하면서, 그러나 유지된 부분을 포함하여 전체의 면상을 일변시키려는 것 같은 논의이다.[35] 다른 논의의 양식 사이에 어떠한 것을 선택해야만 하는가가 문제되는 때도, 동류의 기준으로 해결이 도모되는 것이 통상적이다. 시스템 내부에서 적절한 규모의 재조정을 행하고, 심각한 의문을 해소하는 것으로 전체의 균형을 회복하는 것이 목적이라는 것은, 콰인이 묘사한 과학이론의 경우와 다르지 않다. 문제가 되고 있는 해당 명제와 양식 이외의, 법률가에 공통하여 받아들여지고 있는 신념의 총체를 유지한 채, 여하튼 그것을 재구성하여 균형을 회복할 수 있는가가 사건을 해결한다.[36] 여기까지 말해도 법적 논의의

실천이고, 그 외측에 나오는 것은 불가능하다.[37]

7. 몇 가지의 귀결

제5절 이하에서 묘사하는 것 같이 법적 논의 및 법해석의 이해가 적절하다고 하면, 그것으로부터 어떠한 귀결이 도출되는 것일까?

첫째는, 법률가가 하는 법 실천 활동의 모두를 '해석'이라고 불러야 하는 것은 아니다. 해석은 법학 고유의 양식에 따른 논의가 일치한 결론을 도출되지 않는 예외적인 경우에 비로소 필요로 하는 활동이다. 종래의 일본에서 '해석'이라는 개념은 법률가에 의한 법원으로부터 법명제의 도출, 도출된 법명제, 복수의 법명제 간의 적절한 판정, 단지 일반적 법명제로부터 개별명제를 도출하는 작업, 도출된 개별명제 등 다양한 작업과 명제를 지시하기 위하여 넓게 사용되었다. 이러한 용법은 '해석'이란 무엇을 해명하는 것이라고 오해하게 한다. 보다 엄격한 사용이 바람직하다.

둘째는, 일찍이 군주이든, 현재의 의회이든, 이른바 '입법자'가 직접 법명제를 '정립'하는 것은 아니다. '입법자'가 직접 하는 것은, 법명제를 기초짓기 위한 소재가 되는 텍스트를 제공하는 것이다. 이런 한에서, 이른바 '입법자'가 정한 것은 텍스트에 그치도록 한다는 트로펠 교수의 지적은 정당하다. 단, 텍스트로부터 법명제를 도출하기 위해서, 언제나 해석이 요구되는 것은 아니다.

셋째는 반복하는 것이지만, 법률학의 통상 활동은, 권위 있는 법원(法源)을 소재(素材)로 하고, 법학 고유의 논의의 양식에 따라 특정 법명제의 정당성을 기초짓는 것이며, 이러한 작업이 파탄(破綻)한 예외적인 상황에서 이루어지는 것이 법의 해석이다. 해석이 필요하게 되는 것 자체, 법률가 공동체에서 당연히 합의할 수 있는 회답은 존재하지 않는다는 것을 합의해 두고, 따라서 '잘못된 해석'과 '가짜 해석' 등이라는 해석활동은, 대체로 있을 수 없다. '잘못'인가 '가짜'인가의 판단은 법률가공동체 내부에서 그것을 '잘못' 혹은 '허위'로 하는 기준이 공유되고 있는 것을 전제로 하는 것이기 때문이다. 그것이 없을 때에 필요하게 되는 것이 해석이다.

넷째는, 법률가가 행하는 실천활동과 그것에 관한 여러 학문, 헌법학의 경우를 말하면 '헌법 과학'이라는 여러 학문의 관계에 대하여도 재고가 필요하다.[38] 헌법의 과학이라고 일컬어지는 역사학, 사회학, 법철학 등의 내용을 사용한 분석은, 무엇인가의 법명제의 적정을 보장하거나 반박하거나 하기 위하여 이용되고 있다고 하면, 실천 활동으로서의 법적 논의의 일부이다. 이것에 대하여, 법적 논의를 외측으로부터 기술하거나, 설명하거나, 비판하거나 하는 활동이라고 하면, 그것은 법적 논의와는 관계가 없다(irrelevant). 법적 논의를 실천하려고 하는 한, 그 틀 밖으로 튀어나갈 수 없다.

8. 이것으로 좋은가?

이것으로 좋은 것인가. 적어도 넷째의 귀결에 대하여는 의문이 남는다. 법률가가 하는 실천은, 확실히 본장에서 묘사한 것과 같은 것일지도 모른다. 그러나 그러한 실천의 의미는 무엇일까? 그것을 묻는 것은 확실히 법적 논의의 구조 외측으로 가는 것이 된다. 그러나 그렇다고 하더라도, 그것을 따지는 것이 의미가 없다고 말할 수 있는 것일까? 위헌심사에 관한 논의를 법률가공동체 내부의 준칙과 관행에 근거하여 행할 뿐만 아니라, 그것들이 작용하여 정당한가를 묻는 것, 공동체의 내측으로부터 적합성을 추구할 뿐만 아니라, 외부의 기준에 비추어 내측의 준칙과 관행의 정당성을 평가하는 것은 의미를 이루지 않는 것일까?

그것이 의미를 이루지 않는다는 입장은 법실천을 자기 목적화하는 입장이다. 법학이라는 게임의 의미를 문제로 하는 것은 의미가 없다. 게임을 해보면 스스로 안다고 하는 것이다.[39] 그러나 그것으로는 현재 법률학의 존재를 외측으로부터 근저적(根柢的)으로 다시 묻는 것과, 그 변혁을 주창하는 것도 불가능한 것이 될 수 있다. 법률가공동체 내부의 멤버가 전혀 의심을 품지 않고, 매일 법 언어게임에 따라 다양한 법명제의 기초를 만들고 있다고 해도, 그것이(적어도 그 일부가) 사회전체의 관점으로 보아 괴리되어 활동하게 되는 것은 충분히 있을 수 있다. 법은 역시 그 자체가 목적이 아니고, 사람들은 사회생활을 위해 존재하는 도구라고 해야 할 것이다.[40]

이것은 법학 내부의, 예를 들어 민사법과 헌법과의 관계에 대하여도 말할 수 있는 사항이다. 통상 민사법의 해석활동은 민사법의 내측에서의 적합성을 어떻게 회복할까라는 관점으로부터 이루어지는 것이 통상일 것이다. 그러나 그것은 적어도 특정의 논점에 관하여 민사법의 해결이 외측의 헌법상 원리에 비추어 어떠한 평가가 되어야만 하는가의 문제제기가 의미를 잃는 것은 아니다.

이것은 법이 사랑과 예술과는 다르다는 점이다. 사랑과 예술이 그것 자체 이외의 무엇을 위하여 있느냐는 질문은 의미가 없다고 하는 사람도 있을 것이다. 예술을 위한 예술이라는 것은 충분히 의미가 있다고 생각된다.[41] 그러나 법이라는 실천은 사랑이나 예술과 동일선에서 논할 수 있다고 하는 법률가는 상궤(常軌)를 벗어나고 있다. 법적 논의의 양식과 기술에 숙련하고, 그것을 실천하는 것만이 법률가의 목적이어서는 안 된다.[42]

□ 참고

1) Ronald Dworkin, Law's Empire(Harvard University Press, 1986), p. 4. 여기서 말하는 법명제(legal proposition)는 법규범(Rechtsnorm)과 대비되는 법규(Rechtssatz)에 상당한다. Cf. Hans Kelsen, Reine Rechtslehre, 2nd ed.(Franz Deuticke, 1960), pp. 73-77.

2) 이러한 사고방식을 제시하는 전형적인 예로 들 수 있는 것은 홈스 재판관의 다음의 말이다. "이른바 법적 의무란 사람이 어떤 일을 하거나 혹은 안 할 때 재판에 의하여 이것저것의 불이익을 입을 것이라는 예측과 다른 것이 아니다. 법적 권리에 대해서도 마찬가지이다." (Oliver W. Holmes, The Path of the Law, 10 Harv. L. Rev. 457, 458(1897)). 다만 홈스 재판관의 이 주장을 일반적 법이론을 제창하는 것으로 이해해야 하는지의 여부는 의문이 제시된다. 그의 주장을 법과 도덕의 구분을 다시 의식시키고 변호사에게 법원의 행동을 예측하는 것의 중요성을 지적한다는 사정의 한정된 것으로 이해해야 한다는 해석방법으로, William Twining, Globalisation and Legal Theory (Butterworths, 2000), pp. 119-21 참조.

3) Cf. Ronald Dworkin, Law's Empire, pp. 34-35. 입법기관은 당연하지만 법의 정립을 의도하여 법원을 창설할 것이며, 따라서 법원은 그 의미내용으로 새롭게 정립된 법을 표하는 것이 의도되어 있을 것이다. 그리고 권한이 있는 입법기관이 그러한 법명제를 발하는 것이 '입법'이라는 언어행위를 구성하는 것으로 된다. '법실증주의자'라고 불리는 사람들이 모두 본문에서 그려진 것 같은 이른바 대응설적 입장을 취하는 것이 아니라는 것에 유의할 필요가 있다. 예를 들면 칼 프리드리히 게르버(Carl-Friedrich Gerber, Gesammelte juristische Abhandlungen, 2nd ed.(Gustav Fischer, 1878), pp. 23-35; cf, Olivier Jouanjan, Carl-Friedrich Gerber et la constitution d'une science du droit public allemand, in La science juridique française et la science juridique allemande de 1870 à 1918, sous la direction d'Olivier Beaud et de Patrick Wacksmann(Presses universities de Strasbourg, 1997), pp. 37-39; 또한 관련해서 宮沢俊義 『憲法の原理』(有斐閣, 1967) 269頁以下 및 同『公法の原理』(有斐閣, 1967) 135-36頁에서의 라반트의 설에 대한 평가를 참조). 이는 오히려 뒤에서 서술하는 드워킨의 입장에 가깝다.

어떤 종류의 '법실증주의'를 대표하는 한스 켈젠은 법의 흠결의 존재를 인정하지 않는다. 실정법원의 부재는 문제가 되는 행동이 법으로 금지되지 않는 것, 즉 자유롭게 맡겨져 있는 것을 함의한다는 것이 그 이유이다(Kelsen, Reine Rechtslehre, 2nd ed., op. cit., pp. 251-52). 그러나 이는 실정법원이 존재하지 않는 상황에서의 디폴트 내지 베이스 라인은 뭔가에 의존하는 문제에서 논리적으로 결정되는 문제가 아니라 뭔가의 사상적·이데올로기적 전제가 있어서 비로소 정해지는 문제이다(cf. G. H. von Wright, Norm and Action: A Logical Enquiry (Routledge, 1963), pp. 87-88). 그러한 전제가 사법재량이나 해석을 통해서 결정되는 것이 아니라 학문에 의하여 인식할 수 있다고 생각하는 점에서는 켈젠은 게르버나 라반트의 계보에 있다고 생각할 수 있다.

4) Ronald Dworkin, Taking Rights Seriously(Harvard University Press, 1978), ch. 4.

5) 여기서 말하는 principle는 광의이며, 법 정책(policy)도 포함한다(*ibid.,* p. 22).

6) Jules Coleman, Markets, Morals and the Law(Cambridge University Press, 1988), pp. 12-27: Incorporationism, Conventionality, and the Practical Difference Thesis, in Hart's Postscript, ed. by Jules Coleman(Oxford University Press, 2001). 하트는 사후에 출판된 "법의 개념" 제2판 후기(Postscript, The Concept of Law, 2nd ed.(Claredon Press, 1994))에서 쥬르스 콜먼과 마찬가지로 인정의 룰은 원리도 법원으로 인정할 수 있다는 입장(하트는 '부드러운 실증주의(soft positivism)'라고 부르고, 콜먼은 '짜 넣기론(incorporationism)이라고 부른다.'를 취하는 것을 밝히고 있다.

이에 대해서 라즈는 인정의 룰이 도덕적인 타당성에 의거해서 원리를 법원으로 인정하는 것은 법의 권위주장과 양립할 수 없다고 한다(Joseph Raz, Ethics in the Public Domain(Clarendon Press, 1994), pp. 210-14; cf. Scott Shapiro, On Hart's Way Out, in Hart's Postscript, pp. 169-80). 그것을 지탱하는 실질적 정당화 근거에 언급하지 않고 법원을 동정할 수 있지 않다면 법원은 그 근거와는 별개의 권위로서 기능하지 않기 때문이다. 그 때 법의 수신인으로서는 직접적으로 실질적 정당화 근거로 하는 것이 오히려 더 그가 원래 따라야 할 이유에 따라서 행동할 수 있을 것이다(라즈도 법관이 때로는 도덕원리를 적용하는 것으로 구체적인 사건을 해결하는 것을 인정하지만 그것은 도덕원리가 실정법이라는 것을 귀결하는 것이 아니다. 이 점에 대해서는 Shapiro, *op. cit.,* pp. 189-91 참조). 이 비판은 (혹시 타당하다면) 소여의 법원 전체를 정합적으로 설명하여 정당화할 수 있는 도덕이 무엇인가에 따라 타당한 법이 정해진다고 하는 드워킨에게 더 강하게 해당한다(*ibid.,* pp. 204-10). 거꾸로 말하자면 드워킨은 라즈가 말하는 의미에서는 법을 그 실질적 정당화 근거와는 별개 독립의 권위로서는 파악하지 않는 것이 된다.

콜먼은 예를 들면 "도덕적으로 정당한 규범에 따라야 한다."라는 인정된 룰은 일반시민에 대해서도 또한 재판관(법관)에 대해서도 각자의 실천적 고려(practical deliberation)를 차단한다는 법의 독특한 기능을 행사할 수 없다는 것을 인정한다 (Incorporationism, pp. 142-145). 그러나 각인의 실천적 고려를 차단하여 사람들의 행동을 유도한다는 법의 기능은 전체로서의 법체계가 해야 하는 것이며, 반드시 개별적인 실정법이 그러한 기능을 할 필요는 없다고 한다(Jules Coleman, The Practice of Principle(Oxford University Press, 2001), pp. 143-47. 이 대답이 불충분하다고 하는 비판으로 Dale Smith, Authority, Meaning and Inclusive Legal Positivism, Modern Law Review, vol. 64 (2001), pp. 795ff. 참조). 다른 한편 드워킨의 입장에서 보면 법은 각인의 실천적 고려를 차단하는 기능은 가지고 있지 않을 것이며, 그러한 기능을 원래 해야 하지 않는다고 할 것이다(cf. Richard Dworkin, Thirty Years On, 115 Harv. L. Rev. 1655, 1672 (2002)).

7) 이러한 비판에 대해서는 長谷部恭男『權力への懷疑』(日本評論社, 1991) 216頁 및 거

기서 인용된 문헌을 참조.

8) Ronard Dworkin, Introduction, The Philosophy of Law, ed. by Ronald Dworkin(Oxford University Press, 1977), p. 8.

9) Dworkin, Law's Empire, pp. 46-49.

10) Ibid., p. 413.

11) Cf. Gerald Postema, 'Protestant' Interpretation and Social Practice, 6 Law & Phil. pp. 283, 292(1987).

12) 이러한 사고방식에서 보면 어떤 법명제를 주장하는 것과 그 법명제가 진정하다고 주장하는 것에도 차이는 없다. 예를 들면 "인종별학(人種別學)은 위헌이다."라고 주장하는 것과 "인종별학(人種別學)이 위헌하다는 것은 진정하다."라고 주장하는 것의 사이에는 차이는 없다. 후자도 그 주장자가 구성한 정치도덕에서 보면 "인종별학은 위헌이다."라는 명제가 도출된다고 말하고 있는 것뿐이다. '진리'라는 개념은 그냥 잉여가 된다(Law's Empire, p. 81.).

13) Ibid., p. 52.

14) Ibid., p. 50. 드워킨의 해석적 전회에 대해서는 長谷川晃『解釈と法思考』(日本評論社, 1996)第4章, 第5章을 참조.

15) 트로펠 이론에서 보면 해석의 주체는 각 개인이 아니라 유권해석권자로 한정되지만 해석에 의하여 비로소 법규범이 창조되고 그것에 대응해서 법명제의 진위(眞僞)가 정해진다는 점에서는 드워킨 이론과 마찬가지이다. 트로펠 교수의 해석이론에 대해서는 樋口陽一『権力・個人・憲法学』(学陽書房, 1989) 170頁以下, 및 拙書『権力への懐疑』第1章参照. 그의 해석이론은 「違憲審査と民主制」日仏法学19号(1995)에서 간결하게 요약되어 있다. 모두는 해설이라고 하는 논자의 다른 예로는 스탠리 피쉬가 저명하지만 그는 드워킨과 달리 해석활동이 초래하는 결과의 정합성에 대해서는 비판적이다. 그의 논의에 대해서는 예를 들면 Stanley Fish, Working in a Chain Gang, in W.J. Thomas Mitchel ed., The Politics of Interpretation(University of Chicago Press, 1983) 참조.

16) 이 논점에 대해서는 長谷部恭男『比較不能な価値の迷路』(東京大学出版会, 2000)第8章 및 Andrei Marmor, Positive Law and Objective Values(Clarendon Press, 2001), pp. 73-78을 참조. 프랑스 법학계에서 해석이 항상 필요한 작업으로는 되지 않는 사정을 지적하는 것으로 大村敦志『法源・解釈・民法学』(有斐閣, 1995) 15-17頁参照.

17) Law's Empire, pp. 13-14.

18) Dennis Patterson, Law and Truth(Oxford University Press, 1996), p. 92. 본장의 제4절부터 제6절까지는 크게 본서 제5장, 7장, 8장에 의거하고 있다. 본서 내용에 대해서는 国家学会雑誌114卷3・4号227頁 이하에 오오야 다케히로(大屋雄裕) 씨에 의한 소개가 있다.

19) Ludwig Wittgenstein, Philosophical Investigations, 3rd ed.(Blackwell, 2001), s. 202 (p. 69). 법을 해석하고 있다고 생각하는 실례로서는 샌드맨이 말하는 '강신적 입헌주의(crazy constitutionalism)'를 들 수 있다(Louis Michael Sandman, Our Unsettled Constitution(Yale University Press, 2001), pp. 52-53).

20) Patterson, Law and Truth, op. cit., p. 117. 진계주 6에서 소개힌 리즈의 논의도 참조.

21) 最大判昭和51年4月14日民集30卷3号223頁.

22) Philip Bobbitt, Constitutional Fate(Oxford University Press, 1982), Book I; ditto Constitutional Interpretation(Blackwell, 1991), pp. 11-22; cf. Dennis patterson, Law and Truth, op. cit., pp. 136-38. 또 바빗의 논의를 미국 연방대법원의 프라이버시에 관한 판례를 소재로서 전개한 것으로서, Mark Tushnet, Legal Conventionalism in the U.S. Constitutional law of privacy, in the Right of privacy, eds. by Ellen Frankel paul, Fred D. Miller & Jeffrey Paul(Cambridge University Press, 2000)가 있다. 터쉬넷에 따르면 미국 연방대법원은 헌법상 보호되어야 할 프라이버시의 개념을 미국사회의 통념에 근거하여 구별하고 있으며, 무엇인가 도덕철학에 근거하여 그것을 결정하고 있는 것이 아니다.

23) Patterson, Law and Truth, op. cit., p. 147.

24) Bobbitt, Constitutional Fate, op. cit., pp. 234-40. 바빗은 정당화(justify)할 수 있는가 여부와 정통(legitimate)인지 여부의 문제를 구별하고 있다. 어느 논의의 양식에 따라, 각자 주관적 선호로부터 독립되게 이끄는 결정은 정통이지만, 그것이 어떠한 것인가의 근원적인 기준에 비추어 정당화(justify)될 수 있는 것은 아니다(cf. Bobbitt, Constitutional Interpretation, op. cit., pp. 118-21).

25) Richard Fallon, A Constructivist Coherence Theory of Constitutional Interpretation, 100 Harv. L. Rev. 1189(1987).

26) Philip Bobbitt, Reflections inspired by My Critics, 72 Tex. L. Rev. 1869, 1874, 1966(1994).

27) Patterson, Law and Truth, op. cit., pp. 143-45, 149. 루이스 사이드먼의 말을 빌리면, "바빗의 견해에서 헌법이론이 어떠한 사회(community)와 상호작용하는가를 이해할 수 없다"(Seidman, Our Unsettled Constitution, op. cit., p. 72).

28) Cf. Bobbitt, Reflections, p. 1874.

29) See, e.g., Michel Villey, Law in Things, in Controversies about Law's Ontlogy, eds. by Paul Amselek & Neil MacCormick(Edinburgh University Press, 1991).

30) 경험세계에 관한 문제에 대하여 이러한 견해를 전형적으로 제시하는 것은 전기 비트겐슈타인이다. 이 견해로부터 보면, "나는 사과를 먹고 있다"라고 하는 명제는 어느 사태에 대응하고 있는 한에 있어서 진실이고, 그렇지 않으면 거짓이다. 비트겐슈타인에 의하면(Ludwig Wittgenstein, Tractatus logico-philosophicus(Routledge, 1961), s.

2.1-2.1512),

2.1　우리들은 사실을 묘사한다.

2.11　묘사된 그림(寫像)은 논리적 공간에 있어서 상황, 즉 다양한 사태의 성립 내지 비성립을 제시하고 있다.

2.12　그림은 현실의 모델이다.

2.13　묘사된 대상의 제 요소는 각각 그림 중의 제 요소에 대응하고 있다.

2.131 그림 중에 있어, 그림 제 요소는 대상을 제시하고 있다.

2.14　그림이 그림인 것은 그 제 요소가 상호간에 일정한 방법으로 서로 관련되어 있기 때문이다.

2.141 하나의 그림은 하나의 사실이다.

2.15　그림의 제 요소가 상호 일정한 방법으로 서로 관련되어 있는 것은, 묘사된 대상의 제 요소가 동일한 방법으로 서로 관련되고 있는 것을 나타낸다. 그림의 제 요소가 이러한 관련을 "그림의 구조"라고 부르고, 이러한 구조의 가능성을 그림의 사상형식(寫像形式: pictorial form)이라고 부르는 것으로 하자.

2.151 사상형식은 그림의 제 요소와 같은 방법으로 제 사물이 서로 상호 관련될 가능성이다.

2.1511 이것이 그림이 현실과 결부된 방법이다. 그림은 직접, 현실에 도달한다.

2.1512 그림은 기준과 같이 현실에 맞춰지고 있다.

즉, 어느 명제가 현실을 정확하게 묘사하고 있는 정도에 따라, 당해 명제는 참이거나, 거짓이 되거나 한다고 하는 것이다.

31) Hilary Putnam, Representation and Reality(MIT Press, 1988), pp. 144-15; Richard Rorty, Objectivity, Relativism, and Truth(Cambridge University Press, 1991), p. 81; cf. Patterson, Law and Truth, pp. 167-69.

32) Willard V. O. Quine, Two Dogmas of Empiricism, in his From a logical point of view (Harper & Row, 2nd ed., 1961(1953)), pp. 42-43.

33) Patterson, Law and Truth, op. cit., p. 169.

34) 이러한 법적 논의의 모습을 모사하려고 시도하는 것의 하나로서 平井宣雄『続・法律学基礎論書』(有悲閣, 1991)가 있다. 토의참가자의 합의형성을 통하여 법에 사람들이 따르는 정상적인 상태의 회복을 목표로 하는 활동에서, 논리적 연석(演釋)의 계보에 의한 명제의 '정당화'의 경우와 달리, 무한 후퇴하게 될 염려 대상이 되지 않는다 (그것을 심각하게 염려할 수밖에 없는 사회에서, 이미 법이 법으로서의 기능을 정상적으로 하고 있는 것을 기대할 수 없다). 이 점에 대하여는, 長谷部『比較不能な価値の迷路』第2章 참조. 그런데, 이러한 논의에 있어서 기초가 되는 작업과 논리적인 연석(演釋: deduction)의 작업이 구별되지 않으면 안 된다. 이 명제의 논거(support)로서 별도의 논의가 원용되는 경우, 전자와 후자와의 관계는, 어떠한 것이 타방으로부터 논리적으로 연석(演釋)되는 관계에 있다고 한정하지 않고, 만일 그러한 관계에 있다

고 해도, 어느 것이 논리적 연석의 질서에서 상류에 위치하는가는 경우마다 다르게 된다. 또한 복수의 명제가 논리적 연석 관계로서 질서지어지고 있는 것과, 그것에 포함되는 개개의 명제와 질서부여 된 이론의 총체가 설득력을 갖는가 여부는 전혀 별개의 문제이다. 이상의 점에 대하여는, John Rawls, Political Liberalism(Columbia University Press, 1993), p. 242, n. 31 참조.

35) Paterson, Law and Truth, *op. cit.,* pp. 174-79.

36) 헌법 제22조에 관한 선례에의 의문에 대한 필자의 답변에 대하여는, 長谷部『比較不可能な価値の迷路』107頁 이하 참조. 졸저에 대한 비판적 코멘트로서는「憲法学の可能性を探る」法律新報69巻6号58頁에서의 石川健治 발언을 참조. 石川의 발언은 졸저가 일본의 실정헌법학의 논의 방식(modalities)에 다르지 않는다고 하는 것이다.

37) 이러한 것은 해석활동이 개시되고 있을 때, 늘 그 결과로서 법률가 공동체 내부의 합의가 형성되고 있는 것을 의미하는 것은 아니다. 모든 해석활동은 합의형성을 목적으로 하는 것이지만, 애초 바빗이 지적한 것과 같이(전게 각주 26), 비교 불능한 가치 사이에 선택이 그것에서 요구되고 있는 것이라고 하면, 특정의 해석이 일의적으로 논거를 갖고 지정할 수 있는 것은 아닐 것이다. 합의는 형성되고 있는 것도 있으면 그렇지 않은 것도 있을 것이다. 비교불능한 가치의 선택의 장에 있어서 이유와 의사의 기능에 대하여는, Joseph Raz, Engaging Reason, *op. cit.,* ch. 3이 참고할만하다.

38) 헌법의 과학에 관한 최근 연구로서, 樋口陽一『近代憲法学にとっての論理と価値』(日本評論社, 1994) 제1장 및 제2장이 있다. 헌법의 과학과 대비되는「헌법의 해석」에 대하여 히구치 요이치(樋口陽一) 교수는, 그것에「해석의 틀」이라고 하는 것이 존재하는 것을 지적한다(樋口陽一「裁判と裁判官」 樋口陽一·栗城壽夫『憲法と裁判』(法律文化社, 1988) 52-53면). 여기서 언급되고 있는 "틀"이 히구치 교수가 원용하는 히로나카 도시오(広中俊雄) 교수가 제시하는 것과 같은 "어느 해석은 그 자체로서 논리적 일관성을 갖지 않으면 안 되고 또한 법체계 전체에 대하여 논리적으로 모순이 아닐 것이 설명될 수 있지 않으면 안 된다고 하는 틀"에 지나지 않는 것이라면, 히로나카 교수도, 또한 히구치 교수 자신도 지적하는 것 같이(広中『国家への関心と人間への関心』日本評論社, 1991) 226면, 樋口·前掲53頁), 그 해석활동에 대한 구속력은 약할 것이다. 해석활동에는 거의 구속이 존재하지 않는 것 같은 사실을 지적하는 것이, 양 교수에 있어 해석자의 책임의 소재를 명확하게 하는 의미를 갖게 된다. 이것에 대하여 본장에서 제시하는 것은 보다 실질적으로 농후한 '해석의 틀', 즉 '법적 논의'일 수 있기 위한 틀이 존재한다는 생각이다. 이러한 생각에 서있을 때 해석자의 책임을 물을 여지는 그만큼 좁아지게 된다.

39) レイ·モンク『ウィトゲンシュタイン』第1巻, 岡田雅勝訳(みすず書房, 1994) 326頁参照.

40) 이상의 논점에 대하여는, 長谷部『比較不可能な価値の迷路』79-80頁 참조.

41) 물론, "집의 존속을 위한 사랑"이나 "기분전환을 위한 예술"이라는 표현이 의미가 없는 것은 아니다. 다만 적어도 예술과 스포츠는 그것을 구성하는 룰의 확정의 시기에 있어서, 예술과 스포츠 이외의 내용을 고려할 필요성은 적다. 다시 말해 자율성이 높은 활동이다. 이것에 대하여, 드워킨이 그 "정해(正解)의 테제"에 있어 지적하는 것 같이, 법에 대하여는 그것을 구성하는 룰의 확정의 시기에도, 내용의 정당성에 관한 고려가 필요하게 되는 경우가 비교적 많다고 할 수 있다. 법 자율성은 예술과 스포츠 등에는 높지 않다. 반면, 사랑에 대하여는 그것이 룰에 의해 구성되고 있는가 여부가 대개 논의의 대상이 될 수 있다.

42) 본장에서 취급된 논점에 대하여는, 정치참가를 자기목적화 하는 논의를 비판하는 죤 엘스타의 분석(Jon Elster, The Market and the Forum, in Deliberative Democracy, eds. by James Bohman and William Rehg(MIT Press, 1997), pp. 19-25)을 참조할 만하다. 관련하여 長谷部恭男 「討議民主主義とその敵対者たち」 法学協会雑誌118卷12号(2001) 1902頁 이하(본서 179-80)참조.

도쿄대학 종합도서관

■ 찾아보기 ■

저자 소개

하세베 야스오(長谷部 恭男)

1956년   히로시마 출생
1979년   도쿄대학 법학부 졸업, 도쿄대학 법학부 조수, 각슈인 대학
 (学習院大学) 법학부 교수
1993년부터 현재 도쿄대학 대학원 法学政治学研究科 교수
2014년 여름까지 세계헌법학회 부회장
2014년 4월에 도쿄대학을 정년하고 와세다대학 법학대학원 교수로
  이적

학계에 있는 제자에는 손형섭 경성대학교 교수, 니시가이 코나츠(西貝小
名都) 슈도대학(首都大学) 法学系 준교수, 에도쇼헤이(江藤祥平) 동경대
학(東京大学法学政治学研究科) 조교(助教)가 있다.

공역자 소개

손형섭(孫亨燮)

중앙대학교 법학사 · 법학석사
해군장교 복무(OCS 90), 관정 장학재단 국외장학생(2기)
도쿄대학 법학정치학연구과 졸업(법학박사)
서울대학교 법과대학 학문후속세대연구원(Post. doc)
대한민국 헌법재판소 헌법연구원
현재, 경성대학교 법정대학 법학과 교수
[저서]
『개인정보 보호법의 이해 -이론 · 판례와 해설-』(공저), 법문사(2012)
『일본판례헌법』(공역), 전남대학출판부(2011) 등
[주요 논문]
인터넷이용자 개인정보 제공에 관한 법적 연구, 공법연구 제 42권 2호(2013. 12)
위험사회에서의 헌법이론 -헌법질서의 확립과 가이드라인 시대의 서언-, 한국법학회, 제51호(2013, 9) 등

미즈시마 레오(水島 玲央)

게이오대학 법학부 법률학과 졸업(법학사)
와세다대학 법학연구과 석사과정 졸업(법학석사)
서울대학교 법과대학 박사과정 졸업(법학박사)
한국법제연구원 초청연구원
현재, 규슈대학 한국연구센터 연구원

헌법의 이성

초판인쇄	2014년 9월 11일
초판발행	2014년 9월 22일

지은이	하세베 야스오
옮긴이	손형섭 · 미즈시마 레오
펴낸이	안종만

편 집	김선민 · 배근하
기획/마케팅	홍현숙
표지디자인	홍실비아
제 작	우인도 · 고철민

펴낸곳	(주) **박영사**

서울특별시 종로구 새문안로3길 36, 1601
등록 1959. 3. 11. 제300-1959-1호(倫)

전 화	02)733-6771
f a x	02)736-4818
e-mail	pys@pybook.co.kr
homepage	www.pybook.co.kr
ISBN	979-11-303-2599-6 93360

* 잘못된 책은 바꿔드립니다. 본서의 무단복제행위를 금합니다.

정 가   22,000원